U0455623

GREEN BOOK

智 库 成 果 出 版 与 传 播 平 台

生态文旅融合绿皮书
GREEN BOOK OF ECOLOGICAL
CULTURAL TOURISM INTEGRATION

珠峰生态文旅融合发展研究报告
（2024）

ANNUAL REPORT ON THE ECOLOGICAL CULTURAL TOURISM
INTEGRATION DEVELOPMENT OF MOUNT QOMOLANGMA
(2024)

主　　编／陈明祥　扎西顿珠
执行主编／袁德刚　朱冬锋

社会科学文献出版社
SOCIAL SCIENCES ACADEMIC PRESS（CHINA）

图书在版编目（CIP）数据

珠峰生态文旅融合发展研究报告.2024／陈明祥，
扎西顿珠主编；袁德刚，朱冬锋执行主编.--北京：
社会科学文献出版社，2024.9.--（生态文旅融合绿皮
书）.-- ISBN 978-7-5228-4039-0

Ⅰ.F592.775

中国国家版本馆 CIP 数据核字第 202458F6D2 号

生态文旅融合绿皮书

珠峰生态文旅融合发展研究报告（2024）

主　　编／陈明祥　扎西顿珠
执行主编／袁德刚　朱冬锋

出 版 人／冀祥德
责任编辑／张铭晏
责任印制／王京美

出　　　版／社会科学文献出版社·皮书分社（010）59367127
　　　　　　地址：北京市北三环中路甲 29 号院华龙大厦　邮编：100029
　　　　　　网址：www. ssap. com. cn
发　　　行／社会科学文献出版社（010）59367028
印　　　装／三河市东方印刷有限公司

规　　　格／开 本：787mm×1092mm　1/16
　　　　　　印 张：22.25　字 数：330 千字
版　　　次／2024 年 9 月第 1 版　2024 年 9 月第 1 次印刷
书　　　号／ISBN 978-7-5228-4039-0
定　　　价／138.00 元

编 委 会

主要编撰者简介

陈明祥　西藏自治区日喀则市定日县委书记，曾任西藏日喀则市环保局党组副书记、局长，西藏定日县委副书记，人大党组书记、主任。

扎西顿珠　西藏自治区日喀则市定日县委副书记、政府党组书记、县长，曾任西藏自治区日喀则市委宣传部副部长兼日喀则广播电视台党委书记、副台长。

袁德刚　上海市第十批援藏干部联络组定日小组组长，西藏自治区日喀则市定日县委常务副书记、政府常务副县长。

朱冬锋　上海市第十批援藏干部联络组定日小组副组长，西藏自治区定日县委常委、政府副县长，分管文化旅游。致力于以良好的生态肌理培育新质生产力，打造珠峰精品文旅IP，赋能高质量发展。

序　言

　　云波激荡自巍然，傲视群峰接碧天。在祖国西南边陲的西藏自治区日喀则市定日县，被誉为"大地之母"的珠穆朗玛峰，以其雄伟的身姿、神秘的面纱、厚重的文化，吸引着全世界的目光。她秀丽，冰川万道，烟云缭绕，仰珠峰而烁晨星，据雪韵而铸奇观，是仙家妙手、如画雪山；她包容，奇花异草，珍禽异兽，万物得其和以生，生灵得其养以成，是生物宝库、生态高地；她磅礴，群峰拱卫，气势绵延，横后藏以为雄隘，矗高原仿若摩天，是冰雪故乡、世界之巅。人们敬仰她、歌颂她、赞美她，不约而同把她当成精神家园、情感归宿、心灵净土、人生憧憬。

　　珠峰独特的地理环境，在铸就了当地人民坚毅品格的同时，也给当地带来了丰富的旅游资源潜力。旅游业是一个经久不衰的产业，一直以来都是定日县经济发展的支柱产业和优势产业。在习近平新时代中国特色社会主义思想的科学指导下，定日县委、县政府大力践行"两山"理念，将新发展理念与定日资源禀赋深度融合，坚持"抓流量、强增量、提质量"，不断把客源引进来，把人气聚起来，把游客留下来，努力将珠峰旅游打造成创新发展新路径；坚持"一业兴、百家旺、万民乐"，持续带动全域服务业、零售业、运输业、餐饮业和汽车燃料业蓬勃发展，努力将珠峰旅游打造成区域发展新引擎；坚持"共助力、全参与、同分享"，大力培育家庭旅馆、民宿客栈、特色产品，努力将珠峰旅游打造成乡村振兴新支撑；坚持"边发展、边治理、边保护"，切实提升珠峰生态环境质量，努力将珠峰旅游打造成绿色发展新典范；坚持"市场化、高端化、国际化"，敞开胸怀吸引大企业、

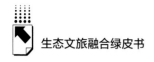

大集团、大项目落地定日，努力将珠峰旅游打造成开放型经济新窗口。

在取得一个接一个喜人成果的同时，珠峰地区的生态环境也面临着巨大的机遇和挑战。随着营销宣传卓有成效和设施服务稳步提升，越来越多的游客从四面八方纷至沓来。如何把这片神圣土地保护好、发展好、建设好已成为一个不可忽视的课题。定日县委、县政府坚持不忘初心、践行使命，从2021年开始，盛情邀请国内旅游行业的专家学者，共议发展大局，共商保护良策，共谋生态大计，以"融合+创新"为主旨聚智聚力，为珠峰生态文旅的明天建言献策，以期不辱使命、不负重托，把珠峰景区打造成世界一流的旅游目的地。

本报告基于《珠峰生态文旅融合发展研究报告（2023）》，结合2023年研究报告发布之后在社会各界引发的深入思考和强烈反响，旨在从宏观规划和微观执行等多维度、广视角探讨珠峰地区的生态保护与文化旅游融合发展的前景。通过对珠峰地区的自然环境、社会经济、文化遗产等多方面的系统研究，试图寻找一条既能保护生态环境，又能推动文化旅游发展的双赢之路。在研究过程中，采用了多种研究方法，包括实地考察、深度访谈、专家咨询、数据分析等，以确保研究的全面性、准确性和科学性。期望本报告所尽的绵薄之力能够为珠峰生态文旅融合发展提供科学的参考依据，为旅游业者提供基础性、前瞻性的发展建议，同时也为公众提供认识和参与珠峰生态文旅融合发展的平台。

在习近平新时代中国特色社会主义思想的科学指引下，在习近平总书记"旅游业从小到大、由弱渐强、日益成为新兴的战略性支柱产业和具有显著时代特征的民生产业、幸福产业"的指示要求下，在西藏自治区党委、政府和日喀则市委、市政府的坚强领导下，"满眼生机转化钧，天工人巧日争新"，我们拥有与时俱进的智慧，迎接前所未有的机遇；"苦尽甘来终有时，一路向阳待花期"，我们拥有勇往直前的勇气，开创鹏程万里的未来；"直上青天揽明月，欲倾东海洗乾坤"，我们拥有坚定不移的信心，夺取必将到来的胜利。

在此，特别感谢所有参与本报告的专家学者、干部群众以及所有支持定日县生态文旅融合发展的机构和个人，如果没有大家的支持与帮助，这份报告不可能高质量完成，你们才是本报告的真正杰出贡献者。随着本报告的发布，我们希望它能成为新征程上的新起点，为珠峰生态文旅融合发展的茁壮成长注入生机和活力，为定日县未来的长治久安和高质量发展增添更加绚丽的风采。同时，诚邀各界朋友，相约圣洁珠峰，见证珠峰魅力；诚邀广大精英，同话文旅发展，描绘前景蓝图；诚邀广大企业，前来投资兴业，共创美好未来。

陈明祥

2024 年 8 月

摘　要

　　珠穆朗玛峰作为世界之巅，对全世界的旅游爱好者来说具有很大的吸引力。《西藏自治区"十四五"时期旅游综合发展规划》指出要打造以珠穆朗玛国家公园为代表的"地球第三极"旅游品牌核心特色。《西藏日喀则五县环珠峰全域旅游发展总体规划》更是指出珠穆朗玛峰旅游吸引核心要依托定日县，以珠峰大本营为主体空间，以登山服务、观光组织、旅游咨询和餐饮住宿为核心功能，打造珠峰休闲旅游与登山运动服务中心区。定日县更是坚守生态优先原则，按照高质量发展的要求，紧扣高端生态旅游、精品山地户外运动和深度民族文化体验三大主题，以提质增效为主线，以融合发展为主旨，以质量变革、效率变革、动力变革为核心，聚焦补短板、育业态、优供给、提品质、强产业五大要点，强化创新驱动与科技支撑，着力深化旅游业供给侧结构性改革，力争把定日县打造成为以珠峰为 IP 的国家级生态旅游示范区。

　　2023 年，珠峰景区接待游客量达到历史最高点，突破 46 万人次。伴随着全世界越来越多游客前往，如何平衡好旅游与生态，成为一个重要的议题。未来定日县更需要按照高质量发展的要求，打造环珠峰生态文化旅游圈，积极探索出一条珠峰生态与文旅融合发展之路。

　　本年度报告分为总报告、生态保护篇、市场分析篇、品牌价值篇和创新实践篇五个部分，总报告展现了珠峰景区所在地定日县在发展珠峰文旅时，注重提高发展定位、突出旅游体验重点、完善景区基础设施建设、推广品牌形象。2023 年，珠峰旅游景区迎来了爆发式增长，带来了更多的发展机遇与挑战，但还存在一些问题，主要表现为旅游资源利用不高，旅游产品供给不足；旅游产业结构单一，缺乏产业链延伸；旅游从业人员专业性有待提升，社区参与度低；文旅产业规划统筹难度大，政策落实难。未来应进一步完善珠峰旅游附属设施，提升运营管理水平；结合定日实际出发，探索多元化发展思路；注重规范旅游市场，提升定日旅游形象；充分发挥文化赋能旅游，促进文旅融合；强化珠峰精神宣传，增强民族和文化认同。生态保护篇研究发现，珠峰自然保护区生态系统综合变化程度不明显，生态系统内部结构较稳定；应在此基础上对自然保护区功能分区空间进行优化和适应性管理，确保自然保护区差异化分区管控目标实现。市场分析篇着重选取了上海、成都、珠三角等主要客源地，进行客源市场分析和消费者行为研究，通过产品多样化和精准营销，有效激活各个目标市场。品牌价值篇关注了珠峰景区的形象感知和珠峰旅游目的地新媒体营销等领域，特别是珠峰精神作为生态文旅融合实践的深层内涵与赋能核心，其重要性和引领作用不言而喻。创新实践篇从创新驱动旅游供给侧改革与智慧旅游发展、统筹协调全域旅游发展、推动旅游绿色低碳转型、深化共建旅游合作机制、强化旅游共享发展机制等维度，提出珠峰旅游高质量发展优化路径，以期为推动珠峰旅游高质量发展提供参考与借鉴。

　　本书提出了一系列切实可行的生态文旅融合发展策略，不仅考虑了珠峰生态保护的长远目标，也兼顾了文化旅游的经济效益和社会效益，群策群力助力珠峰景区高水平建设和高质量发展。

　　关键词：　珠峰　文旅融合　国家公园　自然保护区

目 录 ▷

Ⅰ 总报告

Ⅱ 生态保护篇

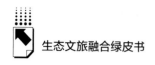

Ⅲ 市场分析篇

Ⅳ 品牌价值篇

Ⅴ 创新实践篇

皮书数据库阅读**使用指南**

总 报 告

G . 1

2023~2024年
中国珠峰生态文旅融合发展形势与展望

陈明祥　扎西顿珠　袁德刚　朱冬锋*

摘　要：　随着国内旅游业的快速发展，2023年，珠峰旅游景区迎来了爆发式增长，旅游接待总量相较上年增长了3倍，突破46万人次，创下历史最高点。这种高增长趋势也给珠峰景区所在地日喀则市定日县带来了更多的发展机遇与挑战。定日县紧紧围绕把珠峰景区打造成"最生态、最人文、最智慧、最和谐、最美丽"的"世界一流自然保护区、世界一流生态景区"的目标，坚持问题导向，把文化作为旅游的灵魂，把生态作为旅游的生命线，以景区标准化建设为契机，推动珠峰景区生态文化旅游融合式高质量发展，让生长在这片土地上的群众吃上"旅游饭"，走上"致富路"。

关键词：　珠峰　生态文旅　定日县

---

* 陈明祥，日喀则市定日县委书记；扎西顿珠，日喀则市定日县委副书记、政府党组书记、县长；袁德刚，上海市第十批援藏干部联络组定日小组组长，定日县委常务副书记、政府常务副县长；朱冬锋，上海市第十批援藏干部联络组定日小组副组长，定日县委常委、政府副县长。

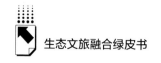
一 珠穆朗玛峰概况

珠穆朗玛峰位于我国西藏自治区与尼泊尔交界处的喜马拉雅山脉中段，是世界最高峰，山体呈巨型金字塔状，在山脊和峭壁之间分布着 548 条大陆性冰川，总面积达 1457.07 平方公里。2020 年 12 月 8 日，国家主席习近平同尼泊尔总统班达里互致信函，共同宣布珠穆朗玛峰最新高程——8848.86 米。珠穆朗玛峰横跨我国与尼泊尔两国，北坡位于我国西藏自治区定日县，南坡位于尼泊尔萨加玛塔国家公园。珠穆朗玛峰不仅以其巍峨的身姿和险峻的地势著称，更是众多登山者梦寐以求的极限挑战之地。珠穆朗玛峰的地质构造复杂，是喜马拉雅造山运动的产物。大约 5000 万年前，印度板块与欧亚板块碰撞，形成了如今的喜马拉雅山脉。珠峰的岩石多为沉积岩和变质岩，山体内部则存在大量的花岗岩。在珠峰的不同海拔，可以看到从寒武纪时期到古生代时期的各种地质层次，这些地质现象为科学研究提供了宝贵的资料。

1988 年 11 月，为更好地保护珠峰，经西藏自治区人民政府批准，珠峰自然保护区正式设立。1994 年，被国务院批准为国家级自然保护区，珠穆朗玛峰国家级自然保护区成为世界上海拔最高、落差最大、跨越 4 个县的保护区，同样在邻国尼泊尔也设立了国家公园。2018 年，珠峰保护区功能分区重新调整并获国务院批准，调整后，属试验区的绒布寺一带可以从事科学试验、教学实习、参观考察、旅游等活动。2019 年 1 月 16 日，日喀则市定日县珠峰管理局发布公告，禁止任何单位和个人进入珠穆朗玛峰国家级自然保护区绒布寺以上核心区域旅游，这意味着珠峰生态保护再度升级。不过游客可以在核心区与缓冲区界线之外进行观光摄影，一睹以珠穆朗玛峰为代表的极高山景观。

珠穆朗玛峰国家级自然保护区总面积达 3.38 万平方公里，涵盖定日、吉隆、聂拉木、定结 4 个县，划分为核心区、缓冲区和开发区 3 个部分，平均海拔为 4200 米；保护区内生物资源极其丰富，高等植物有 2348 种，动物有 270 多种，其中，国家重点保护植物有 10 种，动物 33 种，如雪豹、藏野驴等，雪豹被确定为保护区标志性动物。同时，保护区内自然资源和人文资源也很丰富，有诸峰（珠峰、洛子峰、章子峰、卓奥友峰等）、珠峰大本营、五条沟（陈塘沟、嘎玛沟、绒辖沟、樟木沟、吉隆沟）和多座寺庙。总之，珠穆朗玛峰国家级自然保护区集中体现了喜马拉雅山脉中段地区的自然地理面貌和传统人文状态，兼具生境复杂性、生物多样性和文化原生态性。保护区气候、植被、土壤的垂直地带性明显，是喜马拉雅地区特有物种的基因库和避难所。保护区内还拥有全球独一无二的极高山生态系统、原始的山地森林生态系统以及半干旱荒漠灌丛、草原生态系统，同时，保护区也是全球丰富独特的天然物种基因库。

珠穆朗玛峰作为全世界最高峰，位于我国和尼泊尔的交界处，中尼两国漫长而精美的历史文化遗产，如古代宗教、艺术、建筑和法律，都融入了珠穆朗玛峰的文化旅游中，为来自世界各地的游客提供了更多的历史信息和文化理解，可以说珠峰文化早已深入人心，在每个人心目中都有一份解读。学者严庆更是指出"珠峰文化"是一个展示民族文化的窗口，"珠峰文化"活动是寻求民族地区发展路径与范式的创新性尝试，其理论意义和实践价值远远超出了一个地区的范围，其价值功效将逐步体现在西藏和谐社会构建和跨越式发展的进程中。[①] 裴蓓等更是以文学叙事视角对"珠峰精神"建构了三重路径，以珠峰"极高"和"极险"的极端环境为尺，彰显"珠峰精神"的高度；以"英雄历险之旅"的经典情节和"英雄与珠峰对抗"的深层结构为骨，增加"珠峰精神"的厚度；以典型英雄形象和基层英雄群像为魂，突出"珠峰精神"的亮度。[②] 在新的百年征程中，"珠峰精神"的价值意蕴主要体现在铭刻国家记忆、增强文化认同和弘扬民族精神三个方面，将为中华民族强国复兴凝聚力量、铸牢共识和引领方向。

---

① 严庆：《"珠峰文化"在西藏和谐社会构建中的价值探问》，《西藏大学学报》（汉文版）2005 年第 4 期。
② 裴蓓、杨梅：《"珠峰精神"的生成逻辑、内涵建构和价值意蕴》，《武汉体育学院学报》2023 年第 6 期。

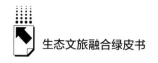
二　西藏自治区旅游与日喀则市旅游概况

（一）西藏自治区旅游概况

改革开放以来，西藏旅游业从无到有、从小到大，逐步成为西藏发展的支柱产业和先导产业。2023 年，西藏着力加强旅游资源建设，编制印发《国道 219 国之大道（西藏段）沿线旅游业发展规划（2021—2035）》《国道 349 沿线（嘉黎、边坝、洛隆）旅游资源概查及发展规划》，启动全区旅游资源普查工作，编制完成"旅游名县"建设指导意见和评定细则，成功创建国家工业旅游示范基地 1 家、国家级旅游休闲街区 1 家、国家级夜间文化和旅游消费集聚区 2 家、国家 4A 级旅游景区 9 家，乡村旅游、边境旅游、康养旅游等一批新业态备受国内外游客青睐。西藏还将打造自驾游、野生动植物观赏等深度体验类旅游精品，持续推出"冬游西藏"等一系列惠民政策。

2023 年，西藏全年接待国内外游客 5516.97 万人次，同比增长 83.7%。其中，接待入境游客 11.12 万人次，增长 12 倍；接待国内游客 5505.85 万人次，同比增长 83.4%。旅游总收入 651.46 亿元，同比增长 60.0%（见图 1）。旅游外汇收入 6190 万美元，增长 14.2 倍；国内旅游收入 647.09 亿元，同比增长 59.1%，[1] 均创历史新高。布达拉宫、珠峰大本营作为主要的旅游目的地，吸引了很多游客前往，成为西藏的主要网红打卡景点。

（二）日喀则市旅游概况

2023 年以来，西藏自治区日喀则市以习近平新时代中国特色社会主义思想为指导，深入贯彻落实党的二十大精神，自治区党委、政府工作部署，立足新发展阶段，贯彻新发展理念，构建新发展格局，充分发挥旅游业在建设西藏区域副中心和面向南亚开放的国际大通道桥头堡中的重要作用，始终

---

① 《2023 年西藏自治区国民经济和社会发展统计公报》。

图1　2015~2023年西藏接待游客人数和旅游总收入

资料来源：《2023年西藏自治区国民经济和社会发展统计公报》。

坚持把旅游工作作为着力创建高原经济高质量发展的主要举措和有力抓手，始终坚持强化塑造"珠峰故里·吉祥日喀则"品牌形象，努力把资源优势转化为产业优势，有力有序有效推进全市旅游工作。

2023年，日喀则高起点推进旅游业发展，先后制定《日喀则市"十四五"旅游业发展规划》《日喀则市创建旅游强县实施方案》《边境红色旅游革命历史遗址暨红色文化旅游教育基地规划》等，构建旅游业新发展格局。

2023年，日喀则市全年接待游客1003.56万人次，同比增长126%，旅游人次首次突破千万大关，实现旅游综合收入58亿元，同比增长112%，进一步擦亮了"珠峰之乡·吉祥日喀则"旅游品牌。[①]

三　定日县珠峰文旅发展概况

（一）县域概况

定日县位于我国的西南边陲，地处喜马拉雅山脉中段北麓，东邻定结、

---

① 《年接待游客量首次突破1000万人次，实现旅游综合收入58亿元——解锁日喀则旅游的"流量密码"》，https：//lasa.xzdw.gov.cn/xwzx_359/ttxw/202402/t20240218_442383.html，2024年2月18日。

萨迦两县，西接聂拉木县，北连昂仁县，东北靠拉孜县，南与尼泊尔王国接壤，平均海拔为 4500 米，国土面积约为 1.4 万平方公里，219、318 国道于定日县汇集，拥有珠穆朗玛峰、绒辖沟、嘎玛沟等优质旅游资源。定日县作为边境大县，辖 13 个乡（镇），180 个行政村，381 个自然村，共有 6.4 万余人，有各级各类学校 89 所（中学 2 所、小学 21 所、幼儿园 66 所）。2023 年，全县实现地区生产总值 14.5 亿元，同比增长 9.0%；实现一般公共预算地方收入 1.23 亿元，同比增长 63.1%；实现社会消费品零售总额 2.5 亿元，同比增长 22.4%；城镇居民人均可支配收入达到 48728 元，同比增长 5.3%；农村居民人均可支配收入达到 15249 元，同比增长 10.3%。

定日县域的 95.94% 在珠穆朗玛峰国家级自然保护区内，珠穆朗玛峰国家级自然保护区定日保护区总面积为 13044.67 平方公里，保护区内共有 13 个乡镇 132 个村 8547 户 39914 人。[①]

（二）市场概况

日喀则市定日县紧紧围绕把珠峰景区打造成"最生态、最人文、最智慧、最和谐、最美丽"的"世界一流自然保护区、世界一流生态景区"的目标，坚持问题导向，把文化作为旅游的灵魂，把生态作为旅游的生命线，以景区标准化建设为契机，推动珠峰景区生态文化旅游融合式高质量发展，让生长在这片土地上的群众纷纷吃上"旅游饭"，走上"致富路"。

珠峰大本营所在的定日县为珠峰旅游的主要目的地，2023 年，珠峰旅游有了跨越式发展，珠峰文旅的市场认可度保持在较高的水平，并且疫情后市场增长迅速。2023 年，全县接待游客总数约 76 万人次，同比增长 245%；全县旅游总收入达 38076 万元，同比增长 214%，旅游人数、收入均创历史新高，实现了发展提速、文旅提档（见表 1）。

2022 年、2023 年，定日县珠峰景区旅游接待总量较上年增长了 3 倍，

---

① 定日县人民政府。

突破 46 万人次；接待游客数量前 10 的省份变化不大，仅第十名的省份由 2022 年的陕西省变为 2023 年的江西省，其他九省仅有位次的变化，同时，广东省和四川省为主要的客源地（见表 2）。

表 1 2019～2023 年珠峰大本营和定日县游客人数和收入

年份	进山人数（人次）	门票收入（万元）	旅游总人数（万人次）	旅游总收入（万元）
2019	116793	2207	22	12086
2020	131724	2115	24	13146
2021	156152	2643	28	15310
2022	119773	2059	22	12114
2023	463718	11020	76	38076

资料来源：定日县人民政府。

表 2 2022～2023 年定日县珠峰景区接待游客数量前 10 的省份

单位：人次，%

序号	2022 年			2023 年		
	客源地	人数	占比	客源地	人数	占比
1	四川	8951	11.01	广东	9488	9.33
2	广东	7404	9.11	四川	8417	8.28
3	湖南	5445	6.70	河南	6537	6.43
4	浙江	5083	6.25	江苏	6373	6.27
5	河南	4956	6.10	浙江	6160	6.06
6	湖北	4502	5.54	湖南	6014	5.91
7	江苏	4204	5.17	安徽	5337	5.25
8	山东	3654	4.49	湖北	4906	4.82
9	安徽	3498	4.30	山东	4489	4.41
10	陕西	3475	4.27	江西	4097	4.03

资料来源：日喀则珠穆朗玛文化旅游投资发展有限公司。

（三）2023年发展珠峰文旅的具体工作举措

1.提高发展定位，抢抓发展机遇

定日县提高发展定位，抢抓发展机遇，认真贯彻落实珠峰景区创建 5A

级旅游景区的要求，打造旅游名县，探索旅游强县措施。在创 5A 级旅游景区工作中，以县委、县政府的名义成立了领导小组和工作专班，梳理编撰完成了《珠峰景区创建国家 5A 级景区实施方案》以及《定日县珠峰景区创建 5A 级景区细则对照任务分解表》；在打造旅游名县方面，协助西藏自治区旅游发展厅征求了《关于创建西藏旅游名县的实施意见》和《西藏自治区创建旅游名县实施细则》意见建议；在旅游强县方面，积极配合市旅发局工作，制定了《定日县创建日喀则市旅游强县实施方案》。

2. 突出旅游体验重点，提升旅游服务质量

畅通投诉渠道，完善旅游投诉平台和服务信息网络平台功能建设，畅通投诉举报渠道，及时反馈文化旅游市场违法违规行为问题。鼓励全县群众提供各类违法违规行为线索，监督扰乱文化旅游市场秩序的问题，逐步形成以社会监督促进文化旅游服务水平提升的良性机制。

3. 完善景区基础设施建设，加速景区科学发展

以项目产业的建设为抓手，大大改善定日县旅游附属设施，提升游客体验感，引导促进旅游提质升级、科学发展。一是加措拉山口旅游环保厕所已经投入使用。二是集登山训练体验营、布草洗涤房等于一体的定日县文旅服务保障提升建设项目已完工。三是集洗手间、吸氧室、自动售货机等于一体的西藏自治区日喀则市光伏驿站建设项目，已在珠峰景区环保车换乘中心建设完成投入使用。四是集停车场、洗手间、商业楼等于一体的定日县珠峰北大门旅游综合服务中心建设项目已完成初验。五是定日县域内文化旅游资源普查项目正在编制成果总结。六是珠峰景区环保车换乘中心二期项目已完工。七是规划"定日县机场—珠峰景区北大门—珠峰景区大本营"旅游线路节点及沿线重点村落村容村貌提升规划项目正在编制成果总结，制定《定日县珠峰民宿（家庭旅馆）服务标准》和《定日县珠峰大本营帐篷服务标准》。八是升级定日县 13 家家庭旅馆。九是开展了以曲当、扎西宗为重点的酒店、民宿管理与服务技能培训。十是对接平措康桑文旅公司成功引进定日县首家甲级旅行社西藏平措康桑旅行社。十一是积极配合市旅发局及上海援藏，与春秋航空公司合作开通"上海—定日"旅游包机专线服务。

4. 加强宣传力度，推广品牌形象

为进一步发挥珠穆朗玛峰世界第一高峰独特的品牌概念和名片效应，吸引更多国内外游客前来珠峰旅游，提升珠峰文化旅游的社会影响力和关注度，一是举办了定日县珠峰景区首发团踩点活动。二是举办了"珠峰在定日——寻找最美宿营地"定日县自驾游线路整合发展考察评估活动。三是前往广州、深圳开展招商引资、文化旅游推介会，前往上海举办 2023 年定日珠峰文旅发展论坛，发布《珠峰生态文旅融合发展研究报告（2023）》。四是参加第十八届珠峰文化旅游节、以"世界之巅·魅力定日"为主题的营销推广大会、自治区首届"祖国·扎西德勒"集中推介会、中国 G219（西藏段）旅游推广活动，不断扩大珠峰旅游的社会关注度。五是在珠峰小镇开展西藏定日 2023 珠峰音乐美食节。

四　定日县发展珠峰文旅存在的问题分析

（一）旅游资源利用不高，旅游产品供给不足

定日县存在严重的"大资源、小旅游"现象，旅游产业无论是功能定位、发展规模还是发展层次，都与旅游资源的丰度与禀赋不相适应。旅游产业对区域社会经济发展的贡献率较低，对优势旅游资源的挖掘有限，仅仅停留在粗浅利用的层面，未能深入挖掘珠峰及其周边地区的悠久文化内涵和丰富历史背景，旅游产品缺乏多样性和高附加值，珠峰旅游消费目前呈现停留时间短、消费低、体验浅的特点。

定日县拥有丰富的自然景观和文化资源，但这些资源的整合和利用尚不充分。珠穆朗玛峰作为核心旅游资源，吸引了大量游客，但其他景点和文化资源并未得到充分开发和推广，导致旅游产品单一，难以吸引多样化的游客群体。目前，定日县的旅游产品主要集中在珠峰观光和简单的户外活动，缺乏旅游深度和体验性。游客在珠峰的旅游项目基本是简单的"拍照游"，缺乏参与性强、体验丰富的旅游项目。这种初级的旅游产品无法满足现代游客

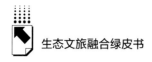

对深度体验和多样化活动的需求，限制了当地旅游市场的扩展。并且，尽管珠峰地区具有独特的生态环境，但生态旅游开发滞后。缺乏系统的生态旅游项目，难以吸引注重环保和自然体验的游客。生态保护措施也未能全面落实，旅游活动对环境的负面影响较大，威胁到当地脆弱的生态系统。

（二）旅游产业结构单一，缺乏产业链延伸

定日县的旅游业主要依赖珠穆朗玛峰这一传统旅游资源，缺乏多元化的产业结构。除了登山和观光，其他形式的旅游产业发展较为薄弱，难以形成产业集群效应。这种单一的产业结构使得旅游业的抗风险能力较弱，面对市场变化时容易受到冲击。另外，旅游产业链的延伸不足，未能充分利用当地资源进行深加工和增值服务。比如，旅游纪念品、特色餐饮和文化演艺等领域发展滞后，未能形成完整的旅游产业链。产业链的缺失不仅限制了旅游收入的增长，也减少了当地居民从中受益的机会。

（三）旅游从业人员专业性有待提升，社区参与度低

定日县的旅游从业人员整体能力有待提升，专业技能不足。导游、服务人员和管理人员缺乏系统培训，服务水平和管理能力较低，难以提供高质量的旅游服务。这不仅影响了游客的体验，也制约了旅游业的发展。当地旅游从业人员缺乏职业发展机会，难以吸引和留住高素质人才。旅游产业结构单一，职业发展路径有限，许多有能力的年轻人选择离开，导致当地人才流失严重。应建立良好的职业发展机制，提供更多的培训和晋升机会，吸引和留住人才。尽管旅游业是定日县的重要经济来源之一，但当地社区居民的参与度较低。许多居民缺乏积极性和主动性，也未能直接从旅游业中受益。应通过建立利益共享机制，增加社区居民的参与积极性和收益，促进旅游业的可持续发展。

（四）文旅产业规划统筹难度大，政策落实难

珠峰文旅产业的开发涉及多个部门和利益相关者，如政府、企业、社区

和环保组织等。各方利益诉求不同，协调复杂，缺乏统一的管理体制和协调机制，导致在实施过程中出现与规划不一致、执行标准不统一的问题。另外，定日县既要执行自然保护区规划、国家公园规划、主体功能区规划及其他保护地相关规划，同时还要贯彻落实各级国民经济和社会发展规划、土地利用总体规划、城乡建设规划、旅游发展规划及相关专项规划。规划衔接可能存在一定的矛盾和问题，并且各类规划的功能区划边界和内涵不尽相同，保护目标、管控措施等因其规划性质、行业管理不同有所侧重，在实际执行中头绪繁多，统筹难度大。尽管政府出台了一系列政策文件支持珠峰旅游的协同发展，但在具体落实过程中往往面临执行力不足的问题。政策的落实需要强有力的监管和执行机制，但目前的管理体系尚未完全建立，影响了政策的实际效果。

五　定日县发展珠峰文旅的理念与思路

（一）发展理念

坚持"以文塑旅、以旅彰文"，以文旅融合兴县战略为抓手，紧紧围绕把珠峰景区打造成"最生态、最人文、最智慧、最和谐、最美丽"的"世界一流自然保护区、世界一流生态景区"的目标，坚持问题导向，把文化作为旅游的灵魂，把生态作为旅游的生命线，以景区标准化建设为契机，推动珠峰景区生态文化旅游融合式高质量发展。

（二）发展思路

绿色发展要从"两手抓"转向"两手硬"。要坚持践行"两山"理念，治山、治水、治县一体推进，打造更高质量的生产空间、生活空间、生态空间。强边工作要从"边防固"转向"边民富"。大力发展边境游、跨境游，促进政策向边境一线倾斜、项目向边境一线靠拢、资金向边境一线集聚，坚决筑牢国家安全屏障。

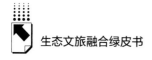
1. 努力将珠峰旅游打造成创新发展新路径

一是科技创新在珠峰旅游中的应用路径。利用科技手段提升旅游体验，如虚拟现实（VR）、增强现实（AR）技术的应用。借助 VR 技术，虚拟珠峰攀登，让游客在安全的环境中体验攀登珠峰的感觉，提供沉浸式的登山体验。设立 AR 导览，在珠峰周边设置 AR 信息点，通过智能设备让游客了解珠峰及其周边的自然和人文景观。大力推广智慧旅游解决方案，提升旅游服务效率和质量，例如使用智能导航系统等，提供实时导览、路线推荐和应急帮助等服务，提升游客的旅游体验。推动科技与数字化整合，利用大数据分析游客行为和趋势，优化服务和安全管理，提升珠峰旅游管理效率。

二是文化体验创新在珠峰旅游中的应用路径。珠峰地区拥有丰富的文化资源，开发文化旅游项目可以增加旅游的文化内涵，提升游客的体验。例如，与当地藏族社区合作，推出藏族文化体验项目，如传统手工艺制作、民俗表演和家庭访谈，让游客深入了解藏族文化。培训当地居民作为导游和文化传承者，提供独特的本地视角，增强游客的文化体验。这不仅能丰富游客的体验，还能为当地社区创造就业机会，促进经济发展。

三是康养创新在珠峰旅游中的应用路径。利用珠峰地区的独特自然环境，开发健康疗养和养生项目也是一种创新的旅游方式。例如，结合高原气候，推出高原瑜伽、冥想和自然疗法，帮助游客放松身心，提升健康。同时，建设高端的康养度假村，提供包括按摩、针灸、理疗等服务，吸引寻求健康和放松的游客。

2. 努力将珠峰旅游打造成区域发展新引擎

依托珠峰景区旅游资源，聚焦新业态景点开发、特色旅游民宿开发，因地制宜从"食、住、行、游、购、娱"等旅游要素方面着手，科学评估、深挖需求，做好景区业态创新的预备功课。进一步完善基础设施建设。珠峰地区地处偏远，交通不便，游客的可达性和便利性需要大幅提升。首先，应加大对交通网络的投资建设，包括修建和维护通往珠峰的公路，开通更多的航班，争取引入直升机服务，以便快速、安全地将游客送达珠峰地区。其次，提升住宿设施的质量和多样性，从高端酒店到生态友好型露营地，满足不同游客的需求。最后，改善景区内的公共设施，如卫生间、游客中心和紧急救援系统，确保游客在珠峰旅游期间的舒适和安全。

在"食"方面，一是开发藏族特色美食体验项目，提供包括酥油茶、糌粑、牦牛肉等传统藏族食品的品鉴活动，增强游客对藏族饮食文化的了解和兴趣。二是引入高端餐饮服务，提供融合现代烹饪技术和传统藏族风味的高端餐饮服务，满足高端游客的需求。三是提供健康饮食选项，结合高原地区的自然优势，开发健康有机餐饮，利用当地有机食材，提供营养丰富、健康绿色的饮食选项，迎合现代游客对健康饮食的需求。

在"住"方面，应提供多样化住宿选择。提供从高端酒店、特色民宿到生态露营地的多种住宿选择，满足不同层次游客的需求。有必要开发具有藏族文化特色的主题酒店和民宿，融合当地建筑风格和文化元素，让游客在住宿中也能感受到浓厚的文化氛围。

在"行"方面，应改善交通条件，提升出行便利性。一是完善通往珠峰地区的公路、铁路和航空交通网络，建设高效便捷的综合交通体系，提升游客的可达性。二是使用环保交通工具，推广使用电动车、自行车等环保交通工具，减少碳排放，保护珠峰地区的生态环境。三是推广智能交通服务，开发智能交通应用，提供实时交通信息、路线规划和出行建议，提高游客的出行效率和便利性。

在"游"方面，应着力丰富旅游项目和提升游客体验。一是开展文化旅游项目，通过与当地社区合作，推出藏族文化体验项目，如传统手工艺制作、民俗表演和家庭访谈，让游客深入了解藏族文化。二是开展生态旅游项目，开发生态徒步、自然摄影和野生动物观赏等环保型旅游项目，吸引环保意识强的游客，推广生态保护理念。三是开展冒险旅游项目，设立专业的登山培训基地和极限运动项目，如攀岩、滑雪、滑翔伞等，吸引全球的冒险爱好者，提升珠峰作为极限运动目的地的品牌形象。

在"购"方面，应提升购物体验，推广当地特产。一是推广当地特色手工艺品，如藏毯、唐卡、藏银饰品等，通过开设手工艺品展销会和制作体验活动，增加游客的购买兴趣和文化认同。二是农产品直销，推广当地有机

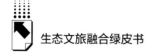

农产品，通过农家乐和直销店的形式，让游客购买到新鲜、优质的当地农产品。

在"娱"方面，应丰富娱乐活动，提升旅游吸引力。通过组织藏族传统节庆活动、音乐会和舞蹈表演，提供丰富多彩的文化娱乐体验，增加旅游的吸引力。此外，还可以迎合年轻人的兴趣，提供夜生活体验，打造具有当地特色的夜生活场所，如藏式酒吧、夜市和文化广场等，丰富游客的夜间娱乐生活。

3.努力将珠峰旅游打造成绿色发展新典范

坚持生态环境资源保护与景区规划开发建设同步发力，持续推动文旅与生态环保融合发展，切实把"绿水青山"的生态价值转化为"金山银山"的经济价值。

随着环保意识的提高，越来越多的游客倾向于选择对环境友好的旅游方式。在珠峰地区，建设生态友好型酒店和露营地，采用可再生能源和环保材料，可以减少对自然环境的影响。此外，组织环保教育活动，向游客宣传保护珠峰生态的重要性，并鼓励参与环保行动，如垃圾清理和植树造林，不仅有助于保护环境，还能增强游客的环保意识，推动可持续旅游的发展。此外，组织环境保护志愿者活动和公益登山活动，吸引游客参与珠峰地区的环境保护和生态修复工作，同时通过筹集善款支持当地社区发展，不仅有助于保护环境，还能增强游客的责任感和参与感。

4.努力将珠峰旅游打造成乡村振兴新支撑

把群众的切身利益放在突出位置，建立健全村民利益联结机制，扩大群众受益面，让景区开发建设发展成果惠及辖区更多的群众，不断提高群众的获得感、幸福感。最大限度保留珠峰景区沿线村庄传统风貌，通过"串点成线"美丽乡村建设，讲好珠峰故事、定日故事，凝聚旅游核心竞争力，打造独具特色的珠峰景区。

一是基础设施建设助力乡村振兴。改善交通条件，完善通往珠峰地区的交通网络，包括修建和维护公路、铁路和航空线路，提升乡村的可达性，不仅方便游客前来，也有助于当地居民的日常出行和物流运输。良好的交通条件能够促进物流流通，提高当地农产品和手工艺品的市场竞争力，增加当地居民的收入。通过建设和改造乡村地区的公共设施，如卫生间、游客中心、紧急救援系统和医疗服务点，提高了当地居民的生活质量，为乡村振兴奠定了基础。

二是产品销售及利益共享助力乡村振兴。通过旅游带动当地农产品和手工艺品的销售，设立农产品直销点和手工艺品展销会，增加居民的收入来源。旅游业的发展可以拓宽当地农产品和手工艺品的销售渠道，提升其市场价值。建立利益共享机制，确保旅游收入能够有效反哺社区，用于基础设施建设、教育和医疗等公共服务，改善居民的生活水平。利益共享机制可以调动社区居民的积极性，促进乡村振兴。

5. 努力将珠峰旅游打造成开放型经济新窗口

一是增加国际旅游展览与推广活动。参与和举办国际旅游展览和推广活动是提升珠峰旅游国际知名度的有效途径。通过参加世界各地的旅游展览会，如柏林国际旅游交易会（ITB）、英国伦敦世界旅游博览会（WTM）等，珠峰旅游可以展示其独特的自然景观和文化资源，吸引全球旅行社和游客的关注。与此同时，可以组织专项推广活动，例如珠峰摄影展、文化体验活动等，让国际游客深入了解珠峰的魅力。

二是建立国际旅游品牌。建立珠峰旅游的国际品牌形象是吸引国际游客的重要前提。通过统一的品牌形象设计，包括标志、口号、宣传片等，塑造珠峰旅游的独特魅力。同时，推广珠峰作为世界级极限运动和冒险旅游目的地的形象，通过举办国际性的登山比赛和极限运动活动，吸引全球的冒险爱好者。品牌形象的建立和推广，不仅能提升珠峰旅游的知名度，还能增加其市场竞争力。

三是优化国际游客体验。为了吸引和服务国际游客，应制作多语言的珠峰旅游宣传材料和提供多语言的服务，包括印刷多语言的旅游指南、宣传手册、地图等，以及建设多语言的官方网站和社交媒体账号。此外，培训导游和景区服务人员应掌握多种语言，为国际游客提供便捷和友好的服务体验。通过这些措施，提升国际游客的满意度，增强他们的旅行体验。提升国际游客的旅行体验是吸引和留住国际游客的关键。除了多语言服务外，还需要提

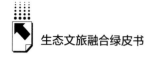

供便捷的旅行服务，例如支持国际支付方式、购买旅行保险、提供医疗急救服务等。此外，建设高质量的住宿和餐饮设施，提供丰富的文化体验项目，如藏族文化体验、手工艺制作等，让国际游客在珠峰旅游中获得全方位的体验。

六　定日县发展珠峰文旅的对策建议

以珠峰景区创建国家 5A 级旅游景区，打造旅游名县、旅游强县为契机，抢抓发展机遇，围绕珠峰、嘎玛沟、陈塘沟等优势资源，加快落实全域旅游发展规划，打造环珠峰精品旅游线路，持续提升旅游服务保障。

（一）进一步完善珠峰旅游附属设施，提升运营管理水平

一是打造高端旅游服务。为进一步提升景区规范化运行，积极对接春秋航空、万达集团，合作运营珠峰景区，实现景区规范化，共同加大对珠峰景区的投入力度，实现利益共赢，提升景区创新型运行。二是打造旅游集散中心。以定日机场通航为契机、以现有旅游配套为基础，学习借鉴区内外典型经验做法，依托县级旅行社，实行组织化旅游服务，从而带动西部县（区）的旅游事业发展。三是打造数字旅游。积极争取上级部门支持，依托援藏优势，优化提升智慧景区系统，全面实现珠峰景区门票网上预约购买，同时实行分时段限流进入景区制度，有效缓解景区游客高峰时段环保车转运压力。四是提升游客体验感。计划在"珠峰小镇"打造 VR 体验中心，升级改造、投资运营扎西宗乡、岗嘎镇、易地搬迁点的酒店、民宿、游客中心，新建自驾车营地，扩建环保车换乘中心，完善提升大本营旅游基础设施，打造民俗特色村，增进文化演艺，装修运营景区北大门游客服务中心等，丰富游客可游玩的内容，增加游客体验感，带动游客消费能力。

（二）结合定日实际出发，探索多元化发展思路

一是加强景区招商引资工作。积极对接有实力的企业到珠峰景区投资兴

业，重点加强对酒店、餐饮、服务等行业的招商力度，不断完善景区各种业态，提升景区的服务能力。二是加强文创产品的研发和销售力度。继续与相关企业沟通协调，结合定日县的文化和旅游特色，从民族工艺品、旅游纪念品、土特产品、旅游食品等方面着手，争取研发上市更多具有定日特色的文创产品。三是有效衔接乡村振兴。以丰富文化旅游商品为出发点，扩展旅游市场，提升旅游附加值，带动更多的大学生、农牧民群众参与到旅游行业发展中。

（三）注重规范旅游市场，提升定日旅游形象

进一步规范旅游市场发展，营造良好的旅游市场环境，切实维护好景区形象；加大对当地旅游接待人员的培训力度，特别是对帐篷营区经营户和家庭旅馆经营者的培训；继续在各大宾馆推广有氧住宿，制定民宿建设标准并鼓励群众开家庭旅馆，做好家庭旅馆评星工作；继续加强对旅游投诉的受理工作，认真解决游客投诉问题。

（四）充分发挥文化赋能旅游，促进文旅融合

一是加强非遗传习基地的利用。通过非遗传承人现场教学，开展六弦琴、三弦琴等非遗传习活动，不断拓宽非遗传承和保护方式，同时通过利用景区销售点等加大非遗技艺产品的制作和销售渠道，增加农牧民群众收入。二是加强公共文化活动宣传力度，提高管理水平和服务能力。针对不同人群开展宣传活动，提升免费开放设施的公众知晓率，吸引广大群众走进文化设施，最大限度地发挥公共图书馆、综合文化活动中心的文化功能，加强沟通协调，及时有效解决基层场所免费开放过程，不断提高管理水平和服务能力。三是持续加强文化进景区。以定日特色文化为抓手，编排丰富多彩的舞蹈、歌曲、语言类节目，前往珠峰景区重要站点进行表演，营造文化旅游氛围，鼓励广大游客参与其中。

（五）强化珠峰精神宣传，增强民族和文化认同

攀登珠峰不只是一项简单的体育运动，已被赋予了精神象征。它象征着

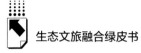

自强不息、敢为人先的攀登者精神。半个多世纪以来，其价值底蕴已然超越了体育运动的范畴，成为体育精神的集中体现和精神标识，珠峰精神正化为求索的勇气、行动的动力。定日县未来应聚焦珠峰印象与珠峰精神的融合宣传，深化珠峰文旅的文化底蕴，吸引越来越多的游客走进珠峰，感受珠峰。

参考文献

王丽丽、张天星：《西藏珠穆朗玛峰国家级自然保护区旅游资源调查与评价》，《林业调查规划》2022年第6期。

生态保护篇

G.2

基于生态系统综合评价的珠峰
自然保护区功能分区空间优化研究

郭鑫　高峻*

摘　要：　自然保护地是一个内部各要素之间相互关联、系统结构复杂、服务功能多样、环境质量易变、保护与利用博弈且具有一定边界范围的区域综合生态系统，其功能分区的生态系统格局、质量和服务功能随着时间的变化以及人为活动干扰会发生相应变化，需要在此基础上对保护地功能空间进行优化和适应性管理，确保自然保护区差异化分区管控的目标实现。本报告通过对2000~2020年珠峰自然保护区生态系统"格局—质量—服务"进行综合评价，研究发现：珠峰自然保护区生态系统综合变化程度不明显，生态系统内部结构较稳定；生态系统服务综合热点区呈块状结构分布于保护区南部的高山河谷上游地带；保护区内需进行空间优化的区域面积为2370.7平方公里。

*　郭鑫，博士，上海师范大学讲师，主要研究方向为国家公园与生态旅游；高峻，博士，上海师范大学教授，主要研究方向为国家公园与生态旅游。

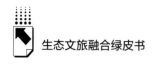
关键词： 生态系统评价　格局—质量—服务　空间优化

一　引言

自然保护区是保护自然资源和自然环境、维护生物多样性的重要空间载体之一。2014年我国提出建立国家公园体制试点以及深化自然保护地体制改革之前，自然保护区是我国已有各级各类自然保护地中面积最大、类型最多、生态系统服务功能最优、生态保护价值最高的保护地类型，对保护生物多样性与维护自然生态系统稳定健康具有重要作用。因此，自然保护区的建立为人类提供了研究自然生态系统这一天然"本底"的场所，在生物多样性保护、水源涵养、水土保持、环境改善、维持生态平衡、环境教育等方面发挥重要作用。

青藏高原生态系统脆弱，其特点表现为高海拔、低气温、少雨水、生态系统结构简单且独一无二。享有"世界屋脊"和"亚洲水塔"之称的青藏高原，在全球气候变化与人类活动影响下，生态系统质量与服务功能具有明显的变化。珠穆朗玛峰国家级自然保护区位于青藏高原西南部，面积为33819平方公里，跨越了定日县、定结县、吉隆县和聂拉木县4个县，人口总量为104834人，① 在空间格局上表现为当地城镇与保护区交叉混合分布的特征。2018年，国务院将珠穆朗玛峰国家级自然保护区划分为核心区、缓冲区和实验区3种功能分区，且各功能分区面积较大，随着全球气候变化影响与人类活动的开展，很难实现精细化和动态化有效管控，对于协调珠峰保护与发展带来巨大的挑战。同时，已有研究表明，包括珠峰自然保护区在内的整个青藏高原的生态系统演变将会对全球环境变化和人类可持续发展带来不容忽视的影响。因此，本报告在"格局—质量—服务"生态系统综合评价的基础上，对珠峰自然保护区的功能分区进行空间优化，提出适应性管

---

① 《珠穆朗玛峰国家级自然保护区总体规划（2019-2028年）》，2018年10月。

理措施，合理开展保护与引导人为活动，促进该区域生态系统健康稳定，对珠峰自然保护区的可持续发展具有重要意义。

二　研究设计

（一）研究方法

1. 利用景观格局分析方法和空间分析法对珠峰自然保护区生态系统格局进行分析与研究。

（1）景观格局分析法

目前已有较为成熟的景观格局指数应用于景观格局状态的描述。Fragstats 软件也是景观格局分析中常用且成熟的分析软件，该软件能够从斑块类型水平与景观水平两方面对景观格局进行定量分析。本研究利用 Fragstats 4.2.1，在 GIS 技术支持下，分析珠峰自然保护区的景观格局。

（2）空间分析法

主要利用了生态系统类型结构、综合生态系统动态度等计算公式，分析珠峰自然保护区生态系统结构的构成与变化、生态系统动态变化程度。

2. 利用植被遥感定量分析和综合遥感分析法对珠峰自然保护区生态系统质量进行分析与研究。

（1）植被遥感定量分析

植被覆盖度（FVC）是指植被的叶、茎、枝等垂直投影面积占统计区总面积的百分比，主要表征植被水平结构状况，量化植被的繁茂水平，反映植被的长势，为生态系统的基础研究提供数据支撑。遥感影像能够实现对研究区植被覆盖度进行统计，主要通过归一化植被指数（NDVI）计算获得。植被覆盖度采用回归模型法进行估算。

植被净初级生产力（NPP）是指植被在单位时间与面积上累积的有机干物质总量，可以直接表征植被的生产能力，反映生态系统的质量状况。目前 BIOME-BGC 模型已经用于全球不同区域的植被生长状况测算、生物量测算以及环境质量监测等实践与研究。

叶面积指数（LAI）是指单位土地面积内植物叶片总面积与土地面积的比值，表征植被在垂直结构层面的复杂程度。反映了生态系统内叶面积在单位面积的比值大小，是模拟生物地球化学循环的重要参数。对于大空间尺度的 LAI 测定，遥感技术可以获取大范围且动态实时的 LAI 数据，因此珠峰自然保护区适合采用植被冠层传输模型以提取 LAI 数据。

（2）综合遥感分析法

采用分生态功能区、分生态系统类型选取对应参照值的方法建立珠峰自然保护区的生态系统质量指数（EQI）。对照 2015 年发布的《全国生态功能区划（修编版）》（2015 年）可知，珠峰自然保护区属于珠穆朗玛峰生物多样性保护与水源涵养重要区。以该区域内森林、灌丛和草地三类植被类型的生态系统为对象，选取其生态参数最大值作为参照值，依次计算功能区内三种植被类型的生态参数值与各自参照值的比值，得到该功能区内三种植被类型的生态参数相对密度值，相对密度值越接近 1，代表该功能区的生态参数越接近参照值。

对植被覆盖度、叶面积指数、植被净初级生产力选取参照值计算相对密度，再将结果进行归一化处理，进而构建生态系统质量（EQI）模型。参考《生态环境状况评价技术规范》，将生态系统质量分为优、良、中、低、差 5 个等级。生态系统质量分级标准如表 1 所示。

表 1　生态系统质量分级标准

项目	优	良	中	低	差
生态系统质量	EQI≥75	55≤EQI<75	35≤EQI<55	20≤EQI<35	EQI<20

3. 采用 InVEST 模型和热点分析法，对珠峰自然保护区的水源涵养服务、生物多样性服务、单项生态系统服务热点和综合生态系统服务热点进行分析。

（1）InVEST 模型

InVEST 模型是一种全球通用模型，在生态系统服务评估应用中能够涵盖陆地和海洋的生态系统服务功能，应用模块多样，能够解决局部地区、区域以及全球范围的生态系统服务评估问题，应用广泛。该模型工具的优势体现在精细化、定量化与可视化。它将地理信息技术融合到生态系统服务研究中，不仅可以解决生态系统服务的空间可视化问题，还可以实现生态系统服务评价的动态化。

（2）热点分析法

热点分析法在空间统计中，主要利用了 ArcGIS 软件中的 Getis-Ord G_i^* 热点分析工具。G_i^* 值为正且越高，表示高值聚类越紧密，G_i^* 值为负且越低，表示低值聚类就越紧密。生态系统服务的热点区域是指在栅格尺度上将各类生态系统服务的值超过各自均值的区域看作热点区域，通过叠加相应年份的水源涵养和生物多样性服务的热点区，获得珠峰自然保护区生态系统服务综合热点区的空间分布。

4. 根据保护空缺分析原理中的空间图层叠置以及审查与原有保护地空间格局的方法，采用 ArcGIS 软件中的叠加分析工具对珠峰自然保护区生态系统动态变化区域进行识别。空间叠加分析主要选用 ArcGIS 软件的相交工具，计算输入图层的几何交集，即所有图层中相叠置的要素或要素的各部分被写入到输出图层。

（二）数据来源

本研究所使用数据主要分为生态系统类数据、土地利用数据、遥感类数据、数字高程模型（DEM）、行政区划数据、珠峰自然保护区功能分区边界矢量数据、气象数据、社会经济统计资料等（见表2）。

表2　珠峰自然保护区生态系统综合评价数据列表

数据名称	年份	分辨率	用途	数据来源
土地利用遥感监测数据	2000 年、2010 年、2020 年	30m	景观格局分析、生境质量分析、水源涵养分析	中国科学院资源环境科学与数据中心
定日县气象观测数据（温度、降水量等）	2000~2020 年	—	相关性分析	国家气象科学数据中心

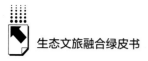
续表

数据名称	年份	分辨率	用途	数据来源
MOD13Q1（V061）、MYD13Q1（V061）归一化植被指数(NDVI)数据	2002 年、2010 年、2020 年	空间分辨率250m，时间分辨率16d	植被覆盖(FVC)计算、生态系统质量评估	NASA 地球科学数据系统（Earth Science Data Systems，ESDS）
MOD17A3HGF（V061）植被净初级生产力（NPP）数据	2000 年、2010 年、2020 年	空间分辨率500m，时间分辨率全年	生态系统质量评估	NASA 地球科学数据系统（Earth Science Data Systems，ESDS）
MOD15A2H（V061）叶面积指数（LAI）数据	2002 年、2010 年、2020 年	空间分辨率500m，时间分辨率8d	生态系统质量评估	NASA 地球科学数据系统（Earth Science Data Systems，ESDS）
NASADEM Merged DEM Global 1 arc second V001	—	空间分辨率30m	地形相关分析	NASA 地球科学数据系统（Earth Science Data Systems，ESDS）
归一化植被指数（NDVI）数据	2000 年、2010 年、2019 年	空间分辨率1km，时间分辨率为逐月	生境质量分析	中国科学院资源环境科学与数据中心
降水量数据	2000 年、2010 年、2020 年	空间分辨率0.1°，时间分辨率每小时	水源涵养分析	欧洲中期天气预报中心
蒸发量数据	2000 年、2010 年、2020 年	空间分辨率0.5°、时间分辨率为逐月	水源涵养分析	CRU TS 官网
土壤最大根茎数据	2017 年	空间分辨率250m	水源涵养分析	国际土壤参考和资料中心（ISRIC）
植物可利用含水量数据	2017 年	空间分辨率250m	水源涵养分析	国际土壤参考和资料中心（ISRIC）
DEM 数据	—	空间分辨率30m	水源涵养分析	地球科学数据系统
保护区功能分区边界矢量数据	2017 年	—	空间优化	生态环境部公文公示
行政区划	—	—	现状研究	全国地理信息资源目录服务系统

（三）数据处理

1. 土地利用遥感监测数据

主要采用中国科学院资源环境科学与数据中心提供的全国土地利用类型遥感监测空间分布数据。该数据主要基于 Landsat TM、ETM＋及 OLI 卫星影像，通过目视解译生成，数据分辨率为 30m，采用 Krasovsky 1940 Albers 投影坐标系。本研究主要选取 2000 年、2010 年和 2020 年三期数据，通过对土地利用数据进行重新分类，获得相应年份研究区的景观类型分布数据。

2. FVC、NPP 和 LAI 的数据

FVC、NPP 和 LAI 的数据均来源于美国国家航空航天局（NASA）发布的 MODIS 遥感产品。其中植被覆盖度（FVC）以（NDVI）归一化植被指数进行计算。选择 MOD13Q1（V061）与 MYD13Q1（V061）、空间分辨率 250m、时间分辨率 16d、时间序列为每年 5 月至 10 月，通过 ArcGIS 软件进行投影转换、图像镶嵌、裁剪等预处理，并重新采样至 30m 分辨率，计划获取 2000 年、2010 年和 2020 年三期 NDVI 数据，由于该数据从 2000 年 2 月开始生产，在 5 月至 10 月时间序列内的 2000 年 NDVI 数据存在缺失与质量不佳的情况，后选用 2002 年 NDVI 数据替代 2000 年 NDVI 数据。

植被净初级生产力（NPP）选择 MOD17A3HGF（V061）、空间分辨率 500m、时间分辨率为全年，通过 ArcGIS 软件进行投影转换、图像镶嵌、裁剪等预处理，并重新采样至 30m 分辨率，获取 2000 年、2010 年和 2020 年三期 NPP 数据。

叶面积指数（LAI）选择 MOD15A2H（V061）、空间分辨率 500m、时间分辨率 8d、时间分辨率为植被生长季的 6 月至 8 月，通过 ArcGIS 软件进行投影转换、图像镶嵌、裁剪等预处理，并重新采样至 30m 分辨率，计划获取 2000 年、2010 年和 2020 年三期 LAI 数据，由于 2000 年的 LAI 数据缺失部分较多，因此选用 2002 年 LAI 数据替代 2000 年 LAI 数据。

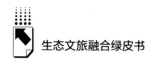

3. 珠峰自然保护区功能分区边界矢量数据

为了便于后续研究,对珠峰自然保护区已有功能分区进行整合与编码,具体情况如表3所示。

表3　珠峰自然保护区功能分区编码表

分区名称	所属行政区	编码
脱隆沟核心区	定结县陈塘镇、日屋乡;定日县曲当乡、扎西宗乡、岗嘎镇、绒辖乡	I-1
珠穆朗玛核心区		
绒辖核心区		
雪布岗核心区	聂拉木县樟木镇	I-2
希夏邦马核心区	聂拉木县亚来乡、波绒乡	I-3
江村核心区	吉隆县吉隆镇	I-4
贡当核心区	宗嘎镇和贡当乡	I-5
佩枯错核心区	吉隆县折巴乡;聂拉木县波绒乡	I-6
陈塘缓冲区	定结县陈塘镇	II-1
帕卓—卡达缓冲区	定日县措果乡、扎西宗乡	II-2
聂拉木缓冲区	拉不及河谷上游谷地	II-3
	江林以南整个波曲谷地	II-4
吉隆缓冲区	江村核心区以北、吉隆镇以南的小部分区域	II-5
	吉隆镇以北的吉隆藏布谷地和吉隆镇以东的东林藏布谷地	II-6
贡当缓冲区	吉隆县贡当乡	II-7
实验区	核心区和缓冲区以外区域	III-1

核心区中,由于脱隆沟核心区、珠穆朗玛核心区和绒辖核心区3个核心区呈现集中紧邻分布格局,三个核心区之间未被缓冲区隔断,因此将此三个核心区进行归并,并重新命名为脱隆沟—珠穆朗玛—绒辖核心区,将其编码为I-1;将雪布岗核心区编码为I-2;将希夏邦马核心区编码为I-3;将江村核心区编码为I-4;将贡当核心区编码为I-5;将佩枯错核心区编码为I-6。

缓冲区中,将陈塘缓冲区编码为II-1;将帕卓—卡达缓冲区编码为II-2;将聂拉木缓冲区拉不及河谷上游谷地编码为II-3,将聂拉木缓冲区江林以南整个波曲谷地编码为II-4;由于吉隆镇将吉隆缓冲区物理分割,因此将江村核心区以北、吉隆镇以南的小部分区域编码为II-5,将吉隆镇以北的吉隆藏布谷地和吉隆镇以东的东林藏布谷地编码为II-6;将贡当缓冲区编码为II-7。

由于实验区位于核心区和缓冲区外围，且呈现集中连片分布格局，因此统一编码为Ⅲ-1。

4. 水源涵养和生物多样性估算的数据

水源涵养服务估算所涉及的降水量数据来源于欧洲中期天气预报中心，空间分辨率为0.1°，时间分辨率为每小时；主要通过ArcGIS Pro软件进行栅格计算、重投影、裁剪，并重新采样至30m分辨率，获取2000年、2010年和2020年三期年降水量数据；蒸发量数据来源于CRU TS官网，空间分辨率为0.5°，时间分辨率为逐月；主要通过ArcGIS Pro软件进行栅格计算、重投影、裁剪，并重新采样至30m分辨率，获取2000年、2010年和2020年三期蒸发量数据；土壤最大根茎和植物可利用含水量均来源于国际土壤参考和资料中心（ISRIC），空间分辨率均为250m，选用时间段均为2017年；其中，土壤最大根茎深度最深可达200cm，主要通过栅格计算、重投影、裁剪，并重新采样至30m分辨率，获取土壤最大根茎深度数据；植物可利用含水量则是通过重投影、裁剪，同时重新采样至30m分辨率，并将所有可用的深度间隔通过InVEST模型推荐公式进行栅格计算得到植物可利用含水量；土地利用遥感监测数据来源于中国科学院资源环境科学与数据中心，空间分辨率为30m，时间分辨率为全年，选用时间段为2000年、2010年和2020年；DEM数据来源于地球科学数据系统，选取NASADEM Merged DEM Global 1 arc second V001数据，空间分辨率为30m，主要通过裁剪、重投影进行数据预处理，同时通过填注、计算流向、计算流量、栅格计算、盆域分析、栅格河网矢量化进行水文分析，从而得到流域矢量数据。

生物多样性服务估算所涉及的土地利用遥感监测数据来源于中国科学院资源环境科学与数据中心，空间分辨率30m，时间分辨率为全年，选用时间段为2000年、2010年和2020年；归一化植被指数（NDVI）数据来源于中国科学院资源环境科学与数据中心，空间分辨率为1km，时间分辨率为逐月；由于2020年的数据缺失，选取2019年NDVI数据进行替代，通过ArcGIS Pro软件进行图像重投影、裁剪、像元统计从而获取2000年、2010年和2019年三期植被生长季（5~9月）NDVI的平均值，并通过分区统计

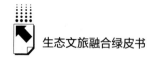

获取每个土地覆盖类型的 NDVI 的平均值。

InVEST 模型中涉及的各胁迫因子的最大影响距离、距离衰减函数和权重，以及各生境类型对胁迫因子的敏感度参考相关文献并根据实际情况进行赋值，各土地覆盖类型的生境适宜度在参考相关文献基础上，利用生长季 NDVI 数据进行修正获取。

三　珠峰自然保护区生态系统格局评价

生态系统是由生物群落及其生存环境共同组成的动态平衡系统。人类活动对生态系统的影响使生态系统结构和服务功能随之发生变化。生态系统分类应在土地利用分类的基础上，进行适合自然保护地的生态系统分类，简化土地利用类型，既考虑了研究区的实际情况以及生态系统信息在遥感图像上的可获取性，也便于生态系统格局的分析。据此划分一级生态系统类型 2 个，二级生态系统类型 10 个。自然生态系统（一级）下面分森林生态系统（11）、灌丛生态系统（12）、草地生态系统（13）、河流生态系统（14）、湖泊生态系统（15）、冰川生态系统（16）、荒漠生态系统（17）、裸地生态系统（18）8 个二级类型；人工生态系统（一级）分农田生态系统（21）、居住地生态系统（22）2 个二级类型（见表4）。

（一）生态系统类型构成比例及面积变化率

2020 年珠峰自然保护区 10 个二级生态系统类型中，草地面积比例最高（0.5578），占整个保护区面积的一半多，其次为裸地（0.1959），第三为冰川（0.0788），第四至第七分别为荒漠（0.0759）、森林（0.0457）、湖泊（0.0237）、灌丛（0.0171），面积比例最小的两类生态系统为农田（0.0015）和居住地（0.0004）（见表5）。①

---

① 本研究数据来源较多，计算流程复杂，部分图表中珠峰自然保护区面积之和、各类生态系统面积之和不等是误差所致，且误差较小，不影响研究结果的分析，故未做机械调整，特此说明。

表4 珠峰自然保护区生态系统分类情况

土地利用一级类型		土地利用二级类型		生态系统分类		
编号	名称	编号	名称	一级类	二级类	二级编号
1	耕地	11	水田	—	—	—
		12	旱地	人工生态系统	农田	21
2	林地	21	有林地	自然生态系统	森林	11
		22	灌木林	自然生态系统	灌丛	12
		23	疏林地	自然生态系统	森林	11
		24	其它林地	—	—	—
3	草地	31	高覆盖度草地	自然生态系统	草地	13
		32	中覆盖度草地			
		33	低覆盖度草地			
4	水域	41	河渠	自然生态系统	河流	14
		42	湖泊	自然生态系统	湖泊	15
		43	水库坑塘			
		44	永久性冰川、雪地	自然生态系统	冰川	16
		45	滩涂	—	—	—
		46	滩地	自然生态系统	湖泊	15
5	城乡、工矿、居民用地	51	城镇用地	人工生态系统	居住地	22
		52	农村居民点			
		53	其它建设用地			
6	未利用土地	61	沙地	自然生态系统	荒漠	17
		62	戈壁			
		63	盐碱地			
		64	沼泽地	自然生态系统	湖泊	15
		65	裸土地	自然生态系统	裸地	18
		66	裸岩石质地			
		67	其他	—	—	—

表5　2020年珠峰自然保护区生态系统类型构成比例

单位：平方公里

生态系统类型	面积（S_{ij}）	评估区总面积（TS）	生态系统类型构成比例（P_{ij}）
森林	1561.28	34165.00	0.0457
草地	19057.72	34165.00	0.5578
灌丛	584.12	34165.00	0.0171
冰川	2691.60	34165.00	0.0788
河流	111.04	34165.00	0.0033
湖泊	810.46	34165.00	0.0237
荒漠	2591.50	34165.00	0.0759
农田	50.89	34165.00	0.0015
裸地	6694.12	34165.00	0.1959
居住地	12.27	34165.00	0.0004

从表6可知，2000~2020年，森林面积和河流面积未发生变化，说明通过珠峰自然保护区的设立，对区域内的森林和河流进行了有效保护，未发生破坏和面积减少现象；草地的面积变化率为-0.022%，净减少面积为4.27平方公里，总体呈现先增加后减少的趋势，说明草地生态系统比较脆弱，容易受到人类活动的影响；灌丛的面积变化率为-0.016%，净减少面积为0.09平方公里，植被结构遭到轻度破坏和退化；冰川面积变化率为-0.046%，净减少面积为1.24平方公里；湖泊面积变化率为1.474%，净增加面积为11.77平方公里；荒漠面积变化率为-0.307%，净减少面积为7.98平方公里，全球气候变化对冰川、湖泊和荒漠三类生态系统存在一定影响；农田面积变化率为-3.015%，净减少面积为1.58平方公里；裸地面积变化率为-0.017%，净减少面积为1.11平方公里；居住地面积变化率为57.774%，净增加面积为4.49平方公里，可以看出，随着居住地面积的扩大，一部分裸地被人工开发出来，同时由于保护区的设立，人类活动的边界被严格控制，农田生态系统被抑制，并呈现减少趋势。

表6 2000~2020年珠峰自然保护区各类生态系统面积变化情况

单位：平方公里，%

生态系统类型	2000年面积	2010年面积	2020年面积	2020年相比2000年的变化率
森林	1561.28	1561.28	1561.28	0.000
草地	19061.99	19062.05	19057.72	-0.022
灌丛	584.21	584.21	584.12	-0.016
冰川	2692.84	2692.84	2691.60	-0.046
河流	111.04	111.04	111.04	0.000
湖泊	798.69	798.53	810.46	1.474
荒漠	2599.48	2599.52	2591.50	-0.307
农田	52.47	52.47	50.89	-3.015
裸地	6695.23	6695.29	6694.12	-0.017
居住地	7.78	7.78	12.27	57.774

（二）综合生态系统动态度分析

由表7可知，2000~2020年珠峰自然保护区的综合生态系统动态度仅为0.00052%，其生态系统综合变化程度极低，生态系统的外部环境和内部结构较为稳定。其中，聂拉木县各类生态系统综合变化程度最高，定结县综合变化程度次之，定日县与吉隆县的综合变化程度相近。从保护区功能分区来看，核心区的生态系统综合变化程度最高，其次是实验区，缓冲区无变化。

表7 珠峰自然保护区综合生态系统综合动态度

单位：%

区域	综合动态度
保护区总体	0.00052
定结县	0.00057
定日县	0.00044
聂拉木县	0.00077
吉隆县	0.00041
核心区	0.00063
缓冲区	0.00000
实验区	0.00045

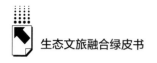

四　珠峰自然保护区生态系统质量评价

参考《全国生态状况调查评估技术规范——生态系统质量评估》（HJ 11172-2021）提供的指标和方法，结合当前国际上广泛认可的生态系统评价方法和关键生态参数，如植被覆盖度、植被净初级生产力、叶面积指数、初级生产力、植被指数等反映植被生长状况的指标进行调整，构建珠峰自然保护区生态系统质量评价指标体系。

选取植被覆盖度（FVC）、植被净初级生产力（NPP）和叶面积指数（LAI）作为分析珠峰自然保护区生态系统质量的指标，对研究区生态系统质量变化进行规范化分析与评价。珠峰自然保护区生态系统质量评价指标体系及流程如图1所示。

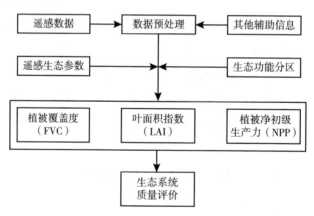

图1　珠峰自然保护区生态系统质量评价指标体系及流程

（一）生态系统质量评价指标分析

1.植被覆盖度

珠峰自然保护区极高与高植被覆盖度主要分布在保护区南部，沿娘河、吉隆藏布、波曲、绒辖曲、朋曲及其支流的甘玛藏布、拿当曲、卡德藏布和扎嘎曲的河谷延伸展开。2020年低植被覆盖度区域与极低植被覆盖度区域分布广泛，并且占比高达 36.42% 和 49.90%。2000~2020 年保护区内极高植被覆盖度区域面积持续减少，高、中、低植被覆盖度区域面积整体有所增加，极低植被覆盖度区域面积有所减少（见表8）。

表8　2000~2020 年珠峰自然保护区 FVC 等级面积与占比

单位：平方公里，%

FVC 等级	2000 年		2010 年		2020 年	
	面积	占比	面积	占比	面积	占比
极高	736.7	2.15	699.8	2.05	614.6	1.80
高	1096.2	3.20	1115.9	3.26	1108.1	3.24
中	2741.3	8.01	2354.5	6.88	2955.3	8.64
低	11147.5	32.59	10411.9	30.44	12459.4	36.42
极低	18484.5	54.04	19624.1	57.37	17068.8	49.90

2000~2020 年，极低和低植被覆盖度区域是珠峰自然保护区的主要构成，高植被覆盖度和中植被覆盖度区域面积的变化较小，各等级的植被覆盖度在研究期内有略微增加或减少现象，但是各等级植被覆盖的相对占比结构无显著变化。核心区、缓冲区和实验区内极高植被覆盖度和极低植被覆盖度区域面积均有所下降，中、低植被覆盖度区域面积均有所上升。

2. 植被净初级生产力

关于珠峰自然保护区单位面积 NPP 平均值，森林生态系统最大，为 250.28gc/（$m^2 \cdot a$），草地生态系统最低，为 56.39 gc/（$m^2 \cdot a$）。NPP 高、中值主要分布在保护区南部，沿娘河、吉隆藏布、波曲、绒辖曲、朋曲及其支流的甘玛藏布、拿当曲和卡德藏布的河谷延伸展开。NPP 低值区呈现集中连片的格局。

2000~2020 年，保护区内 NPP 高值区和中值区面积整体减少，低值区面积整体有所上升（见表9）。核心区、缓冲区和实验区内 NPP 高值区面积均有所减少，NPP 低值区面积均整体有所增加，而 NPP 中值区面积在核心区和实验区内有所增加，在缓冲区内有所减少。

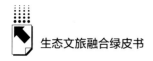

表9 2000~2020年珠峰自然保护区NPP等级与面积与占比

单位：平方公里，%

NPP等级	2000年		2010年		2020年	
	面积	占比	面积	占比	面积	占比
高	1027.74	3.0	875.545	2.56	783	2.29
中	3639.27	10.64	2613.08	7.64	3533.99	10.33
低	29537.9	86.36	30716.2	89.80	29887.9	87.38

3.叶面积指数

珠峰自然保护区LAI高、中值区主要分布在保护区南部，沿娘河河谷、吉隆藏布河谷、波曲河绒辖曲河谷以及朋曲及其支流呈集中与散点结合形式分布。LAI低值区分布与荒漠、裸地与湖泊生态系统范围重叠。

2000~2020年，保护区内LAI高值区和中值区面积有所减少，低值区面积整体有所增加（见表10）。核心区、缓冲区和实验区内LAI高值区、中值区面积均有所减少，而低值区面积均有所增加。

表10 2000~2020年珠峰自然保护区LAI等级面积与占比

单位：平方公里，%

LAI等级	2000年		2010年		2020年	
	面积	占比	面积	占比	面积	占比
高	798.72	2.34	492.28	1.44	428.23	1.25
中	6444.31	18.86	3272.23	9.58	5910.39	17.30
低	26920.7	78.80	30403.70	88.98	27829.60	81.45

（二）生态系统质量及变化

1.森林生态系统质量变化

如图2所示，2000~2020年，森林生态系统质量（EQI）为优的区域面积从 15.35 平方公里减少至 3.01 平方公里，减少了 12.34 平方公里，下降了 80.4%；EQI 为良的区域面积从 241.37 平方公里减少至 137.88 平方公里，减少了 103.49 平方公里，下降了 42.9%；EQI 为中的区域面积从 577.36 平方公里增加至 598.01 平方公里，增加了 20.65 平方公里，上升了 3.6%；EQI 为低的区域面积从 497.00 平方公里增加至 598.58 平方公里，增加了 101.58 平方公里，上升了 20.4%；EQI 为差的区域面积从 222.4 平方公里减少至 219.14 平方公里，减少了 3.26 平方公里，下降了 1.5%。森林 EQI 变化较大的等级主要集中在优、良和低三个等级。

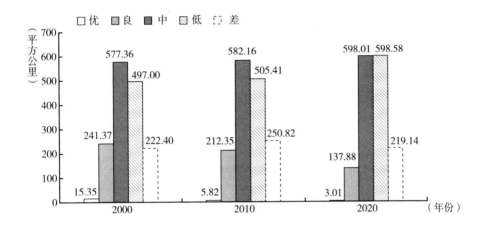

图 2　2000~2020 年珠峰自然保护区森林生态系统质量及变化

2. 灌丛生态系统质量变化

如图 3 所示，2000~2020 年，灌丛生态系统质量为优的区域面积从 0.86 平方公里减少至 0.11 平方公里，减少了 0.75 平方公里，下降了 87.2%；EQI 为良的区域面积从 16.55 平方公里减少至 13.30 平方公里，减少了 3.25 平方公里，下降了 19.7%；EQI 为中的区域面积从 144.14 平方公里增加至 151.20 平方公里，增加了 7.06 平方公里，上升了 4.9%；EQI 为低的区域面积从 242.68 平方公里增加至 251.97 平方公里，增加了 9.29 平方公里，上升了 3.8%；EQI 为差的区域面积从 177.84 平方公里减少至

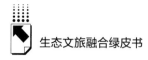

165.96 平方公里，减少了 11.88 平方公里，下降了 6.7%。灌丛 EQI 变化较大的等级主要集中在优、良两个等级。

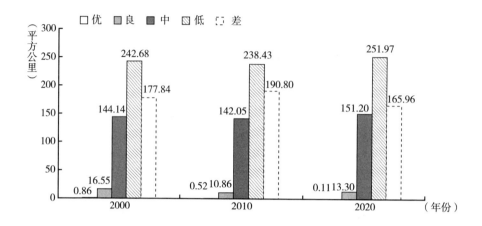

图 3　2000~2020 年珠峰自然保护区灌丛生态系统质量及变化

3. 草地生态系统质量变化

如图 4 所示，2000~2020 年，草地生态系统质量为优的区域面积从 8.58 平方公里减少至 6.61 平方公里，减少了 1.97 平方公里，下降了 23.0%；EQI 为良的区域面积从 32.14 平方公里减少至 22.73 平方公里，减少了 9.41 平方公里，下降了 29.3%；EQI 为中的区域面积从 206.65 平方公里减少至 205.44 平方公里，减少了 1.21 平方公里，下降了 0.6%；EQI 为低的区域面积从 1660.98 平方公里增加至 1935.27 平方公里，增加了 274.29 平方公里，上升了 16.5%；EQI 为差的区域面积从 17102.10 平方公里减少至 16837.20 平方公里，减少了 264.90 平方公里，下降了 1.5%。草地 EQI 变化较大的等级主要集中在优、良和低三个等级。

五　珠峰自然保护区生态系统服务功能评价

确定研究区的服务功能评价指标体系是评估珠峰自然保护区生态系统服务的核心和关键环节。《全国生态功能区划（修编版）》中，珠穆朗玛峰生

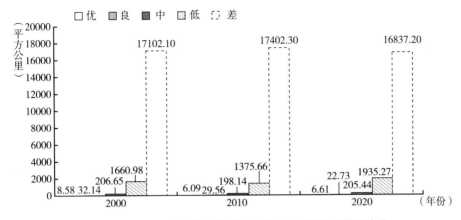

图4　2000~2020年珠峰自然保护区草地生态系统质量及变化

物多样性保护、水源涵养重要区范围与珠峰自然保护区范围基本重合，水源涵养和生物多样性是该生态功能区的两大生态系统服务功能。珠峰自然保护区生态系统服务评价与热点识别如图5所示。

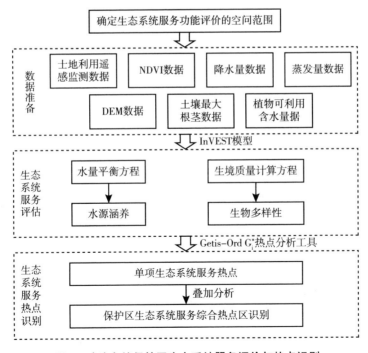

图5　珠峰自然保护区生态系统服务评价与热点识别

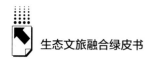

（一）生态系统服务评价及其时空格局变化特征

1. 水源涵养

珠峰自然保护区水源涵养服务评价结果从总体上看，产水量在空间分布上存在较大差异，呈现出从南向北递减、北部局部地区高于中部地区的趋势，产水量高值区主要分布在保护区南部边缘地带的吉隆沟、樟木沟和陈塘沟，但是高值区之间并未形成连续延绵的空间分布格局；保护区中部形成东西贯穿、集中连绵的产水量低值区；保护区定日县东北部形成一小块产水量中值区域。产水量总体与降雨量线重合。2000～2020年保护区产水量变化大致以"芒扎雄曲—佩枯错—切曲—朗弄曲—朋曲中段—叶如藏布"为界，以北区域为产水量减少区域，以南为产水量增加区域，并且产水量增加最多的区域为樟木沟、绒辖沟、陈塘沟及周边3个区域。

2. 生物多样性

珠峰自然保护区生物多样性服务评价结果从总体上看，生境质量高的区域主要集中在保护区南部边缘地带，以不连续块状结构存在。主要分布在保护区东南边缘的朋曲河谷、甘玛藏布河谷、拿当曲河谷、卡德藏布河谷沿线和保护区南部边缘的绒辖曲河谷、波曲河谷沿线，以及保护区西南部边缘的吉隆藏布河谷、娘河河谷沿线，与森林、灌丛景观分布基本重叠，涉及陈塘沟、绒辖沟、樟木沟和吉隆沟区域。保护区中部和北部大片区域均为生境质量较低区域。2000～2020年保护区生境质量为负值的区域基本与荒地、裸地、冰川的空间分布格局一致，生境质量为正值的区域基本与森林、灌丛与草地的空间分布格局一致。

（二）单项生态系统服务冷热点分布

在对珠峰自然保护区水源涵养和生物多样性两项生态系统服务评价的基础上，利用ArcGIS中的创建渔网工具，结合研究需要和目视优化，将保护区创建 3km×3km 的格网,得到保护区共计 4076 个格网,同时运用空间统计分析工具分别计算水源涵养和生物多样性的冷热点分布区域,对两项服务的冷热点类型所占比例进行统计分析。

1. 水源涵养热点区

水源涵养服务的热点区与降水量和植被覆盖度相关,分布在保护区南部,集中在朋曲河谷上游—甘玛藏布河谷—拿当曲河谷、绒辖曲河谷与波曲河谷、吉隆藏布河谷上游以及娘河河谷上游 4 个区域。从时间变化上看,2000~2020 年保护区水源涵养服务的热点区基本没有变化。

从统计数据上看,2020 年珠峰自然保护区水源涵养的极显著热点区占比 10.46%,显著热点区占比 3.07%,热点区占比 1.75%,三项合计占比 15.28%,绝大部分区域为不显著区域,冷点区也仅占 1.85%。

2. 生物多样性热点区

生物多样性服务的热点区与植被覆盖度相关,分布在保护区南部,西北部和中部呈散点状分布,且主要集中在朋曲河谷上游—甘玛藏布河谷—拿当曲河谷、绒辖曲河谷与波曲河谷、吉隆藏布河谷上游以及娘河河谷上游 4 个区域。从时间变化上看,2000~2020 年保护区生物多样性服务的热点区变化主要表现在西北部和中部的散点状区域,主要呈现热点程度下降趋势。

从统计数据上看,2020 年珠峰自然保护区生物多样性的极显著热点区占比 7.31%,显著热点区占比 1.68%,热点区占比 1.33%,三项合计占比 10.32%,绝大部分区域为不显著区域和冷点区。

(三)生态系统服务综合热点区识别

基于生态系统服务中各项服务的综合热点空间分析能够识别出生态系统服务高值区域的空间分布规律,即各项生态系统服务热点区叠加重合度高的区域形成综合热点区。由表 11 可知,2020 年,珠峰自然保护区内两项服务叠加均为热点区的格网有 328 个,占比 8.05%;两项服务叠加均为冷点区的格网有 24 个,占比 0.59%;两项服务叠加不显著区域的格网为 3724 个,占比91.36%。根据前文所设定的3公里格网，可以从宏观层面大致计算出保护区生态系统服务综合冷热点区2000~2020年的变化情况。即综合热点区增加了9个格网数，增加面积约为81平方公里；综合冷点区减少了36个格网数，减少面积约为324平方公里；不显著区的格网数增加了27个，增加面积约为243平方公里。

表11 2000~2020年珠峰自然保护区生态系统服务综合冷热点格网数

单位：个

综合冷热点区	2000年	2010年	2020年
两项服务叠加均为热点区	319	319	328
两项服务叠加不显著区	3697	3697	3724
两项服务叠加均为冷点区	60	60	24
合计	4076	4076	4076

从珠峰自然保护区整体来看，2000~2020年珠峰自然保护区生态系统服务综合热点区变化不明显，变化区域的空间分布较分散，未呈现集中组团式的变化格局。同时，产生变化的区域也主要分布在保护区的南部以及保护区南部边界上。不显著区变为热点区的面积约为189平方公里，热点区变为不显著区的面积约为108平方公里。

将珠峰自然保护区的综合热点变化区域与已有的生态系统分类进行对比分析，从表12分析可知，在不显著区变为热点区的22个格网中涉及森林5个、冰川1个、森林—冰川3个、森林—裸地1个、灌丛—草地7个、灌丛—冰川3个、灌丛—裸地1个、草地—冰川1个；在热点区变为不显著区的12个格网中涉及森林2个、草地8个、草地—冰川1个、灌丛—草地1个。

表 12　珠峰自然保护区生态系统服务综合热点区格网变化在生态系统类型上的分布

单位：个

功能分区	不显著区变为热点区	覆盖生态系统类型	热点区变为不显著区	覆盖生态系统类型
核心区Ⅰ-1	2	森林	—	—
	1	森林—裸地	—	—
	1	冰川	—	—
核心区Ⅰ-3	1	灌丛—草地	—	—
核心区Ⅰ-4	1	草地—冰川	—	—
核心区Ⅰ-5	1	灌丛—冰川	—	—
	1	灌丛—裸地	—	—
缓冲区Ⅱ-2	3	森林	—	—
	1	森林—冰川	—	—
缓冲区Ⅱ-4	6	灌丛—草地	4.5	草地
			1	灌丛—草地
缓冲区Ⅱ-6	2	灌丛—冰川	1	草地—冰川
	2	森林—冰川	2	森林
实验区Ⅲ-1	—	—	3.5	草地

不显著区变热点区的格网基本集中在冰川、森林和灌丛三类生态系统，而不显著区变热点区的草地类格网也集中于缓冲区内且与核心区邻近的区域，属于核心区辐射延伸所形成的热点区；热点区变为不显著区的格网类型主要为草地，其分布主要在两类生态系统过渡的区域、缓冲区与实验区邻近区域以及城镇周边区域。

六　珠峰自然保护区空间优化及建议

基于对珠峰自然保护区生态系统格局、质量与服务的评价结果，本研究尝试探讨珠峰自然保护区内是否存在一类空间区域，既是生态系统质量 EQI 下降区域，又是生态系统服务综合热点区。这类区域为保护区提供了较高的生态系统服务，却面临生态系统退化的风险，是生态系统动态变化的区域，

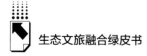

也是需要重点关注的空间优化区域，更是需要进一步开展适应性管理措施以促进保护区生态系统的稳定和可持续发展。

如图6所示，根据保护地空缺分析方法的原理：①通过 ArcGIS 软件中的镶嵌至新栅格工具，将生态系统质量评估中的森林 EQI 分布图、草地 EQI 分布图、灌丛 EQI 分布图以及保护区边界进行拼合，再通过栅格计算工具，做出 2000～2020 年珠峰自然保护区生态系统质量 EQI 的变化结果。②在上述结果基础上利用 3km×3km 格网进行区域众数统计，进一步得出保护区生态系统质量 EQI 以下降为主导状态的格网空间分布结果。③在第二步的计算结果基础上，与生态系统服务评估中的保护区生态系统服务综合热点区进行叠加，最终识别出珠峰自然保护区空间优化区域。④综合考虑保护区空间优化区域的分布状态及其原因，有针对性地提出适应性管理对策。

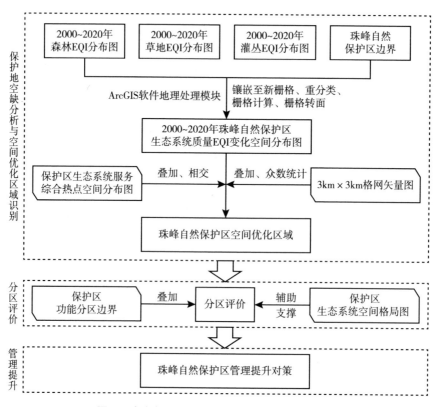

图6 珠峰自然保护区保护地空缺分析方法流程

　　珠峰自然保护区生态系统质量EQI下降区域且在生态系统服务综合热点区内的区域即需要重点关注的空间优化区域。以3km×3km格网将珠峰自然保护区划分为4076个格网，其中优化区域涉及272个格网，面积为2370.7平方公里，占整个保护区面积的6.7%。

　　从空间分布上看，优化区域主要分布在保护区南部，面积占比为99.8%，保护区西北部和中部有极少数零星分布，面积所占比例仅为0.2%。从较为集中的保护区南部来看，优化区域由西向东呈块状分别分布在娘河河谷沿线、吉隆藏布河谷中游、聂拉木镇周边与波曲河谷沿线、绒辖乡周边区域、朋曲河—甘玛藏布—卡德藏布—拿当曲沿线以及曲当乡周边区域。这些区域主要是森林、灌丛、草地、冰川、裸地、居住地等生态系统类型的过渡地带，也是适合人类活动的区域。

（一）功能区分区评价

1. 核心区

　　核心区需要优化的面积为1123.6平方公里，占所需优化区域总面积的47.4%。由表13可知，核心区Ⅰ-1需要优化的面积为751.1平方公里，占比最高，主要位于核心区Ⅰ-1的东南部、甘玛藏布河谷和拿当曲河谷沿线；其次是核心区Ⅰ-5，需要优化的面积为232.1平方公里，主要位于其西南部、娘河河谷沿线以及贡当乡镇以南区域；而核心区Ⅰ-3、Ⅰ-6、Ⅰ-4需要优化的面积相对较小，面积分别为66.7平方公里、44.6平方公里和27.2平方公里，分别位于Ⅰ-3的南部与缓冲区和实验区接壤区域，Ⅰ-6的西部、芒扎雄曲河谷小块区域，Ⅰ-4吉隆镇以南、呈散点状分布；核心区Ⅰ-2需要优化的面积有1.9平方公里，占比最小，主要位于其樟木镇以北的极小区域。

　　由于本研究根据《全国生态状况调查评估技术规范——生态系统质量评估》（HJ 11172-2021）中的指标，评估的生态系统质量EQI仅涉及森林、灌丛和草地，因此，在分析核心区需要优化的区域时，其生态系统类型也仅讨论以上三类。其中，草地面积为 415.3 平方公里，占比 37.0%，占比最高；其次为森林，面积为 203.8 平方公里，占比 18.1%；灌丛的面积为 138.7 平方公里，占比 12.3%。此三类生态系统面积之和占核心区需要优化区域面积的 67.4%，已经超过总面积的 2/3。同时，核心区需要优化的区域内以草地生态系统为主导，仅核心区Ⅰ-5 是以灌丛生态系统为主。

表 13　珠峰自然保护区核心区空间优化面积与生态系统类型

单位：平方公里，%

核心区	空间优化面积	占核心区空间优化面积比	森林	草地	灌丛
Ⅰ-1	751.1	66.8	174.8	289.3	7.6
Ⅰ-2	1.9	0.2	0.2	1.7	0.0
Ⅰ-3	66.7	5.9	0.0	36.6	21.1
Ⅰ-4	27.2	2.4	1.3	5.0	0.0
Ⅰ-5	232.1	20.7	27.5	55.5	92.6
Ⅰ-6	44.6	4.0	0.0	27.2	17.4
合计	1123.6	100.0	203.8	415.3	138.7

2. 缓冲区

缓冲区需要优化的面积为 997.9 平方公里，占所需优化区域总面积的 42.1%。由表 14 可知，缓冲区Ⅱ-2 需要优化的面积为 445.1 平方公里，占比最高，主要集中于缓冲区Ⅱ-2 的南部、曲当乡周边区域；其次是缓冲区Ⅱ-4，需要优化的面积为 296.1 平方公里，主要位于其北部、聂拉木镇周边与实验区、核心区交界处；再次是缓冲区Ⅱ-6，需要优化的面积为 252.0 平方公里，主要位于其中西部、吉隆藏布河谷中段以及萨勒乡周边区域；而缓冲区Ⅱ-3 和Ⅱ-7 需要优化的面积极小，面积分别为 2.8 平方公里和 1.9 平方公里，均为城镇周边区域；缓冲区Ⅱ-1 和Ⅱ-5 不涉及优化空间。

同样，缓冲区需要优化的区域内，草地面积为 385.7 平方公里，占比 38.7%，比重最高；其次为森林，面积为 299.5 平方公里，占比 30%；灌丛的面积为 103.2 平方公里，占比 10.3%。此三类生态系统面积之和占缓冲区需要优化面积的 79%，已经接近总面积的 4/5。同时，缓冲区需要优化的区域内仍以草地生态系统为主导，但是森林生态系统也占据重要地位。缓冲区 II-2 内，森林和草地的优化面积几乎一致，缓冲区 II-6 是以森林生态系统为主导，其余缓冲区细分区域内均以草地生态系统为主。

表 14　珠峰自然保护区缓冲区空间优化面积与生态系统类型

单位：平方公里，%

缓冲区	空间优化面积	占缓冲区空间优化面积比	森林	草地	灌丛
II-1	0.0	0.0	0.0	0.0	0.0
II-2	445.1	44.6	169.9	156.8	2.2
II-3	2.8	0.3	0.7	2.1	0.0
II-4	296.1	29.7		177.7	98.0
II-5	0.0	0.0	0.0	0.0	0.0
II-6	252.0	25.2	128.9	47.2	3.0
II-7	1.9	0.2	0.0	1.9	0.0
合计	997.9	100.0	299.5	385.7	103.2

3. 实验区

实验区需要优化的面积为 249.2 平方公里，占所需优化区域总面积的 10.5%。实验区需要优化的区域总体面积小，主要集中在佩枯岗日山脉（希夏邦马峰）东南侧、聂拉木县聂拉木镇与亚来乡之间的区域，是实验区、核心区 I-3、缓冲区 II-4 三区交界之处，同时也是波曲河谷的中段区域。

实验区需要优化的区域内，草地面积为 168.3 平方公里，占比 67.5%，占比最高；其次为灌丛，面积为 32.8 平方公里，占比 13.2%；森林面积极小，面积仅为 0.6 平方公里，占比 0.2%。此三类生态系统面积之和占实验区需要优化面积的 80.9%。实验区需要优化的区域内也以草地生态系统为主导。

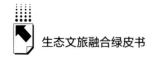

（二）空间优化建议

1. 核心区优化建议

核心区是自然保护区内自然生态系统保存完整、景观独特、环境脆弱的区域，对资源的保护最为严格。但是本研究的结果显示，珠峰自然保护区核心区内仍有需要空间优化的面积为 1123.6 平方公里。

第一，针对 I-1 和 I-5 此类面积较大的空间优化区域，设置生态修复区，禁止人为利用活动，通过天然林保护、森林抚育、退化林修复、退牧还草等措施，恢复草地和森林生态系统的"自然状态"。

第二，针对 I-2、I-3、I-4、I-6 此类面积小或点状分布的空间优化区域，设置严格保育区，区内禁止游客和科研活动，允许开展适当的管理与监测活动。恢复草地和森林生态系统的自然演替状态，尽快实现核心区保护目的的"自然状态"。

第三，以上区域原则上每年进行一次评估，确保及时调整管理等级和措施。

2. 缓冲区优化建议

缓冲区是自然保护区为防止核心区受到外界影响和破坏，开展生态系统恢复和开展各种保护措施，减少人类活动对核心区压力的缓冲区域。本研究的结果显示，珠峰自然保护区缓冲区内需要空间优化的面积为 997.9 平方公里，且主要集中在城镇周边区域，存在人为干扰因素较大。

第一，针对上述区域进行空间优化调整，设置生态修复区，通过限制开展放牧和旅游等人为活动，加强森林、草地和灌丛的恢复，促进缓冲区生态系统良性循环。以上区域原则上每 5 年进行一次评估，确保及时调整管理等级和措施。

第二，建立参与式高海拔生物多样性监测与巡护机制。各县的珠峰管理分局可以设立"珠峰荣誉守护者"岗位，在环境保护与监测工作相关技能培训的基础上，让"珠峰荣誉守护者"参与高海拔生物多样性监测与巡护机制建设；加强与林草局等部门联合的"地面"保护与监测，对违禁放牧、违规砍伐木材、违规狩猎和诱捕野生动物、无计划的徒步旅游活动以及违规建设等活动进行监督。

第三，优化草原生态补助政策，降低牧民放牧需求。应充分考虑珠峰保护区中被缓冲区所包围的城镇农牧户对草畜平衡的机会成本，在对牲畜数量和草原状况进行全面检查后发放草原补贴，对于开展草畜平衡机会成本较大的区域，适当提高补贴标准，对于保护成效较好的区域发放奖励。相反，对于超载放牧导致草地退化的区域进行惩罚，通过区别对待农牧户减畜行为的方式，提高牧民减畜的积极性，从而实现对缓冲区内草地生态系统的保护。

第四，大力倡导草场使用权的流转。为充分发挥草场的规模效应，平衡保护区生态保护与畜牧业协调可持续发展，应根据实际情况，促进草场使用权的流转。对畜牧业依赖性强的牧户，可以通过草场使用权流转，扩大牲畜养殖规模，提高草地的利用效益，减少无序放牧带来的缓冲区草地退化现象发生。在草场使用权流转背景下，对畜牧业依赖性较弱的牧户也可以增加流转收入。实现草畜平衡目标下草地的最大化利用。

3.实验区优化建议

实验区是自然保护区在不影响自然生态系统健康和稳定演替，维持生物多样性、景观资源完整等前提下，可以适度开展科研、教育、游憩、社区发展以及必要设施建设等人类活动的区域。本研究的结果显示，珠峰自然保护区实验区内需要空间优化的面积为249.2平方公里，总体面积较核心区和缓冲区较小。

第一，原则上不在该区域设立相应的生态修复区以限制如放牧、旅游、设施建设等人类活动，仅针对区域内涉及的草地生态系统进行管理措施优化方面的提升。

第二，鼓励发展人工饲草种植产业，满足当地农牧民畜牧需求。人工饲草种植具有高生产力和改善草地生态环境的双重功能，更有助于天然草地的恢复、优化农牧业结构，提高畜牧业防灾抗灾能力，促进农牧民增收。因此，应大力发展人工饲草种植产业，推广饲草种植经验，从而减少牲畜对天然草地的压力，提升保护区草畜平衡目标下的载畜量水平。

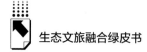

第三，推广社区共管绿色发展模式。从事非农工作的劳动力比例越高，当地畜牧业的家庭劳动力数量就越少，质量相对较低，在获得草原补贴时，更容易减少牲畜数量。由于从事非农工作的劳动力较多的家庭往往会使生计多样化，饲养的牲畜也较少。因此，生计多样化被认为是控制牲畜数量的同时提高家庭收入的有效措施。首先，要加强对当地劳动力从事畜牧业以外工作的技能培训，提高其从事非农工作的能力，降低其对畜牧业生产的依赖性；其次，在有条件的社区建立覆盖如青稞、肉奶等农产品加工、销售、技术信息服务等多个领域的农村合作社，提高当地社区的市场组织化程度。再次，依托藏家乐、藏式民宿、高原向导等发展生态旅游，扩大社区村民的收入渠道，提高经济收入。最后，鼓励 NGO 组织参与保护区环境教育与社区绿色发展，以专业知识为保护区管理和社区可持续发展提供可行性建议和方案。

参考文献

付晶、高峻、李杰等：《珠穆朗玛峰保护地生态系统文化服务空间分布及评价》，《生态学报》2021 年第 3 期。

洪乐乐、沈艳、马红彬等：《2000—2019 年宁夏植被净初级生产力时空变化及其驱动因素》，《应用生态学报》2022 年第 10 期。

王蓓、赵军、胡秀芳等：《基于 InVEST 模型的黑河流域生态系统服务空间格局分析》，《生态学杂志》2016 年第 10 期。

吴海艳、曲珍、拉巴顿珠等：《西藏日喀则市人工饲草生产发展的现状、问题及建议》，《西藏农业科技》2019 年第 S1 期。

于伯华、吕昌河：《青藏高原高寒区生态脆弱性评价》，《地理研究》2011 年第 12 期。

朱文泉、潘耀忠、张锦水：《中国陆地植被净初级生产力遥感估算》，《植物生态学报》2007 年第 3 期。

中国大百科全书环境科学编委会：《中国大百科全书：环境科学》，北京：中国大百科全书出版社，2002。

边红枫：《流域土地利用变化对保护区湿地生态系统影响及格局优化研究》，博士学位论文，东北师范大学，2016。

张晓妮：《中国自然保护区及其社区管理模式研究》，博士学位论文，西北农林科技大学，2012。

Getis A., Ord J. K., "The Analysis of Spatial Association by Use of Distance Statistics," *Geographical analysis*, 1992.

Hu Y., Huang J., Hou L., "Impacts of the Grassland Ecological Compensation Policy on Household Livestock Production in China: An Empirical Study in Inner Mongolia," *Ecological Economics*, 2019.

Wang C., Maclaren V., "Evaluation of Economic and Social Impacts of the Sloping Land Conversion Program: A Case Study in Dunhua County China," *Forest Policy and Economics*, 2012.

Wang S. Q., Wang J. B., Zhang L. M., et al., "A National Key R&D Program: Technologies and Guidelines for Monitoring Ecological Quality of Terrestrial Ecosystems in China," *Journal of Resources and Ecology*, 2019.

G.3

珠峰国家公园推动生态产品
价值实现的实践与展望

胡 蕾*

摘 要： 本报告系统回顾我国国家公园和生态产品价值实现机制政策进展，介绍了国家公园生态产品的类型和实现路径。以珠峰国家公园为例，总结其在生态系统重要性、居民组成特殊性、改善居民生活水平紧迫性和开展国际交流优越性等方面的特征，揭示当前生态高水平保护和高质量发展衔接不畅、生态产品供需不匹配不精准、生态产品附加值不高等问题。借鉴我国三江源国家公园和美国大烟山国家公园在探索特许经营和社区共建共享方面的经验做法，提出珠峰国家公园推动生态产品价值实现要以筑牢国家生态安全屏障为前提，全面夯实生态环境质量基础，打造高原绿色发展带，建设生态保护和绿色发展国际交流合作平台，并稳妥推进国家公园生态产品统计核算制度、自然资源资产产权制度、特许经营制度、生态权益金融支持制度等改革创新，为生态产品价值实现提供制度保障。

关键词： 国家公园 生态产品价值实现 特许经营 社区参与

---

* 胡蕾，博士，国家发展和改革委员会国土开发与地区经济研究所助理研究员，主要研究方向为资源与环境经济学、区域经济学。

一 国家公园生态产品价值实现政策 进展及实现路径

（一）国家公园及生态产品价值实现政策进展

党的二十大报告明确提出，"推进以国家公园为主体的自然保护地体系建设"，建立生态产品价值实现机制，国家公园建设与生态产品价值实现机制将是未来生态文明建设的重点任务，自然保护地是我国优质生态产品的主要供给区，国家公园是自然生态系统最重要、自然景观最独特、自然遗产最精华、生物多样性最富集的部分，具有重要的国家代表性、全民公益性。近年来，中央和地方围绕国家公园生态产品价值机制实现出台了一系列政策举措，旨在满足人民日益增长的优美生态环境需要的同时促进国家公园绿色发展和生态保护之间的良性循环。

1. 国家公园建设进展

党的十八届三中全会首次提出建立国家公园体制。2015 年起各地陆续开展国家公园体制试点，截至 2019 年 7 月，已有 12 个省份建立了三江源、大熊猫、东北虎豹、神农架、钱江源、南山、武夷山等 10 处国家公园体制试点。2019 年 6 月，为加快建立以国家公园为主体的自然保护地体系，提供高质量生态产品，推进美丽中国建设，中共中央办公厅、国务院办公厅印发《关于建立以国家公园为主体的自然保护地体系的指导意见》。2021 年 10 月，习近平主席在《生物多样性公约》第十五次缔约方大会（COP15）领导人峰会上发表主旨讲话宣布，我国正式设立三江源、大熊猫、东北虎豹、海南热带雨林、武夷山等第一批 5 个国家公园。2023 年 1 月，国家林草局、财政部、自然资源部、生态环境部联合印发《国家公园空间布局方案》，遴选出包括 5 个正式设立的国家公园在内的 49 个国家公园候选区，提出到 2035 年我国将基本建成全世界最大的国家公园体系，珠峰纳入国家公园空间布局。

2. 生态产品价值实现机制进展

2021 年，中共中央办公厅、国务院办公厅印发了《关于建立健全生态

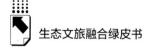
产品价值实现机制的意见》（以下简称《意见》），提出了生态产品价值实现的总体要求和建立生态产品调查监测机制、价值评价机制、经营开发机制、保护补偿机制、实现保障机制、实现推进机制六大机制。一是强化顶层设计，各地区积极落实《意见》，陆续出台相应的具体实施方案。将生态产品价值实现机制率先纳入长江经济带发展等国家重大战略，积极探索生态产品价值实现路径。二是重视试点示范，江西省在全国率先出台《关于建立健全生态产品价值实现机制的实施方案》，福建省探索开展生态系统价值核算试点，深圳盐田区先行探索"城市生态系统生产总值考核体系及运用"。自然资源部先后分四批印发 43 个生态产品价值实现案例，生态环境部先后分七批命名了 240 个"绿水青山就是金山银山"实践创新基地。2024 年 5月，国家发展和改革委员会确定了首批国家生态产品价值实现机制试点名单。三是夯实支撑基础，多地开展自然资源调查监测与确权登记、生态系统生产总值（GEP）核算，构建生态产品价值实现有关标准体系，搭建生态产品交易市场与平台，财政资金和绿色金融支持不断加大，为后续生态产品开发经营、生态产品保护补偿、绩效考核等系列工作夯实基础。

（二）国家公园生态产品特征及实现路径

在学术研究中，生态产品常以生态系统服务概念出现。千年生态系统评估（The Millennium Ecosystem Assessment）创新地将生态系统服务分为供给服务、调节服务、文化服务和支持服务，此后联合国组织开展的生态系统与生物多样性经济学项目（TEEB）、生物多样性和生态系统服务政府间科学—政策平台（IPBES）等提出了类似的分类。考虑到生态产品强调人类实际消费的最终产品，土壤形成、养分循环等支持服务类是生产生态产品的中间过程，国家发展和改革委员会、国家统计局联合发布的《生态产品总值核算规范（试行）》中，仅包含供给服务、调节服务和支持服务三种类型的生态产品。以需求或消费的社会方式为依据，产品可大致划分为公共产品、私人产品与准公共产品三类。进一步地，根据生态产品排他性和竞争性特征，可分为私人产品、公共产品和准公共产品，从而形成差异化的价值实现路径。

1. 私人生态产品依靠市场经营路径

私人生态产品具有排他性和竞争性，多集中于供给服务类产品，人类参与程度较高，可以通过生产、流通和交换过程等市场机制实现其价值。如在国家公园一般控制区中保留的少量种植、放牧、捕捞、养殖等活动产出的农产品，属于纯私人物品，可以进入市场交易。同时，国家公园等自然保护区内优良的生态环境有助于提升产品品质，助力形成产业竞争优势。如《意见》将原生态种养模式作为生态产品价值实现的多元途径之一，并鼓励通过加强生态品牌的培育和保护，提升生态产品溢价。国家公园因其独特的自然地理特性和人文资源，进一步提升了产品的价值和吸引力，如钱江源国家公园注册了"钱江源国家公园"和"鹇栖"等集体商标，三江源、武夷山等国家公园均有相关注册商标。

2. 公共生态产品依靠政府供给路径

公共生态产品具有非排他性和非竞争性，国家公园将保护自然生态系统原真性和完整性放在首要地位，水源涵养、防风固沙、水土保持等调节服务类产品，以及保护具有国家代表性的自然景观、自然遗产等文化服务类产品具有显著的正外部性，对保障区域、国家乃至全球生态安全具有重要意义。因此该类生态产品依靠政府通过生态建设投资、财政转移支付、政府直接购买等方式实现价值。国家层面不断丰富完善财政政策工具，健全以国家公园为主体的自然保护地体系财政保障制度，例如，自三江源国家公园建立以来，共投入建设资金 66.12 亿元，财政投入占比超过 95%。根据生态产品供给和受益的空间关系，探索建立了横向生态保护补偿机制，如朱梦洵等建议依据跨界断面水质变化设置黄河口国家公园与上游区县的横向保护补偿机制。[①]

3. 准公共生态产品依靠政府+市场经营路径

准公共生态产品介于公共生态产品与私人生态产品之间，可进一步分为拥挤性生态产品与俱乐部生态产品。拥挤性生态产品具有竞争性与非排他性，

---

① 朱梦洵、王爽、米岩芳等：《黄河口国家公园生态保护补偿机制探索》，《湿地科学与管理》2024 年第 2 期。

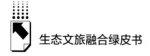

如碳排放权与排污权等排放权益，这类产品虽为整个社会成员共享，但消费上具有一定竞争性，需要政府与市场协同，并在政府指导下引导利益相关方进行交易，如钱江源—百山祖国家公园向浙江省全域"无废城市"建设工作现场推进会出售22.72吨核证碳汇减排量。俱乐部生态产品具有排他性与非竞争性，包括自然资源产权以及种质资源库、生物基因库等生物生命资源，这类生态产品的价值实现需要合理的政策与交易机制保障。在坚持生态保护第一的原则下，政府将非资源消耗性行业经营权通过许可、合约、租赁等方式，按照法定程序授权给国家公园政府管理部门之外的主体开展商业经营的特许经营模式，也是一种对国家公园俱乐部生态产品的价值实现路径。

二 珠峰国家公园生态产品价值实现现状及问题

珠穆朗玛峰位于我国西藏自治区与尼泊尔联邦民主共和国交界处，地处古北极生物地理区的南部，作为"地球第三极"，其极高山群景观享誉世界，覆盖了从低海拔到高海拔完整的陆域生态系统垂直结构，是喜马拉雅山地特有野生动植物的种质基因库，在保护我国乃至全球生物多样性方面具有重要地位。根据国家林业和草原局西南调查规划院对珠峰国家公园范围方案划定的介绍，珠穆朗玛峰国家公园评估区面积约为3.66万平方公里，涉及西藏自治区日喀则市所辖的4个县，定日县面积为1.39万平方公里，吉隆县面积为0.90万平方公里，聂拉木县面积为0.79万平方公里，定结县面积为0.58万平方公里；珠穆朗玛峰国家级自然保护区总面积为3.38万平方公里。

（一）珠峰国家公园典型特征

1. 生态系统重要性与敏感性、脆弱性并存

珠穆朗玛峰国家公园生态系统重要性、独特性突出，1988年成立自然保护区，1994年升级为国家级自然保护区，2004年加入联合国教科文组织生物圈保护区。公园内有着丰富的高山、冰川等地貌类型，有独特和完整的

喜马拉雅山脉南北坡高山生态系统，区域内拥有旗舰物种雪豹以及其他珍稀野生动植物资源，并保存着瑰丽的藏族文化和生活方式。关于珠峰国家公园2000年、2020年生态环境质量（EQI）空间分布情况及2000~2020年期间的变化情况，定结县西南、定日县东南、聂拉木县、吉隆县南部生态环境质量显著高于其他区域。同时，2000~2020年不同区域生态环境质量经历了不同的变化趋势，生态环境质量高的区段更加敏感脆弱，经历了不同程度的下降。水土流失治理难度仍然较大，水土流失导致生态系统失衡，制约了区域经济社会发展。随着全球气候变暖及人类活动加剧，部分湿地面积萎缩，生物多样性受到威胁。因地质环境脆弱，地壳运动活跃，青藏高原的生态系统更加脆弱和不稳定。对国家公园内4个县EQI变化进行平均计算发现，4个县的EQI均经历了不同程度的下降，其中，吉隆县下降显著，下降了0.88%；聂拉木县下降了0.74%；定日县和定结县的情况较好（见图1）。

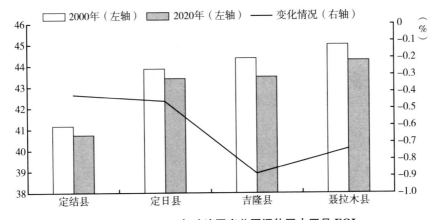

图1　2000~2020年珠峰国家公园评估区内四县EQI

2.周边社区居民生活水平亟待改善

从经济总量来看，珠峰国家公园周边4个县域2021年地区生产总值如图2所示，其中，定日县最高，为13.17亿元。从人均地区生产总值来看，定结县低于全国边境县平均水平，吉隆县、聂拉木县和定结县均显著高于全国边境县平均水平，且高于全国人均GDP的平均水平。从经济结构来看，第三产业中的旅游业是定日县的主要收入来源。从居民收入来看，吉隆县农村居民人均可支配收入为 16599 元，在四县中排名最高，其次是聂拉木县（12855 元）、定日县（12820 元）、定结县（11773 元），均显著低于全国平均水平（20133 元），居民收入水平亟待提高。从教育、医疗等公共服务供给水平来看，定日县义务教育阶段生师比高于全国边境县平均水平，各县千人拥有医疗卫生机构床位数均显著低于全国边境县平均水平，基本公共服务供给差距较大。

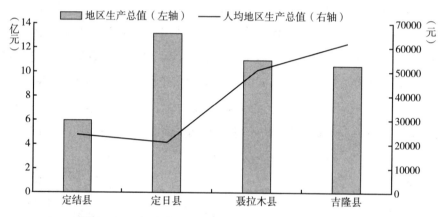

图2　2021年珠峰国家公园周边县域地区生产总值情况

资料来源：《中国民族统计年鉴2022》。

3. 少数民族聚居特征突出

珠峰国家公园内定日县面积最大且社区点最多，2020年，定日县行政村达175个，占比超过55%，集中分布在朋曲河沿岸及其周边地区，地势相对平坦，水源充足，交通状况相对通畅。其次是定结县，社区点有52个，主要分布于叶如藏布湿地周边地区，多布扎湿地和陈塘区域相对密度较大。相比定日县和定结县，吉隆县和聂拉木县的社区点较为稀疏，吉隆县吉隆沟（吉隆藏布）居民点分布密度较高，聂拉木318国道沿线社区分布密度较高。定日县常住人口为58173人，超过了保护区人口的半数，人口密度为4.19人/公里^2，吉隆县常住人口增长最多，人口增长率达17.13%，常住人口中，农村居民占比超过70%，汉族居民在保护区内比例不足10%。国家公园内以藏族人口聚居为主要特点。[①]

4. 自然保护地跨境治理具有一定基础

在珠峰保护发展、防灾减灾等领域，中国与尼泊尔开展了长期合作。中尼联合建立基础设施标准，例如，联合构建了珠峰地区全球高程基准，成果符合性好，为两国联合发布基于全球高程基准的珠峰新高度奠定了坚实的基础。2020年，国家主席习近平同尼泊尔总统互致信函，共同宣布珠穆朗玛峰最新高程8848.86米。在防灾减灾救灾领域，中尼开展了地震监测台网、社区防灾减灾等务实合作项目。同时，中尼在环境保护、气候变化适应等领域开展了广泛科技合作和交流，以推动环境可持续发展和生态保护。"第三极环境"（TPE）国际计划、"中国南亚清洁能源合作论坛"等平台影响力日益彰显，日喀则市参与中国与南亚绿色国际合作渠道通畅，前景较好。

（二）珠峰国家公园生态产品价值实现主要问题

珠峰国家公园拥有丰富多元的生态资源和文化资源，但生态产品供给规模不大、质量不高、影响力不足，产业发展特色亮点不突出，世界级生态优势并未转化为发展动力。一是生态保护与经营开发衔接不畅。系统性谋划不足造成保护和转化不衔接、不协同，生态保护修复与生态产品经营开发未能形成合力和良性循环。二是生态农牧产品供需匹配不精准，服务体系不完善。以"互联网+"为主要特征的市场服务体系尚未形成，原料供给、生产加工和产品终端市场供求信息不对称，限制了农牧区农畜产品的流通。三是生态产品链条短，附加值不高。优势矿产业、天然饮用水、藏医药、民族手工业、高原特色食（饮）品等优势领域初级产品多、加工环节少，高附加值产品少，市场竞争力弱。珠穆朗玛峰是享誉世界的生态旅游目的地，珠峰北坡保护地内生态旅游文化服务兴趣点（POI）比南坡（尼泊尔境内）数量多，但是北坡POI功能较单一，所能提供的生态文化服务价值低于南坡。[②]

---

① 第七次全国人口普查。

② 付晶、高峻、李杰：《珠穆朗玛峰保护地生态系统文化服务空间分布及评价》，《生态学报》2021年第3期。

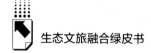

以珠峰大本营为例,从扎西宗乡至珠峰大本营的旅游路线缺少统筹谋划,业态较为单一,附加值不高,大本营环境治理较粗放,可能给国家公园生态保护和可持续发展带来隐患。珠峰国家公园亟须探索出一条符合珠峰实际的生态产品价值实现路径,实现生态保护和稳定、发展、强边的多目标协同。

三　国家公园推动生态产品价值的典型案例

(一)三江源国家公园生态旅游特许经营项目

三江源国家公园是我国首批正式设立的国家公园之一。从2019年开始,三江源国家公园澜沧江源园区和黄河源园区陆续开展了特许经营活动,是我国率先开展特许经营试点工作的国家公园。三江源国家公园在管理制度建设、社区惠益、生态体验项目设计等方面形成了有益探索,但在企业盈利模式和放大生态效益形成发展优势方面仍有待进一步提高。

1. 特许经营管理制度体系建设

三江源国家公园出台了《三江源国家公园体制试点方案》《三江源国家公园总体规划》《三江源国家公园条例(试行)》作为顶层设计,在此基础上围绕环境教育、特许经营、基础设施等又相应发布了相关专项规划形成四梁八柱,如《三江源国家公园管理规划》《三江源国家公园生态保护规划》《三江源国家公园生态体验和环境教育专项规划》《三江源国家公园产业发展和特许经营专项规划》《三江源国家公园社区发展和基础设施建设专项规划》等。

具体到特许经营,一是"谁来管"的问题。《三江源国家公园经营性项目特许经营管理办法(试行)》(以下简称《管理办法》)界定了当地政府与管理机构在特许经营中的具体职能,三江源国家公园管理局下设规划与财务处,挂牌特许经营处,负责国家公园特许经营管理工作。二是"怎么管"的问题。《管理办法》对特许经营发布、如何选择特许经营者、如何授权、合同内容及签订、特许经营监管的流程进行了规范。三是"谁来经营"的问题。在《管理办法》和特许经营规范化合同中体现了社区赋能与政策倾斜，包括在同等条件下社区可优先申请特许经营权，确保了社区参与特许经营的特殊地位。四是"收益如何用"的问题，特许经营费要求只能用于社区发展和生态保护。

2.特许经营的社区参与机制

2018年，在三江源国家公园范围内有12个乡镇6.4万人居住，其中，脱贫人口有2.4万人，[①] 他们以生态旅游合作社等农村基层经济组织的形式与承担特许经营的云享自然和山水自然保护中心签订合作协议。村民选出管理小组，负责收取费用、安排访客接待家庭、收入的二次分配方案制定。山水自然保护中心则负责自然观察项目设计、市场营销和运营，如2018年山水自然保护中心联合杂多县人民政府、澜沧江源园区管委会等机构联合发起"2018昂赛国际自然观察节"，邀请全球各地自然爱好者以公民科学家的身份对昂赛乡开展为期4天的自然观察活动，提升了昂赛自然观察项目的知名度，为昂赛带来大量客源。

通过这样的合作模式，社区居民收入显著增加，牧户的生计实现多元化，降低了对生态环境的影响。2020年，昂赛乡自然观察收入的45%直接分配给接待家庭，45%交给合作社，10%作为保护基金。特许经营活动参与成为自然资源严格空间管制下社区的可替代生计，特许经营企业也承担了可替代生计能力培训任务。

3.生态民俗体验项目设计

三江源国家公园特许经营项目给访客提供了优质的生态民俗体验，一是依托强大科研保障团队，明确生态体验项目开展的空间、时间、强度。科研保障团队为特许经营企业提供了设计生态体验活动开展空间和时间的依据，提高访客目击野生动物和自然景观的概率。同时，科研活动也为特许经营企业提供了确定生态体验活动开展方式和强度的依据，最大程度地避免了访客对生态环境的干扰。生态体验项目建立了科学领队认证体系，确保了环境解

---

① 《三江源国家公园试点② ｜ 逾万牧民变身管护员：兼顾生态和增收》，https：//www.m.soho.com/a/279455584_ 260616，2018年12月4日。

说内容的全面专业。二是设计深度藏文化体验，作为少数民族聚居地区，黄河源园区生态体验线路中访客食宿在牧民家庭解决，社区提供了园内藏式帐篷住宿与藏式餐饮。三是做好完备的安全措施。为预防客人产生高原反应，特许经营企业准备了齐全的高原应急资源，包括应急氧气瓶和车载制氧仪，并配备专业安全员等。

同时也要看到，三江源国家公园在生态农牧产品一二三产业融合和打造具有影响力的区域生态产品公共品牌方面仍有一定差距，生态产业成熟度较低，国家公园的生态优势尚未完全转化为产业优势、发展优势。

（二）美国围绕国家公园打造入口社区发展带

"入口社区"一词起源于英文 Gateway Community。1998 年，美国国家公园管理局（NPS）将国家公园入口社区（National Park Gateway Community）定义为毗邻国家公园或其他保护地的城市或城镇，这些城市或城镇通常是访客通往公园的门户，访客在这里露营或住在这里的酒店，在此就餐和购物，了解公园的自然和文化资源。在美国国家公园附近 1 英里范围内共有 1038 个社区，10 英里范围内共居住着约 1 亿人。

入口社区在国家公园的发展与保护中发挥着独特的作用，包括提供服务性和娱乐性活动，塑造游客对国家公园的第一印象，并为在国家公园内工作的员工提供住宿。2022 年，NPS 估算国家公园旅游支撑的 38 万个就业岗位中有 83% 都集中在入口社区，创造的 290 亿元的 GDP 中也有 43% 集中在入口社区。对入口社区来说，旅游相关行业也是其最主要的经济组成部分，与美国平均水平相比，入口社区中的旅游相关企业数量占比和就业占比都显著较高，激发了社区发展活力，增强了国家公园周边区域内生发展动力。

大烟山国家公园（Great Smoky Mountains National Park，GSMNP）在美国 59 个国家公园中访客量最大，2021 年访客量超过 1400 万人次。加特林堡位于大烟山国家公园北入口，一直被认为是该国家公园最重要的门户。大烟山国家公园于 1934 年建立后，加特林堡经历了从农业向旅游业快速转型、过度商业化形成与生态资源保护的矛盾和冲突、与国家公园协调发展形成国家公园周边社区典范的过程。

1. 建立区域规划工作组协调国家公园与社区规划和建设活动

为协调地方与国家公园之间的关系，建立官方对话和沟通平台，美国联邦、州和地方政府的各相关部门成立了大烟山合作区域规划工作组。工作组主要通过州一级政府成立的管理机构对相关政府机构、社区以及组织进行协调，并对国家公园进行总体监督。自 20 世纪 90 年代以来，美国通过为加特林堡安排规划顾问为入口社区日常的规划和建设活动提供指导。

2. 社区以项目环评制度为依据介入国家公园相关项目

社区可以通过参与环境影响评价等方式参与和介入国家公园的规划过程，实现协调发展过程中的前期干预；对于社区与国家公园产生关联的项目，国家公园也可以用同样的方式参与其中。根据联邦政府的要求，项目决策者必须考虑拟议行动的影响，并以书面形式明确该活动不会导致公园资源和价值受损。与此相关的最主要的 2 个法案是《国家环境政策法》和《国家历史保护法》，均强调了公众参与项目决策的重要性。2023 年，基于加特林堡支线改善项目的环境评估分析结果，NPS 选择了新的项目替代方案。NPS 针对项目发布的无重大影响调查结果（FONSI）和对环评的意见及相关文件的回应，允许可通过规划、环境和公众意见网站在线查看。

3. 国家公园与社区合作减缓冲突并开展环境教育

随着周边社区的不断建设，包括黑熊在内的多种野生动物因逐渐增强的边缘效应以及逐渐丧失的觅食区域和迁徙走廊而受到影响，进而引发了入口社区的人兽冲突问题。为应对这一问题，田纳西州在 2018 年提出了"熊智慧社区"的概念，并于 2020 年由 NPS 主导建立了"熊智慧社区合作伙伴关系"。在加特林堡建设欢迎中心，面向游客提供与大烟山国家公园相关的书籍、公园指南和其他纪念品，也为游客提供有关该区域的专家解说。加特林堡依托国家公园特色资源，发展以社区为主体的旅游业，同时还发展高品质会展经济，吸引了大量国际高规格会议在此举办；重视原住居民切罗基部落悠久历史文化的保护传承，在当地建设工艺美术社区，集聚了美国最大的独立艺术家和工匠群体，传统节事活动与旅游项目整合效果好。

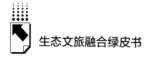

4. 经验总结

（1）明确立法保障

美国联邦法律授权联邦政府管理机构与入口社区合作，赋予州和地方政府保护和管理入口社区的权力，将政府部门的管理行动拓展至国家公园边界以外。2000 年通过的《入口社区合作法》、2018 年通过的《美国入口社区经济发展和保护法》以及 2022 年通过的《入口社区和游憩增强法》，都为国家公园入口社区的共管、经济发展、交通基础设施以及交通堵塞、员工保障等提供了坚实的法律基础，共同推动了入口社区的良性发展。

（2）强化规划引导

美国国家公园入口社区通过总体规划、专项规划、建设指南等规划设计来实现入口社区的保护和发展。根据《美国入口社区经济发展和保护法》，美国内政部将根据计划为入口社区的规划制定以及景观工程建设等提供捐赠款。美国国家公园在规划时十分重视保护入口社区独特的自然和人文资源，将公园及社区优美的自然生态环境、历史文化遗产等视为社区的重要资产，对其进行重点保护，挖掘并展示特色文化资源。国家公园管理局颁布《入口社区的机遇：一个为农村地区入口社区提供的联邦项目指导手册》，从社区规划、保护地役权、文化资源管理、社区经济、环境教育、基础设施、职业培训、自然资源管理、游憩设施、交通基础设施十大领域明确了入口社区的发展框架，为入口社区全面发展提供指导。

（3）强调多部门参与、多元合作

由美国国会修订和授权相关立法，对农业部、内政部和运输部等部门进行宏观指导。在林务局、土地管理局、野生动物与鱼类管理局和公路管理局等的协助下，由国家公园管理局对州和地方政府进行相关入口社区战略指导，由地方政府对入口社区进行直接管理，并提供政策和资金支持。

国家公园入口社区的打造不但涉及联邦机构、国家公园管理局内部单位以及地方和部落政府，还与科研院所、环保组织或协会、非营利组织、志愿团体、慈善机构等开展合作，合作内容覆盖科学研究、政策执行、游憩规划等方面，形成全社会共同协作推动国家公园入口社区发展建设的良好氛围。

四 珠峰国家公园推动生态产品价值实现展望

（一）总体思路

1.守底线：筑牢国家生态安全屏障

立足国家公园保护目标和资源环境承载能力，全面落实西藏自治区生态安全屏障保护与建设规划，统筹山水林田湖草沙一体化保护和系统治理，实施重要生态系统保护和修复重大工程。按照自然生态系统内在规律实行整体保护、系统修复、综合治理，理顺自然保护地管理体制。守住自然生态安全边界，提升生态系统服务功能，筑牢生态安全屏障。

2.强基础：全面夯实生态环境质量基础

以改善生态环境质量为核心，统筹衔接公园空间布局和居民生产生活，建立生态环境分区管控体系。强化污染治理与环境保护，落实国家公园内边境经济合作开发区、口岸建设专项规划环境影响评价机制，加强重大项目环境影响评估，制定完善的区域环境监测和跟踪评价制度。加快补齐生态环境基础设施短板，提升国家公园生态环境监测管理能力，促进生态环境质量持续改善。

3.促转化：打造高原绿色发展带

在推动绿色发展上迈出新步伐，着力促进生态经济加快发展，将生态优势更多地转变为发展优势。积极培育绿色新动能，深化实施碳中和示范创建行动，积极推进减排增汇，发挥生态保护固碳优势。围绕国家公园、入口社区打造高原绿色发展带，供给彰显高原生态特色、民族特色的高品质生态产品，提升"地球第三极"区域生态产品公共品牌影响力。

4.搭平台：建设国际交流合作平台

创新生态保护和绿色发展国际交流合作平台建设，促进环喜马拉雅山

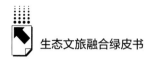
生态共建共享，互惠互利。探索建立珠穆朗玛峰跨境保护机制，积极融入"第三极国家公园群"建设。探索积极谋划跨喜马拉雅旅游合作平台，加强以珠穆朗玛峰、丝绸之路南亚廊道等为代表的跨国（境）精品旅游线路建设。

（二）打造"国家公园+入口社区"高原绿色发展带

立足珠峰国家公园生态资源丰富独特、边境地理区位优越、少数民族聚居、交通基础设施较好等优势，借鉴美国打造国家公园入口社区发展带和三江源在国家公园特许经营制度方面的经验做法，探索打造"国家公园+入口社区"的高原绿色发展带，促进生态产品价值实现。

1. 强化国家公园保护和发展的制度保障

积极推进珠峰国家公园创建工作，建立珠峰国家公园管理局，加快出台"珠峰国家公园条例""珠峰国家公园总体规划"等顶层设计。立足珠峰国家公园实际，编制高原自然体验、环境教育、生态旅游等相关专项规划和管理办法，设计充分考虑社区特点和强边固防实际需求的特许经营制度。

2. 差异化打造国家公园入口社区

遵循生态保护第一的原则，根据社区自然景观、交通便利程度、文化民俗特征、服务设施等基础条件系统谋划国家公园内部和周边社区发展框架，设计符合社区实际、突出社区特点、提升游客体验的发展模式。鼓励居民成立合作社等基层经济组织，有效保障社区居民的决策、经营参与权和收益分配权。

（三）拓宽生态产品价值实现渠道

1. 供给服务类：推动实现高原特色农牧产品生态溢价

积极发展绿色健康农牧业，打造有机青稞、珠峰绵羊、珠峰牦牛、优质奶业、绿色蔬菜、藏鸡养殖等高原特色农产品品牌。发展林下经济，积极发展藏鸡鸭、藏香猪林下养殖，藏药材种植，食用菌培育等。培育藏医药传承，推动藏医药现代产业化。推动青稞、牦牛、藏戏、唐卡、藏毯等珠峰特色产品开发，建立健全产品质量追溯体系和专业化品牌营销体系，提高珠峰特色产品在全国乃至世界的知名度和影响力。

2. 调节服务类：统筹优化生态保护补偿机制，积极培育林草碳汇项目

进一步强化国家公园内湿地、草原、森林等重要生态系统保护和修复重大项目资金、重点生态功能区一般性转移支付资金等多个生态保护补偿机制的统筹协调，积极向国家争取对国家重点生态功能区、"绿水青山就是金山银山"实践创新基地、国家生态综合补偿试点县加大生态补偿资金和政策支持力度，让生态保护地区分享更多生态红利。科学评估山水林田湖草固碳能力及潜在碳汇交易价值，强化碳汇经济载体培育，建立健全碳汇经济配套机制和措施，进一步加强与工业发达、温室气体排放量大、碳中和实现难度大的省区探索建立定向碳汇输出合作。依托退耕还草、人工饲草地和灌溉草场建设等工程，探索农牧民自主优化草原管理获取碳信用项目机制。鼓励社会资本参与林草碳汇开发途径，引导牧业企业关注生产链条中的碳中和问题。

3. 文化服务类：环喜、珠峰跨境生态文旅融合发展

发挥国家公园地处中国与印度、尼泊尔、不丹等国接壤，境内拥有享誉世界的生态旅游目的地的区位优势，强化与尼泊尔的多边旅游合作，建立健全国际旅游合作机制，共同打造中尼跨境旅游合作区。开发跨境旅游线路和旅游产品，着力打造高原之巅游、历史名城游、美丽乡村游、农业观光游、边境风貌游和贸易旅游、跨境旅游等旅游产品。进一步加大旅游宣传促销力度，积极推动中尼边境地区的整体联合促销，共同打造国际跨境旅游目的地形象，扩大珠峰国际跨境旅游目的地和中转地的知名度和影响力。全面优化日喀则口岸环境，搭建有利于中尼跨境旅游发展的商务平台和营销网络。强化旅游发展支撑体系。进一步完善旅游交通、住宿、餐饮、娱乐、购物等服务设施，加快游客集散中心和旅游信息平台建设，全面提升旅游接待能力、档次和水平。积极引进国内外知名企业建设酒店、特色餐饮、文化娱乐等旅游服务设施，打造符合当地生态环境特征、具有国际水准的旅游服务体系。

（四）夯实生态产品价值实现基础支撑

1. 建立生态产品价值核算和应用机制

建立生态产品调查监测机制。开展生态产品基础信息调查，摸清各类生态产品数量、质量等底数，形成珠峰国家公园生态产品目录清单。建立生态产品价值评价制度，考虑珠峰国家公园不同类型生态系统功能属性，体现生态产品数量和质量，探索制定生态产品价值核算规范。建立生态产品价值核算结果发布制度，适时评估国家公园生态保护成效和生态产品价值。推进生态产品价值核算结果在政府决策、绩效考核评价、生态保护补偿资金分配中的应用。

2. 推进自然资源所有权、资格权、使用权等制度改革

完善自然资源确权登记、产权交易和流转等政策，进一步盘活沉睡资产，充分挖掘和提升生态产品价值。积极推进自然资源产权制度改革，清晰界定权能体系中各项权利的内涵及特权人的权责范围，规范使用权，保障收益权，激活转让权，理顺监管权，建立归属清晰、权责明确、监管有效的自然资源资产产权制度。创新自然资源资产所有者权益的多种有效实现形式。

3. 推广品牌运营、生态权益金融支撑等配套措施

研究建设生态资源资产使用权或经营权集中管理运营平台，实现生态资源权益的高效流转和保值增值。采用"母子品牌矩阵"发展模式，建立"公用品牌+县域品牌+企业品牌"三位一体品牌体系，强化生态产品区域公共品牌运营管理。推进绿色、有机农产品基地建设，出台相应奖补政策，鼓励企业、专业合作社、家庭农场等开展绿色、有机农产品认证，建立涵盖标准化生产、体系建设追溯、产品内涵挖掘、企业品牌打造、电商模式培育、物流体系支撑、金融信贷支撑等的"1+N"全产业链品牌服务体系。制定地方标准，推广"区块链+"生态产品质量追溯机制，纳入农产品质量安全监管追溯平台管理。

参考文献

陈晓东、吴承照：《国家公园生态产品谱系构建与价值实现路径：以钱江源国家公园为例》，《环境保护》2024年第6期。

李淑娟、穆淑慧、隋玉正：《自然保护地与社区协调发展研究进展》，《自然保护地》2024年5月13日。

刘楠、路秋玲、赵力：《青藏高原自然保护地与乡村社区耦合协调性评价研究——以青海省为例》，《林草资源研究》2023年第5期。

刘峥延、李忠、张庆杰：《三江源国家公园生态产品价值的实现与启示》，《宏观经济管理》2019年第2期。

宁哲、顾祎桐、朱震锋：《国外国家公园管理资金保障机制及启示》，《世界林业研究》2024年第3期。

钱美君、王欣雅、文传浩：《我国边疆地区国家公园建设的路径考量：以高黎贡山为例》，《开发研究》2023年第6期。

唐承财、刘嘉仪、秦珊：《国家公园生态产品价值实现的机制及模式——以神农架国家公园为例》，《生态学报》2024年第13期。

唐双娥：《我国自然保护地生态产品价值实现的市场路径及完善》，《自然保护地》2024年第2期。

汪劲松、肖燚、石薇：《不同目的下生态产品的定价思路、方法选择及应用研究》，《生态学报》2024年第16期。

张林波、虞慧怡、郝超志等：《生态产品概念再定义及其内涵辨析》，《环境科学研究》2021年第3期。

Dunning A. E., "Impacts of Transit in National Parks and Gateway Communities," *Transportation Research Record*, 2005.

Fisher B., Turner R. K., Morling P., "Defining and Classifying Ecosystem Services for Decision Making," *Ecological Economics*, 2009.

Steer K., Chambers N., "Gateway Opportunities: A Guide to Federal Programs for Rural Gateway Communities," *National Park Service*, 1998.

Syrbe R., Grunewald K., "Ecosystem Service Supply and Demand—The Challenge to Balance Spatial Mismatches," *International Journal of Biodiversity Science, Ecosystems Services & Management*, 2017.

Wu J., Fan X., Li K., et al., "Assessment of Ecosystem Service Flow and Optimization of Spatial Pattern of Supply and Demand Matching in Pearl River Delta, China," *Ecological Indicators*, 2023.

G.4
现代遥感技术在珠峰生态环境保护
与治理中的综合应用

陈珂 肖文海 李寅博*

摘 要： 由于珠峰地区地理位置、气候条件、资源状况等不同于一般地区，其生态环境相对而言更为脆弱和敏感，更容易受到外部的干扰破坏且恢复难度较大。面对当前存在的登山活动与垃圾处理、气候变化、基础设施建设、社会经济发展等现实问题，有必要基于现代遥感技术，构建生态环境遥感协同监测体系，结合多场景的实际应用，提升珠峰生态环境保护与治理的水平，具体方案凸显精细化、信息化、智慧化，强调生态环境监测由点上向面上、静态向动态、平面向立体发展，推出的全新监测理念和技术体系，满足了珠峰地区重要生态空间的人类活动监管、生态状况监测、风险预警响应和生物多样性观测等需求，可以为当地相关部门提供技术支持与决策依据，并为日常管理工作服务。

关键词： 珠峰生态环境 遥感技术 协同监测 自然资源 人类活动

生态环境治理体系和治理能力现代化，是国家治理体系和治理能力现代化的重要组成部分。在以习近平同志为核心的党中央坚强领导下，在习近平生态文明思想科学指引下，我国建立健全党委领导、政府主导、企业主体、社会组织和公众共同参与的现代环境治理体系，不断提升生态环境保护与治

---

* 陈珂，博士，无锡学院大气与遥感学院地理遥感系专业负责人，主要研究方向为遥感技术与GIS时空大数据的智能化应用；肖文海，定日县文旅局局长，主要研究方向为文化与旅游发展；李寅博，日喀则珠穆朗玛文化旅游投资发展有限公司副总经理，主要研究方向旅游管理。

理的现代化水平，生态文明建设从理论到实践都发生了历史性、转折性、全局性变化，美丽中国建设迈出重大步伐。

习近平总书记在全国生态环境保护大会上强调，"要坚持山水林田湖草沙一体化保护和系统治理，构建从山顶到海洋的保护治理大格局"。珠穆朗玛峰地区有超过40座海拔7000米以上的高峰，雪线位于4500～6000米，是典型的高山、高原生态环境。南坡降水丰富，1000米以下为热带季雨林，1000～2000米为亚热带常绿林，2000米以上为温带森林，4500米以上为高山草甸。北坡主要为高山草甸，4100米以下河谷有森林及灌木。生态系统类型多样，基本保持原貌，生物资源丰富，珍稀濒危物种、新种及特有种较多。共有各类动植物2600余种，还具有丰富的水能、光能和风能资源，以及由独特的生物地理特征、奇特的自然景观和民族文化、历史遗迹构成的重要旅游资源。

1988年3月，西藏自治区人民政府正式宣布建立珠峰自然保护区，这是全球海拔最高、落差最大的自然保护区，主要保护极高山生态系统。1994年，珠峰保护区升格为国家级自然保护区，2004年纳入世界人与生物圈保护区网络，2006年列入国家级示范自然保护区。[①] 珠峰保护区较好地保护了西藏境内有代表性的生态系统和自然环境，包括珍稀濒危物种的繁殖地、栖息地，候鸟迁移的重要湖泊、湿地以及具有重要科研及旅游价值的自然景观、地质遗迹和生物化石。

近年来，随着珠峰旅游资源的逐步开发和登山活动的增加，人类行为对珠峰生态环境的影响日益加剧，产生了环境污染问题。各种随意丢弃的废弃物、垃圾对珠峰地区生态环境造成了直接破坏，对珠穆朗玛峰的生态系统也造成了严重危害，可能影响到当地的动植物、水源、土壤等自然资源，甚至阻碍正常的社会经济发展。因此，针对珠峰生态环境的保护与治理工作刻不容缓，已成为各方关注的焦点。

---

① 《珠峰自然保护区生物多样性得到有效保护》，https://www.mee.gov.cn/ywdt/dfnews/202005/t20200531_781922.shtml，2020年5月30日。

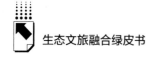

一 珠峰生态环境的基本现状

近 60 年来，珠峰地区气候持续变暖，升温幅度与青藏高原的平均值相当，尤其是进入 21 世纪后，增温更为显著，高于同期全球平均温度变化幅度，① 降水变化趋势不明显。珠峰地区是冰川集中分布区，近期冰川显著退缩，反映了冰川和水文过程对全球变暖的响应。受到升温影响，珠峰地区的植被有变绿趋势。工业革命以来，珠峰地区受到跨境大气污染物传输的影响，也凸显了冰川消融导致的污染物二次释放的潜在风险。②

（一）气候

珠穆朗玛峰地区位于亚洲中部，是全球气候变化最为敏感的区域之一。珠峰地区海拔极高，空气稀薄，太阳辐射强烈。夏季受南亚季风影响，降水较多；冬季受西风急流影响，气候寒冷干燥，风速较大。珠峰地区气温的日变化和季节变化都非常明显，降水主要集中在夏季，南坡因季风影响降水量较多，而北坡处于雨影区，降水量相对较少。每年 6~9 月为雨季，此时东南季风带来暴雨和云雾，11 月至次年 2 月为干季，受西北寒流控制，气温极低。珠峰地区天气变化多端，一天之内可能经历多种天气变化，12 级大风常见，且云形多变，特别是"旗云"现象。珠峰地区气候变化对全球气候变化反应敏感，在全球变暖的大背景下，气温升高将导致冰川退缩，冰湖面积扩张，径流量增大。

（二）水文

珠峰地区的水文特征是其独特地理环境和气候条件的产物。珠峰地区是冰川集中分布区，冰川融水是该地区河流和湖泊的重要来源。主要河流包括绒布河、卡玛河等，这些河流多由冰川融水和山地降水形成，并流向下游地

---

① 杨秀海、卓嘎、罗布等：《珠峰地区天气气候特征分析》，《冰川冻土》2012 年第 2 期。
② 康世昌、张玉兰、张强弓：《探索地球之巅：60 年来珠峰气候环境变化》，《自然杂志》2020 年第 5 期。

区，对周边生态环境和人类活动具有重要意义。珠峰地区的冰湖面积和数量近年来有所增加，是冰川退缩和气候变化的直接结果。冰湖的扩张可能增加冰湖溃决的风险，对下游地区的生态安全和社会经济构成潜在威胁。

珠峰地区海拔高、气温低，蒸发量相对较小，水文循环受季风气候影响明显。由于地形、降水和下垫面条件的作用，土壤湿度在不同区域和不同海拔表现出一定的差异。全球气候变化也决定着珠峰地区的水文特征，可能改变区域水文格局和水资源的可用性，当前实施的水文监测对于水资源管理至关重要。珠峰地区的水文过程与生态系统紧密相连，水文变化会直接影响植被分布、土壤质量和生物多样性。

（三）土壤

珠峰地区的土壤情况反映了高寒山区土壤的一般特征，珠峰地区地质构造活跃，许多地区的土壤较年轻，土壤发育程度较低。珠峰地区人类活动相对较少，土壤污染较轻，是一个研究全球环境背景值的典型区域。由于海拔差异大，珠峰地区形成了完整的土壤垂直带谱，从山脚到山顶，土壤特性随着气候、植被和地形的变化而变化。在低海拔地区，土壤有机质含量较高，全氮含量也较为丰富。随着海拔的升高，土壤中的有机质和全氮含量显著降低，且高海拔地区低温、低氧和强紫外线辐射的环境条件，限制了微生物活动和有机物质的积累。[①] 珠峰地区土壤的冻融过程对土壤结构和特性有显著影响，冻融作用可能导致土壤颗粒的分散和重新排列，从而改变土壤的物理性质。由于地形陡峭，特别是在冰川融水和降雨的冲刷下，土壤易受侵蚀。珠峰地区土壤肥力整体较低，特别是在高海拔地区，土壤中的养分含量有限，削弱了植被的生长和生态系统的生产力。

（四）植被

珠峰地区的植被分布是研究高山生态系统、气候变化影响和生物多

---

① 张丹丹、张丽梅、沈菊培等：《珠穆朗玛峰不同海拔梯度上土壤细菌和真菌群落变化特征》，《生态学报》2018 年第 7 期。

样性保护的重要窗口，呈现明显的垂直分带现象，随着海拔的变化，植被类型也不同。在较低海拔地区，由于温度相对适宜，降水量较多，植被类型以高山草甸、灌丛和一些耐寒的乔木为主。这些地区土壤肥沃，植被覆盖度较高。随着海拔的升高，气温降低，降水量减少，植被逐渐过渡到以耐寒的灌木和草本植物为主，如杜鹃花科植物和一些高山草本植物。在更高海拔地区，植被类型进一步减少，主要以地衣等能够适应高海拔地区极端气候条件的低矮耐寒植物为主。接近雪线的位置，植被非常稀少，主要由一些耐寒耐旱的苔藓类植物组成，这些植物能够在岩石表面生长。[①] 珠峰地区的植被生长季较短，主要集中在夏季。遥感监测数据显示，较低海拔的植被指数呈增加趋势，可能与气候变化导致的生长期延长有关。珠峰地区是重要的自然保护区，应注重维持和恢复植被覆盖，保护生物多样性。

（五）生物多样性

珠穆朗玛峰地区有地球上最独特的生态系统，生物多样性丰富，既有生活在热带、亚热带山地森林的生物种类，又有生活在高原寒冷、干旱地区的生物种类，是西藏生物多样性最丰富的自然保护区之一。据初步统计，有高等植物 2300 多种、动物 270 多种，其中国家重点保护动物 33 种，包括藏狐、熊猴、喜马拉雅塔尔羊、长尾叶猴、西藏野驴、赤麂、藏原羚等珍稀野生动物。[②] 珠峰地区还拥有一些濒危的物种，如雪豹、黑颈鹤等，这些物种对生态系统的平衡和生物多样性保护具有重要意义。

珠峰地区的农作物品种繁多，包括小麦、青稞、荞麦、鸡爪谷、玉米、马铃薯、豌豆、油菜等，反映出该地区农作物的丰富性。科研人员还在海拔 6200 多米处成功采集到极高海拔的植物种子，为全球生物多样性研究提供

---

① 马飞、李景吉、彭培好等：《珠穆朗玛峰国家自然保护区南北坡植被覆盖变化》，《地理科学进展》2010 年第 11 期。

② 《我国珠峰国家级自然保护区生物种群得到有效保护》，https：//www. gov. cn/jrzg/2007 - 11/12/content_803177. htm，2007 年 11 月 12 日。

了宝贵的材料。通过研究生物多样性的演化序列，并与环境进行匹配，可以探讨珠峰地区生态系统的耐受性和环境变化响应能力。

二　珠峰生态环境保护与治理中存在的问题

珠峰地区作为世界最高峰，其生态环境保护与治理已成为全球的焦点问题之一。在保护与治理过程中，需要政府、科研机构、登山组织、当地社区以及国际社会的共同努力，采取有效措施，加强科学研究，做好协调工作，确保研究成果能够转化为切合实际的保护行动。

（一）登山活动与垃圾处理

珠峰登山活动因其独特的挑战性，每年都会吸引成千上万的登山爱好者参与，然而，伴随而来的垃圾处理问题也日益严重，包括生活垃圾、废弃的登山装备、食物残渣等。海拔越高，垃圾清理难度和成本越高。特别是在7000米以上的高海拔区域，人类活动能力受限，垃圾清理工作极其困难。废弃的氧气瓶、帐篷、绳索等特殊垃圾重量大、不易降解，对环境的破坏性更大，清理和运输成本也更高。另外，不幸遇难的登山者遗体在高海拔地区难以运回，长期留在山上，不仅对遇难者家属是一种心理负担，也可能影响生态环境。

此外，部分登山者和游客缺乏足够的环保意识，随意丢弃垃圾，加剧了珠峰地区的环境压力。虽然有关珠峰环境保护的法律法规已经出台，但执行起来存在一定难度。每年的春季是珠峰登山的旺季，短时间内大量登山者涌入，垃圾产生量激增，给垃圾处理带来巨大压力。珠峰地区的垃圾处理设施相对短缺，如垃圾箱、厕所等基础设施数量有限，难以满足实际需求。从现实情况出发，当地社区在垃圾处理中发挥重要作用，但参与度和获得的激励还不够，需要进一步提高其参与的积极性。

（二）气候变化

气候变化对珠峰生态环境的影响是多方面的，根据不同气候变化情景预估，未来珠峰地区总体呈现变暖趋势，且冬季变暖幅度大于夏季，这会对生态系统的季节性活动和物种的生存造成影响。珠峰地区自 1960 年以来，气温每 10 年上升约 0.33℃，自 20 世纪 70 年代以来，南坡尼泊尔境内冰川面积减少约 26%，北坡中国境内冰川面积减少约 28%。随着冰川退缩，冰湖面积和数量快速增加。1990~2018 年，冰湖面积从 106.11 平方公里增加到 133.36 平方公里，数量从 1275 个增加到 1490 个。冰川融化导致河流径流量增加，尤其在 1974~2006 年，冰川消融对绒布河的径流补给量超过 50%。[①]

气候变化导致珠峰地区植被覆盖率及地上生物量呈增加趋势，植被生长季开始时间推迟，结束时间提前。珠峰地区虽然地处偏远，大气环境相对清洁，但远距离输送的大气污染物已经对其产生了影响，如黑碳浓度的增加，可能影响珠峰地区生物多样性，特别是会影响旗舰物种雪豹等野生动物的栖息地和繁殖地的环境。气候变化还可能改变珠峰地区的水资源分布和可用性，包括河流、湖泊和地下水，进而影响植被的生长与空间分布。

（三）基础设施建设

珠峰地区生态环境基础设施建设面临的挑战是多方面的，需要综合考虑自然条件、技术难题、环境保护、资金投入等因素，采取科学合理的措施加以解决。珠峰是世界自然遗产，任何建设活动都必须严格遵守环保法律法规，不能破坏当地的生态环境，这对基础设施的设计和施工提出了更高要求。珠峰地区天气变化无常，极端天气如暴风雪、冰雹等会对基础设施建设和维护造成严重影响，增加建设难度和成本。同时，基础设施建设需要克服技术难题，在冻土、冰川等复杂地质条件下施工，离不开特殊的工程技术和经验。珠峰地区能源供应有限，电力、燃料的运输存在困难，对基础设施的运行和维护提出了挑战。为了保护水源和生态环境，需要建设生态厕所和污

① Kang S. C., Zhang Q. G., Zhang Y. L., et al., "Warming and Thawing in the Mt. Everest Region: A Review of Climate and Environmental Changes," *Earth Science Reviews*, 2022.

水处理设施，但在高海拔地区建设和维护这些设施具有一定难度，且需要投入巨额资金并从外地引进大量专业人才。

（四）社会经济发展

珠峰地区的生态环境保护与当地社会经济发展之间存在矛盾和挑战，主要包括五个方面。一是珠峰作为世界著名的旅游和登山目的地，吸引了大量游客，给当地环境带来压力，旅游设施建设和游客活动可能对生态系统造成破坏。二是当地民众依赖旅游业和相关活动作为收入来源，但这些活动可能对环境造成影响，如何在保护环境和发展经济之间找到平衡是一个难题。三是传统生活方式与现代化发展需求之间存在冲突，如何在尊重地方传统文化的同时实现现代化和可持续发展是一个挑战。四是仍有小部分人对生态环境保护与治理的重要性认识不足，所以当地应进一步加强环保教育和宣传，珠峰地区的环境保护政策和法规在执行过程中面临困难，如监管难度较大、违法成本较低等。五是珠峰地区跨越中国和尼泊尔两国，需要两国在生态保护方面进行协调合作，但国际合作、相关的科学研究和生态环境监测可能面临财政资金吃紧与社会经济发展水平的制约。

（五）生态环境监测的局限性

珠峰地处偏远地区，交通不便，给现场监测和数据收集带来了困难，高海拔也给监测设备的运行和维护带来挑战，极端的气候条件如低氧、低温和强风可能影响设备性能。在极高海拔地区，一些现代监测技术和设备可能无法正常工作或精度受限。因此，目前缺乏长期、系统的监测数据，特别是极高海拔区域一手监测资料和大气垂直监测数据。

监测和评估人类活动对珠峰生态环境的影响存在难度，[①] 特别是在旅游旺季，游客和登山者的活动对环境的干扰较大。开展珠峰地区生态环境全面

---

① 付晶、高峻、李杰等：《珠穆朗玛峰保护地生态系统文化服务空间分布及评价》，《生态学报》2021年第3期。

监测需要大量的资金和专业人才，而可供使用的资源相对有限。尽管已有一些研究成果，但人们对珠峰地区生态系统的全面了解仍有所欠缺，需要更广泛的科学研究来深化认识。

三 现代遥感技术及其主要应用

现代遥感技术是一种非接触、远距离探测和监测地表特征的技术。[①] 通过使用传感器和遥感平台（如卫星、无人机或水陆搭载平台）收集地球表面反射或发射的电磁波信号，揭示地物的各种特征。现代遥感技术不仅能够获取地球表面信息，还能够在一定程度上穿透植被、水体等，揭示地表覆盖之下的隐藏信息。随着研发的不断深入，现代遥感技术正取得突飞猛进的发展，可以满足新时代生态文明建设的需求，"高精度、全方位、短周期"的遥感监测能力可以为生态环境保护与治理提供更精准、更高效的地表监测解决方案。高分辨率的现代遥感对地观测体系如图1所示。

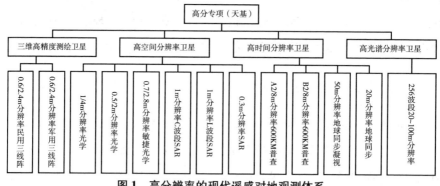

图1 高分辨率的现代遥感对地观测体系

（一）现代遥感技术的特点

现代遥感技术在农业、林业、城市规划、环境监测、地质勘探、灾害评

---

① 杨晓梅、王志华、刘岳明等：《遥感智能信息处理的发展及技术前景》，《同济大学学报》（自然科学版）2023年第7期。

估等多个领域都有应用。与传统的地面调查相比，可以更加经济快捷地收集大面积区域数据。作为一种非侵入性技术，现代遥感技术对环境的影响较小，有助于实现监测和研究的可持续发展。

1. 高分辨率与多光谱成像

现代遥感技术能够提供不同级别的空间分辨率，从米级到厘米级，以满足不同应用需求，还可以捕捉不同波长的电磁波，包括可见光、红外、微波等，形成多光谱图像。

2. 多时相数据获取与融合

通过定期或不定期的遥感数据采集，可以分析地表特征随时间的变化情况。现代遥感技术常与其他数据源结合，如地理信息系统（GIS）数据，以提供更全面可靠的地表特征分析结果。

3. 大范围实时监测与自动化处理

现代遥感技术可以快速覆盖大范围区域，适用于地物要素的宏观分析。一些遥感系统能够实时或近实时地传输数据，用于监测环境变化、灾害响应等。另外，遥感数据的处理和分析越来越自动化，机器学习和人工智能技术提高了数据处理效率和准确性。

（二）现代遥感技术的核心架构

现代遥感技术的核心架构是一个高度集成的系统（见图2），涉及从数据采集到最终用户应用的各个环节。随着技术的发展，整体架构还在不断演进，以适应新的应用需求和挑战。

1. 传感器系统与载体

传感器系统是现代遥感技术的核心，包括各种类型的相机、雷达系统、激光雷达（LiDAR）、多光谱/高光谱扫描仪等，用于捕捉地表的电磁波信息。地球轨道卫星、飞机、无人机（UAV）、高空气艇或其他任何能够携带传感器的平台都可以作为传感器系统的载体。

2. 数据采集、处理与分析

传感器收集的数据需要被存储和传输，现代遥感系统通常配备高速数据

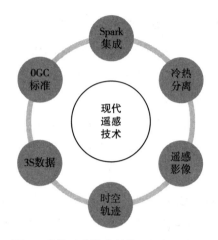

图2 现代遥感技术的核心架构示意图

记录器和通信设备，用于实时或近实时数据传输。收集到的原始数据需要经过预处理（如校准、去噪、几何校正等）和分析，以提取有价值的信息，通常涉及图像处理、分类、特征识别和变化检测等关键技术。

3. 云计算与人工智能

由于遥感数据量巨大，现代遥感技术越来越多地依赖云计算和大规模数据存储解决方案。为了提高数据处理的自动化水平和分析精度，现代遥感技术集成了机器学习和人工智能算法，以自动识别模式和趋势。

4. 可视化系统与控制中心

用户界面允许用户访问和分析遥感数据，而可视化工具则帮助用户以图形方式理解复杂的数据集。对于飞机和无人机等航空平台，地面站将可视化工具用于控制飞行路径和传感器操作。对于卫星，控制中心负责监控卫星的运行状态和数据的上传和下载。

5. 质量标准与安全防护

遥感数据需要遵循一定的标准和质量控制流程，以确保数据的准确性和可靠性。现代遥感技术在收集和处理数据时，需要考虑数据安全和用户隐私保护的问题，必须设置多重备份并严格界定不同用户的具体权限。

（三）现代遥感技术的主要应用

现代遥感技术通过获取宏观和微观层面的地表信息，为许多领域提供了强有力的数据支持和决策工具。随着技术的进步，其应用范围正持续拓展。结合已有的应用成果，较为成熟的主要有以下五个方向。

1. 环境监测与生态保护

现代遥感技术可以通过观测大气、地表和海洋等各种气候要素来监测气候变化情况，为制定应对气候变化的政策提供支持。利用现代遥感技术，还可以监测空气中的污染物浓度和颗粒物等情况，及时发现污染源并采取措施减少环境污染。在水质方面，可以监测河流、湖泊、海洋等水体的水质情况，包括水质污染和海洋生态系统的变化。在植被覆盖和生物多样性方面，可以监测森林、草原、湿地等不同类型的植被覆盖情况，评估生物多样性的变化及生态系统的健康状况。

2. 城市规划与土地利用

现代遥感技术可以高效、精确地获取大范围土地利用信息，用于监测土地利用情况，包括城市扩张、耕地退化、水土流失、城市用地类型分布、农田耕种情况、森林覆盖状况等，为土地管理和规划提供科学依据。在此基础上，可以监测城市的扩张情况，包括城市边界变化、新的建筑用地开发情况等，有助于评估城市用地的利用效率，引导城市可持续发展。同时，现代遥感技术可以监测道路车流量、交通拥堵情况等，为城市交通规划和管理提供信息支持，还可以监测城市内绿地的分布和变化，包括公园、植被覆盖、湿地等，有助于评估城市生态环境质量和提升城市绿化水平。总的来说，现代遥感技术在城市规划和土地利用方面的应用可以帮助城市管理部门更好地把握城市的发展方向、优化土地资源利用、提升城市功能和环境质量。

3. 地质勘探与气象预报

现代遥感技术利用卫星或航空平台获取地面的高分辨率影像数据，用于勘探矿产资源、油气藏等地质资源。通过遥感影像的分析和解译，可以发现潜在的矿产资源分布、地质构造特征等，为地质勘探工作提供重要的数据支

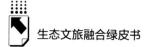

持，并应用于地质灾害的监测和预警，如地质灾害隐患点的识别、地面位移的监测等，有助于减少地质灾害对人类造成的损失。针对气象预报，卫星遥感在获取大气、海洋等领域的数据后，将提供给气象预报员分析使用。这些数据可以帮助预报员更准确地预测气象变化，包括气温、降水、风速等气象要素，提高气象预报的准确度和时效性。

4. 灾害管理与公共健康

现代遥感技术可以监测自然灾害如地震、洪水、火灾等的发生和演变过程，为灾害预警提供数据支持。通过卫星遥感技术，可以实时监测灾害发生的区域及范围，及时发布预警信息，研判城市内潜在的自然灾害风险，帮助相关部门和居民采取应急措施并提供应急响应支持。现代遥感技术也可以提供灾害发生后的高分辨率影像，帮助相关部门对灾害影响范围和受损程度进行评估，及时确定受灾情况，快速部署救援力量，提高灾后恢复的效率。

在公共健康领域的应用，主要体现于监测疫情的传播范围和速度，提供疫情传播的空间分布和时序变化信息。通过遥感技术，能实时收集病例分布数据、人口密度和流动情况等信息，进行疾病传播模型的分析，帮助建立公共健康政策和干预措施。现代遥感技术还可以监测大气污染物排放源和传输途径，演算相关数据。通过卫星遥感和地面监测设备，可以动态监测空气质量，向公众预警并辅助政府决策。

由此可见，现代遥感技术在灾害管理与公共健康方面的应用能够提供及时的监测和预警信息，为相关部门和居民服务，从而减少灾害和疾病造成的损失和危害。

5. 军事活动与国防安全

现代遥感技术在军事活动和国防安全方面的应用非常广泛，可以通过卫星、飞机等平台获取地面、海面和空中的高分辨率图像，提供重要的军事情报和监视数据。利用遥感技术获取的数据，军事人员可以进行情报分析工作，为决策者提供准确、及时的情报支持，协助军事指挥。此外，现代遥感技术可以帮助军队识别、定位、追踪和摧毁敌方目标，并能够帮助军事指挥官实时调整作战计划和战术部署。从国防安全的角度出发，现代遥感技术可以用于对边界进行监控和防御，帮助军队及时发现并应对潜在的边境威胁，维护国家安全和领土完整。综合来看，现代遥感技术在军事活动和国防安全方面的应用具有重要意义。

四 面向珠峰生态环境保护与治理的遥感技术应用方案

独特的区位与地理环境、多样的生态系统和丰富的自然资源，使珠峰地区成为亚洲乃至北半球气候变化的调节器，是维系高原生态系统及周边地区生态环境平衡的重要屏障。受全球变暖的影响以及特殊自然地理条件的限制，该区域的生态环境依然很脆弱，[①] 亟待引入先进的科技手段，提高生态环境保护与治理的水平，确保珠峰地区的生态安全。为达成这一目标，可构建"五基"协同的生态遥感监测技术体系并投入实际应用。

（一）应用方案概况

"五基"协同体系是指集天基卫星、空基遥感、航空无人机、移动巡护监测车和地面观测设备五种手段为一体的生态遥感协同监测技术体系。该体系将天基卫星"落地"高空平台、将移动巡护监测车与卫星联动，创新实现对重点区域、重点目标的高精度、短周期协同监测，可全方位、全天候守护自然边界，有力推动生态环境监测由点向面、静态向动态、平面向立体发展，是推动构建现代化生态环境监测体系的重要实践，进一步提升了珠峰地区生态环境管理精细化、信息化、智慧化水平。

"五基"作为一种全新监测理念和技术体系，主要面向珠峰地区重要生态空间人类活动监管、生态状况监测、风险预警响应和生物多样性观测等管

---

① 蔡葵、王景、吴文春等：《土地利用驱动下的珠峰自然保护区生态风险研究》，《生态科学》2023 年第 2 期。

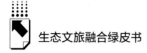
理需求。通过综合运用天基卫星、空基遥感、航空无人机、移动巡护监测车和地面观测设备五种遥感监测手段，集成可见光、红外、雷达、激光等多种传感器，在装备、数据、算法、产品和成果应用等方面改进提升，有效弥补常规遥感手段在监测时效、精度、周期等方面的短板，充分发挥每一种监测平台和技术的特点优势，构建形成星地协同、五位一体的立体监测评估技术体系。

（二）应用方案组件体系

"五基"协同的生态遥感监测技术体系并不是由多种监测平台、载荷和技术方法简单罗列、堆积构建的监测体系，而是从珠峰地区生态环境遥感监测需求出发，通过装备、数据和应用等多方协同技术方法将监测过程中每个节点相互连接，充分发挥多个监测节点的优势，构建形成的多维度、多节点、非线性的复杂监测网络。

1. 天基卫星

天基卫星是当前较为成熟的监测手段，通过搭载可见光、多光谱、高光谱、热红外等载荷，有效提供全色谱段、多光谱谱段、红外谱段等信息，为人类开发活动监测、植被参量（如 NDVI、FVC、GPP 等）生产、环境参量（ET、APAR 等）监测等提供数据支持。天基卫星具有监测范围广、数据空间连续、监测指标多等优势，侧重于珠峰地区生态环境中的人类活动监测、生态状况评估的基础数据保障。

2. 空基遥感

空基遥感常由高塔平台或高处建筑物搭载多种监测载荷组成，可以根据珠峰地区生态系统类型（森林、草地、湿地、荒漠等）与人类干扰活动监管重点（矿产开发、树木采伐、车辆进入等）制定部署，一般包括超远距离红外监视系统、高清透雾相机、高光谱成像相机、激光雷达等。空基遥感可实现近 360 度的高精度观测，空间分辨率可达 0.1 米，时间频次可达到半小时乃至分钟级，具有监测数据时空分辨率高、异常预警和应急响应快等优势，有效弥补了天基卫星监测时效性不足、精度不够等短板。

3. 航空无人机

航空无人机通过搭载可见光相机、多光谱相机、高光谱相机、机载激光雷达、热红外成像仪等高精度传感器，精准监测植被类型分布、植被生长状况、生态系统异常、人类干扰活动等珠峰地区的关键生态环境指标，是定期巡护监测的主要途径。航空无人机具有灵活机动、可达性强、空间分辨率高、捕获信息丰富等优势，具备云下低空飞行的能力，弥补了卫星光学遥感经常受云层遮挡获取不到影像的缺陷，也补齐了天基卫星和空基遥感监测的短板，是地表生态变化核查验证的有效手段。

4. 移动巡护监测车

移动巡护监测车集成多种载荷（包含激光雷达、多光谱相机、高光谱成像仪、叶绿素荧光探测仪、红外相机、声纹识别仪、空气质量监测仪等），开发和部署车载一体化智能监测系统，实现对珠峰地区道路两侧植被生长状况、人类干扰活动、动物活动、大气质量状况等生态要素的移动监测。移动巡护监测车具有监测信息丰富（包含多要素二维、三维立体信息）、监测精度和效率高、可与巡护执法联动等优势，能够实现近地面大范围、快速连续监测，可补齐天基卫星和空基遥感监测的时空盲区，是开展定期巡护监测的首选工具。

5. 地面观测设备

地面观测设备包括不同类型传感器（激光雷达、红外相机、摄像雷达、摄照一体机等）、数据传输系统及配套的监控信息预警系统，可以实现对珠峰地区生态系统类型、植被质量、生物多样性、气象参量等目标长时间、不间断、高频次、高精度的监测。地面观测设备具有部署便捷、监测时间全天候等优势，能及时发现和识别人类活动痕迹，为天基卫星、空基遥感获取的大范围遥感反演产品提供准确、有效的真实性验证数据。

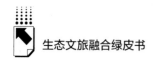
表 1 "五基"协同的生态遥感监测技术特点

模式	主要表现
装备协同	通过研发红外—可见光协同监测算法,依托红外载荷发现监测对象,驱动可见光载荷进行抓拍和跟踪,实现监测对象的发现、识别、跟踪与取证,提高了监测精准性和时效性
数据协同	将不同来源、不同尺度的监测数据通过机器学习和深度学习等人工智能算法进行融合,可以最大限度地发挥各自优势,获得更高精度与更多指标信息,从而提高生态质量评价的精度和可靠性
应用协同	"五基"体系可以通过多平台联动、数据实时传输、信息共享和交互等方式,完成多种场景下的协同,实现生态环境问题的第一时间发现、第一时间核实和第一时间处置

(三)应用方案实施场景

1.生态状况精细化评价

综合应用"五基"协同观测能力,构建高频次、多角度、时空连续的珠峰地区生态系统立体观测和生态状况精细化评价体系。在天基卫星大范围光学遥感观测的基础上,应用空基遥感和移动巡护监测车搭载的高光谱、多光谱和激光雷达等载荷,获取叶面积指数、生物量等植被生理参数和树高、胸径等植被结构信息,将珠峰地区生态状况评价的精度从公里级提升至米级或分米级,时间从月和旬尺度提升到日和小时尺度,大幅提升珠峰地区生态环境质量监测、评价、保护和治理的精细化、科学化水平。

2.人类干扰活动监测

人口增长、集约农业和工业活动快速发展等是引发生态系统退化、生物多样性危机等生态问题的主要原因。在珠峰地区的重要生态空间和热点敏感位置,"五基"体系可实时监控人员、车辆移动、放牧、采伐、旅游等干扰行为,及时发现和预警矿产资源、小水电等的开发建设活动。监测频次从原有的季度和年度监测提升到周和日监测,对突发生态环境事件实现小时和分钟级的跟踪监测与实时预警,为珠峰地区生态环境监管执法和中央生态环境保护督察提供了更有力的支撑。

3. 风险预警和应急响应

依托"五基"体系,构建以空基遥感为主的珠峰地区生态环境风险监测预警响应体系,实时监测和获取高精度地表生态要素变化数据。通过样本构建、机器学习和智能分析,及时发现和预警火灾、旱灾、病虫害、环境污染等自然灾害和突发生态环境事件,分析、评估自然灾害和突发生态环境事件对珠峰地区重要生态功能区、重要生态系统、生态脆弱地区的不利影响和潜在风险,形成线索发现、信息推送、导航追踪、实地核查、应急处理等全流程预警响应机制,切实加强珠峰地区生态环境风险防控预警与应急管理能力。

4. 生物多样性观测

传统卫星遥感主要是对区域土地覆盖类型和生态系统状况进行定期观测,无法实现对植被群落、物种分布和主要干扰因素的监测评估。通过"五基"协同观测,可以对珠峰地区的植被群落结构、动物数量、分布、活动轨迹等进行精准监测,准确识别和分析主要生态环境干扰问题并提出针对性措施。例如,通过在空基遥感和移动巡护监测车中搭载声纹识别仪器,可实时获取和分辨数千种鸟类,并统计其出现频次和范围,从而评估珠峰地区的物种保护现状和未来演化趋势。

五 珠峰生态环境保护与治理的对策建议

珠穆朗玛峰地区是世界上最著名的高海拔地区之一,具有特殊的生态环境和自然景观,但同时也面临着生态破坏和环境污染的挑战。[①] 通过加强监督管理,提升人们的环保意识,控制游客数量,推广生态友好的旅游方式等措施,可以有效保护和治理珠穆朗玛峰地区的生态环境,实现生态环境与旅游业的可持续发展。

---

① 蒋益、李雪萍、刘嘉纬:《西藏珠峰大本营景区生态旅游环境容量研究》,《绿色科技》2021年第21期。

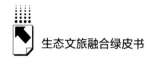

（一）推进生态文明建设，构筑珠峰生态文化

在长期与自然相依相存的发展过程中，珠峰地区形成了以"善待自然、和谐共生"为基本理念的朴素生态观。藏传佛教也提倡敬畏和爱护自然，主张万物有灵、众生平等，珠峰地区形成了独具特色的藏民族文化。这些文化体现了人与自然和谐的伦理观、价值观。在推进生态文明建设过程中，应加强对民族生态伦理道德观的搜集、整理与研究，并与现代生态意识相结合，进行深度提炼。同时，要发掘珠峰地区的特色生态文化名片，发展民族生态文化产业，深入挖掘并打造珠峰地区少数民族文化、森林文化、野生动物文化等文化品牌。保护珠峰是西藏生态文化的重要内容，要充分弘扬当地的优秀传统生态文化，推进生态文化创新，促进生态文化传播。

（二）维护生态环境平衡，积极变革治理举措

发展生态旅游，既能促进当地经济增长，又能提高公众对珠峰生态环境保护的认识。应制定严格的旅游管理规则，限制游客数量，减少对环境的压力。加强对当地居民和游客的环保教育，提高他们的环保意识，让当地社区参与到珠峰保护项目中，确保他们在生态环境治理工作中获得直接的经济利益。同时，在基础设施建设中采用环保材料和技术，减少对自然环境的破坏。制定并执行严格的环境保护法规，限制可能对珠峰生态环境造成破坏的活动。建立有效的垃圾收集、分类和处理系统，鼓励资源回收利用，并通过生态补偿机制，对因保护珠峰生态环境而受到影响的当地社区和个人给予经济补偿。鼓励和支持绿色能源项目，如太阳能、风能等，减少对化石燃料的依赖，降低温室气体排放。在珠峰地区建立保护区和缓冲区，限制人类活动，保护生态环境系统和生物多样性。珠峰是国际性的自然资源，还可以通过国际合作项目，共享保护经验，吸引资金和技术支持。

（三）创新生态监测技术，持续提升保护水平

加强珠峰地区的科学研究和环境监测，收集关于气候变化、冰川退缩、

生物多样性等方面的数据，掌握变化规律和趋势，及时采取有效的措施，为保护生态环境的整体健康提供科学依据。加大对珠峰地区科学研究的投入，利用现代遥感技术等高科技手段，提高对生态环境变化的监测和预测能力，建立一个综合且长期持续的监测系统，探讨气候变暖导致的珠峰地区水文水资源和生态环境的演变。除此之外，还应当建立专业管护队伍，负责日常的珠峰地区生态环境保护、监管和巡查工作，及时发现和处理生态环境问题。鼓励和支持当地社区发展与生态保护相兼容的产业，如生态旅游、特色农产品等。限制珠峰地区的游客数量，避免大规模人群对当地生态环境造成消极影响，实行有序旅游，减少人为破坏。鼓励生态友好的旅游方式，如徒步、骑行等，引导游客尊重当地文化和传统，爱护自然资源，并加强节约用水、净化空气、垃圾处理等生态环境治理。

参考文献

黄兴：《珠峰生态"容颜不改"》，《中国西藏》2016年第2期。

冀琴、张翠兰、丁悦凯等：《基于多源遥感数据的珠峰自然保护区冰川监测研究》，《干旱区地理》2023年第10期。

阚瑗珂、王绪本、吴旭等：《珠穆朗玛峰自然保护区生态环境数据集成方案》，《地球信息科学》2009年第4期。

恰多：《珠峰自然保护区法治化建设中问题分析与应对策略研究》，《旅游纵览》2021年第8期。

唐琳：《"巅峰使命"珠峰科考创造多项新纪录》，《科学新闻》2023年第1期。

Bajracharya S. R., Maharjan S. B., Shrestha F., et al., "The Glaciers of the Hindu Kush Himalayas: Current Status and Observed Changes from the 1980s to 2010," *International Journal of Water Resources Development*, 2015.

Santarem F., Saarinen J., Brito J. C., "Mapping and Analysing Cultural Ecosystem Services in Conflict Areas," *Ecological Indicators*, 2020.

市场分析篇 ⟨⟩

G.5

珠峰旅游的态度与行为意向研究:
以上海大学生为例

李霞 李晶晶 符馨*

摘 要: 随着社交媒体的普及和旅游文化的兴起,越来越多的大学生开始关注并参与到各类旅游活动中。本报告通过问卷调查的方式,收集了上海大学生的相关数据,并运用SPSS 25.0进行了相关性分析。研究结果显示,上海大学生对珠峰旅游持有积极态度,并在多个方面表现出浓厚的兴趣。基于研究结果,建议珠峰相关行业及政府应加强对珠峰旅游的文化宣传和品牌推广,提升旅游服务质量和体验,以满足大学生的旅游需求。同时,也应加强社会规范,提高大学生的知觉行为控制力,加强市场监管与安全保障,为他们提供更加便捷和安全的旅游环境。

关键词: 珠峰旅游 大学生旅游 计划行为理论 行为意向

---

* 李霞,博士,上海工程技术大学管理学院讲师,主要研究方向为旅游管理;李晶晶,上海视觉艺术学院副教授,主要研究方向为教育学;符馨,上海工程技术大学管理学院,主要研究方向为旅游管理。

一 引言

随着社会经济的发展和人们对生活质量期望的不断提升，旅游业快速走向繁荣，旅游已经成为现代人休闲娱乐的重要方式之一。特别是在高等教育日益普及的当下，大学生群体作为年轻、活力充沛且具有较高文化素养的群体，其旅游消费行为受到了广泛关注。从社交媒体和网络论坛的讨论热度来看，珠峰旅游在大学生群体中已经成为一个热门话题。越来越多的大学生在网络上分享他们的珠峰旅游计划、登山经验以及沿途的风景照片，进一步激发了越来越多的大学生对珠峰地区的旅游热情。

大学生，作为旅游消费者中的一个积极且重要的组成部分，在旅游市场中的影响力不容忽视。旅游对于大学生而言，不仅是一种休闲方式，更是他们获取文化历史知识、接受思想熏陶、拓宽人生视野的关键渠道。值得注意的是，大学生的旅游行为和动机与其他消费群体存在显著差异，导致他们在旅游消费过程中的需求与态度也呈现独特的特点。上海作为中国经济、金融、贸易和航运中心，其大学生群体具有较为开放的思想和较高的文化素养。他们对旅游的需求并非停留在简单的观光游览上，更追求深度游和体验式旅游。珠峰旅游作为一种融合了自然风光、历史文化和户外探险的综合性旅游方式，正好符合上海大学生对旅游深度和广度的追求。因此，研究上海大学生对珠峰旅游的消费行为，有助于了解他们对旅游品质和体验的需求，为珠峰旅游产品的创新和改进提供方向。

二 文献综述

（一）珠峰旅游消费行为研究综述

游客在旅游体验中的核心行为表现即为他们的消费活动。由于文化

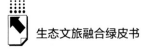

背景的差异，游客们的态度和意向性行为会表现出明显的不同。全球范围内对旅游消费行为的研究开展得相对较早，并且运用了相当先进的研究视角和方法。这些研究的焦点主要集中在游客的出游动机、决策制定过程以及他们的消费倾向。这些研究通过运用心理学、社会学、经济学、地理学以及人类学等多个学科的理论体系，对旅游消费行为进行了深刻解析。

与国外相比，我国对旅游消费行为的研究虽然起步较晚，但研究路径与国外大致相同，主要从探究旅游动机、决策制定过程以及旅游目的地选择等几个方面展开。尽管如此，我国在此领域的研究所涉及的学科范围却相对有限，主要集中在旅游学科、经济学科以及心理学科等几个领域。保继刚教授于1987年开创了国内对旅游行为的研究先河，他将旅游动机详尽地划分为心情动机、身体动机、精神动机和经济动机四大类别，同时，他还将旅游活动归类为观光游、娱乐游和专业游三个层次。2002年，学者对旅游消费行为的定义进行了更新，并且从旅游消费者的角度出发，对城市居民在国内的旅游消费行为进行了全面而系统的市场需求分析。

西藏第二大城市日喀则市成为近年来西藏建设旅游目的地品牌的重要区域。世界第一高峰珠穆朗玛峰坐落在日喀则市定日县内，是最著名的自然资源，为国内外游客提供了绝佳的旅游选择。珠穆朗玛峰是世界第一高峰，珠峰旅游目的地品牌在国内外拥有良好的知名度，对游客市场也具有较强的吸引力。然而，现有的旅游产业发展存在一定的阻碍，主要体现为缺乏体验感丰富、娱乐性强的新业态，规模化、品牌化发展不足，缺乏市场吸引力。定日县独有的文化特色也未得到有效发挥，旅游产业与其他产业的融合发展不足，没有真正发挥出旅游业的综合优势。

就旅游吸引力而言，珠峰大本营的旅游资源对游客有着核心吸引力，其中自然资源有着最大的吸引力，其次是社会资源，人文资源的吸引力最小。

（二）大学生群体旅游消费行为研究综述

1. 国外大学生旅游消费行为特征研究

旅游业在发达国家已有数百年的发展历史，早已形成了稳固的发展基础。在国外的旅游市场中，大学生是不可或缺的重要力量，众多学者已对大学生旅游市场进行了深入研究。他们视旅游为一种大学生洞察社会形态的方式，有助于加深在校学生对社会环境的了解，为其未来更好地融入社会铺平道路。在欧美的高等教育机构中，学生的课时往往安排得较为宽松，通常仅占用半天的时间，而其余时间则鼓励学生参与各类活动，这样的安排不仅有益于学生的全面发展，同时也为国家的经济增长和旅游业的繁荣作出了积极贡献。

Kak-Yom 和 Joganratnan K. 对美国大学生与亚洲大学生的旅游行为特征进行比较分析，研究结果表明具有不同行为特征的大学生产生的消费情况有所不同。[1] Doren D. Chadee 和 Justine Cutler 对 370 名新西兰大学生出国旅游消费行为特征进行调查分析，具体对大学生旅游目的地偏好、旅游计划以及旅游过程中使用何种支付方式等特征进行了研究，结果表明 65.36% 的大学生选择自助游，55.22% 选择与同伴游，76.89% 选择旅游巴士出行。[2] Kim Kakyom 和 Oh Ick Keun 等通过调查，发现大学生旅游消费行为特征与自身的知识、能力、生活方式、家庭有着直接的影响关系，随着国外大学生人数的增加，大学生旅游消费人数也在增加，从而促进了大学生旅游消费市场的发展，大学生也有更多目的地进行选择，旅游消费市场前景大好。[3] Oh Jeong Keun 等对首尔的大学生进行了调查研究，分析这些大学生旅游消费行为特

---

① Kak-Yom, Joganratnan K. , "Motivations: A Comparative Study of Asian International and Domestic American College Students," *Journal of Travel and Tourism Marketing*, 2002.

② Doren D. Chadee, Justine Cutler, "Insights into International Travel by Students," *Journal of Travel Research*, 1996.

③ Kim Kakyom, Oh Ick Keun, "College Student Travel: A Revised Model of Push Motivates," *Journal of Vacation Marketing*, 2019.

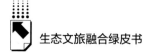

征，并指出消费行为特征的不同会对消费产生积极影响。[①] M. Gómez 等对美国大学生旅游消费行为特征进行了分析，提出要根据消费行为特征来设计不同的消费项目，这对促进消费行为有着十分重要的意义。[②]

2. 国内大学生旅游消费行为特征研究

国内学者认为影响大学生旅游消费的因素与个人经济状况、兴趣爱好、消费观念有关，并从大学生自身、企业两方面来分析。大学生旅游消费信息主要来自网络，通常以自愿组队的形式，3~5 人一起旅游，旅游时间在黄金时间（公共假期或周末）。影响大学生旅游消费的主要因素有资金、时间、身体状况以及对目的地的了解情况。余凤龙等在研究中采用因子分析法对旅游消费的相关行为进行深入探究，结果显示在众多影响因素中，价值观与旅游消费行为之间的相关性最为显著。[③] 张春花利用 SPSS 对安徽省在校大学生的旅游消费行为特征进行了详细分析，并基于网络时代背景下的大学生消费行为特点，提出了应大力发展热门旅游线路并加强网络营销的建议。[④]

（三）研究评述

综上所述，国外学者对大学生旅游消费行为的研究起步较早，研究内容涵盖旅游消费行为的定义、大学生的旅游消费特征及其影响因素。其中，大学生的行为特征涉及旅游目的地的偏好、行程规划、支付方式、相关知识储备、消费能力以及生活方式等多个维度。基于这些特征和影响因素，学者们建议大学生应持理性消费观念，同时旅游服务提供者应提升面向大学生的旅

① Oh Jeong Keun, Seo Won Man, Kang Hyung Chul, "The Korea Academic Society of Tourism and Leisure," *Journal of Tourism & Leisure Research*, 2016.

② M. Gómez, Imhoff B., D. Martin-Consuegra, et al., "Language Tourism: The Drivers that Determine Destination Choice Intention among U. S. Students," *Tourism Management Perspectives*, 2018.

③ 余凤龙、黄震方、侯兵：《价值观与旅游消费行为关系研究进展与启示》，《旅游学刊》2017 年第 2 期。

④ 张春花：《大学生旅游市场特征差异及影响因素分析》，《哈尔滨学院学报》2021 年第 2 期。

游资源质量，进一步开拓市场，优化旅行路线，并制定合理的价格策略。这些研究为我国深入了解大学生的旅游消费行为和影响因素提供了宝贵的参考。

三　研究设计

（一）样本选择与数据收集

本研究选取了上海大学生作为研究样本，这一选择基于以下几个方面的考虑。首先，大学生作为年轻人群体，通常对冒险和挑战充满热情，而珠峰旅游正是一种极具挑战性的旅游方式。其次，大学生具有较强的好奇心和探索欲望，对于珠峰这一自然奇观往往抱有浓厚的兴趣。最后，上海大学生在旅游消费和决策方面具有一定的代表性，研究他们的旅游行为模式和消费习惯可以提供有价值的参考。本研究依托上海市松江大学城的 7 所高校，即东华大学、上海外国语大学、华东政法大学、上海对外经贸大学、上海立信会计金融学院、上海工程技术大学、上海视觉艺术学院，借助线上和线下两种形式进行问卷集中发放和回收，共回收有效问卷 524 份。

（二）效度及因子分析

使用因子分析进行信息浓缩研究，首先分析研究数据是否适合进行因子分析，从表 1 可以看出，KMO 值为 0.904，大于 0.6，满足因子分析的前提要求，意味着数据可用于因子分析研究。并且数据通过 Bartlett 球形度检验（$P<0.05$），说明研究数据适合进行因子分析。

表 1　KMO 和 Bartlett 的检验

KMO 值		0.904
Bartlett 球形度检验	近似卡方	4293.907
	df	136.000
	P 值	0.000

表2针对因子提取情况，以及因子提取信息量情况进行分析。因子分析一共提取出4个因子（因子编号1~4），特征根值均大于1，旋转后累积方差解释率为67.781%。同时，本研究数据使用最大方差旋转方法（Varimax）进行旋转，以便找出因子和研究项的对应关系。旋转后发现，所有研究项对应的共同度值均高于0.4，且相应的因子载荷系数绝对值大于0.5，这意味着研究项和因子之间有着较强的关联性，因子可以有效提取信息。因此，量表具有良好的结构效度。

表2 KMO 和 Bartlett 的检验

单位：%

因子编号	特征根			旋转前			旋转后		
	特征根	方差解释率	累计	特征根	方差解释率	累计方差解释率	特征根	方差解释率	累计方差解释率
1	6.481	38.123	38.123	6.481	38.123	38.123	3.678	21.636	21.636
2	2.012	11.837	49.960	2.012	11.837	49.960	3.013	17.724	39.360
3	1.576	9.270	59.230	1.576	9.270	59.230	2.770	16.293	55.653
4	1.454	8.552	67.781	1.454	8.552	67.781	2.062	12.128	67.781
5	0.675	3.968	71.749						
6	0.543	3.193	74.942						
7	0.516	3.033	77.975						
8	0.506	2.975	80.950						
9	0.447	2.629	83.579						
10	0.437	2.569	86.148						
11	0.425	2.500	88.648						
12	0.384	2.261	90.909						
13	0.374	2.201	93.110						
14	0.334	1.965	95.075						
15	0.304	1.788	96.863						
16	0.279	1.639	98.502						
17	0.255	1.498	100.000						

（三）频数分析

在性别分布方面，女性受访者略多于男性，在本次调查的受访者中，男性占 47.71%，女性占 52.29%。性别比例相对均衡，这有助于更全面地了解不同性别的大学生对珠峰旅游消费预期的态度。

从年级分布来看，大一至大四的学生占比较高，尤其是大四学生占比最高，为 28.244%，其次是大一（23.092%）、大三（20.420%）和大二（19.466%）。大五和大六学生占比较少，仅为 4.58% 和 4.198%。这可能反映了该学生群体的整体年级构成特点，大四学生可能因为即将毕业，对各类调查更为关注，也可能与他们的经济状况、空闲时间以及旅游需求有关。

在生活费收入方面，数据显示学生的生活费主要集中在 1000（含）~4000 元，其中 2000（含）~3000 元（25.191%）和 3000（含）~4000 元（25.763%）的比例最高。1000 元以下和 5000 元及以上的学生占比较少，分别为 6.679% 和 5.344%。这表明大多数学生的生活费水平属于中等偏上，极少数学生生活费非常高或非常低。

关于珠峰旅游的消费预期，数据显示学生的消费预期主要集中在 1000（含）~2000 元和 2000（含）~4000 元这两个区间，分别占比 26.527% 和 29.739%。预期消费在 2000（含）~5000 元的学生也有一定比例，但相对较少。值得注意的是，预期消费在 5000 元及以上的学生占比最低，仅为 5.916%。这反映了学生对旅游消费的谨慎态度，他们更倾向于选择性价比高的旅游方式。通过对比大学生的生活费收入和珠峰旅游消费预期，发现二者之间存在一定的关联。生活费收入在 2000（含）~3000 元和 3000（含）~4000 元的学生，他们的珠峰旅游消费预期也主要集中在 1000（含）~3000 元。这表明学生在规划旅游预算时，会根据自己的经济状况来设定合理的预期，不会为了旅游超前消费。

（四）描述性分析

描述性分析用于研究定量数据的整体情况，通过平均值或偏度等信息描述数据的整体情况，从表 3 可以看出，峰度绝对值全部小于 3，当前数据分布呈扁平状态，近似正态分布。大部分偏度在 0 附近，当前数

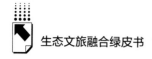

据分布偏移状态近似正态分布。

从均值来看，所有变量的均值都大于3，部分接近4，这表明大学生对于珠峰旅游的相关问题普遍持有较为积极或正面的态度。标准差反映了数据的离散程度，所有变量的标准差均小于1.2，说明数据分布相对集中，大学生对于各个问题的看法差异不大。

偏度是衡量数据分布形态的统计量，变量的偏度值均接近或小于0，数据分布接近正态分布，数据略向左偏，即大多数大学生的评分略高于平均水平。峰度用于描述数据分布的陡峭或扁平程度，多数变量的峰度值接近0，表示数据分布与正态分布相似，没有明显的陡峭或扁平现象。

在行为态度方面，各项指标的均值都为3.35~3.46，表明受访者对去珠峰旅游持有较为积极的态度，认为它是一项值得的活动，可以抛却压力，心情愉悦，促进社交能力并留下难忘记忆。然而，也存在一些担忧，如高原反应和住宿条件恶劣可能会产生退却和不快的心理。

在主观规范方面，各项指标的均值都为3.60~3.68，显示受访者受到来自家人、朋友和周边人的支持程度较高。此外，社交媒体上关于珠峰旅游的内容也会影响受访者的参与意愿。

在知觉行为方面，各项指标的均值略低，为3.33~3.40，表明受访者在平时是否有足够的收入、时间、精力和信息支持珠峰旅游方面存在一些挑战和限制。

在行为意向方面，各项指标的均值为3.62~3.79，相对较高，表明受访者在现有条件下到珠峰体验旅游的意愿较强，将来很有可能实现这一计划，并且愿意向他人推荐珠峰旅游。

表3　大学生珠峰旅游的描述统计结果

指标		最小值	最大值	均值	标准差	偏度	峰度
行为态度	1.1 去珠峰旅游是一项必要的活动，花费时间和金钱都是值得的	1.000	5.000	3.454	1.057	-0.401	-0.319
	1.2 去珠峰旅游可以抛却压力，心情愉悦	1.000	5.000	3.454	1.055	-0.360	-0.338

指标		最小值	最大值	均值	标准差	偏度	峰度
行为态度	1.3 去珠峰旅游可以促进相互沟通,增加社交能力	1.000	5.000	3.406	1.061	-0.415	-0.297
	1.4 去珠峰旅游会给人留下难忘记忆	1.000	5.000	3.439	1.104	-0.427	-0.432
	1.5 去珠峰旅游有高原反应会令人产生退却	1.000	5.000	3.353	1.056	-0.254	-0.494
	1.6 去珠峰旅游住宿条件恶劣会令人产生不快	1.000	5.000	3.401	1.099	-0.340	-0.485
主观规范	2.1 我的家人支持我参与珠峰旅游	1.000	5.000	3.634	1.008	-0.442	-0.235
	2.2 我的朋友或同学支持我去珠峰旅游	1.000	5.000	3.679	0.982	-0.515	-0.045
	2.3 周边的人得知我在珠峰旅游会感觉我是懂得生活,会旅游的人	1.000	5.000	3.662	0.991	-0.444	-0.159
	2.4 如果在朋友圈、微博等社交媒体经常看到有人晒关于珠峰旅游活动的图片和感受,则我更愿意参与	1.000	5.000	3.609	1.006	-0.481	-0.088
知觉行为	3.1 在平时我有足够的收入支持我在珠峰进行文旅消费	1.000	5.000	3.397	1.053	-0.136	-0.609
	3.2 在平时我有足够的时间支持我在珠峰进行文旅消费	1.000	5.000	3.355	1.108	-0.075	-0.766
	3.3 在平时我有足够的精力、体力支持我在珠峰进行文旅消费	1.000	5.000	3.338	1.040	-0.024	-0.715
	3.4 在平时我能够搜集到需要的有关珠峰旅游的各种信息	1.000	5.000	3.359	1.020	-0.026	-0.642
行为意向	4.1 我愿意在现有条件下去珠峰体验旅游	1.000	5.000	3.639	1.050	-0.640	-0.040
	4.2 我很有可能在将来去珠峰体验旅游	1.000	5.000	3.788	0.979	-0.608	-0.028
	4.3 我很愿意向他人推荐去珠峰旅游	1.000	5.000	3.628	0.988	-0.502	-0.090

（五）多重响应分析

通过分析表4关于大学生珠峰旅游相关问题指标的响应率和普及率的数据，可以得出以下结论。

首先，从响应率的角度来看，各个问题的响应率存在明显差异。对"如果去珠峰旅游你最想了解什么?"这一问题，最高响应率的是"探险攀登高峰"，为85.687%，这表明大部分被调查者对攀登珠峰这一活动有很高的兴趣或好奇心，说明大学生在规划珠峰旅游时，攀登珠峰放在首位，是此次旅行的核心。对"在珠峰旅游旅途中你更关注哪一方面内容?"这一问题，最高响应率的是"游玩，是否有好玩有趣的游玩路线很重要"，响应率为87.786%，表明游玩路线的趣味性也是大学生们考虑的重要因素。

其次，从普及率的角度来看，各个选项的普及率也呈现出一定的差异。虽然普及率与响应率并不完全对应，但它反映了选项在整体样本中的普及程度。例如，"探险攀登高峰"的普及率为14.281%，依旧是表中同一指标下普及率最高的选项，说明探险攀登高峰是大学生们对珠峰旅游最感兴趣的内容之一。而"高原饮食文化"的普及率相对较低，为5.344%，表明相对于其他选项，高原饮食文化对大学生的吸引力不强，排名倒数第二。

最后，还可以发现，无论是响应率还是普及率，与珠峰旅游相关的文化、风情等方面的内容普遍具有较高的关注度。这反映了大学生们对珠峰旅游的文化内涵有较高的兴趣。同时，交通、游玩等旅游基本要素也受到了广泛关注，说明大学生们在规划珠峰旅游时，不仅关注旅游的文化价值，还注重旅游的实际体验。

表4 大学生珠峰旅游相关问题指标的响应率和普及率情况

单位: 人, %

指标	选项	人数	响应率	普及率
1. 如果去珠峰旅游你最想了解什么?	探险攀登高峰	449	85.687	14.281
	藏族独特风情	287	54.771	9.128
	西藏佛教文化	248	47.328	7.888
	高原饮食文化	168	32.061	5.344
	珠峰相关历史	164	31.298	5.216
2. 在珠峰旅游旅途中你更关注哪一方面内容?	游玩，是否有好玩有趣的游玩路线很重要	460	87.786	17.557
	通行，交通出行是否顺畅方便很重要	312	59.542	11.908
	美食，独特的美食更令人印象深刻	225	42.939	8.588
	住宿，住宿环境的好坏影响旅途心情	183	34.924	6.985
	购物，购买到独一无二的特色产品令人感到喜悦	165	31.489	6.298

（六）相关性分析

在统计学领域，探究问题的初步阶段往往是从分析单一变量开始的，随后逐步深入到双变量乃至多变量间关系的剖析。相关分析，作为一种评估不同事物间统计关联性强度的方法，主要用于测定变量间线性关系的紧密程度。在此类分析中，主要聚焦两个变量之间的直接线性关联，并且这两个变量是平等的，没有主次之分。为了量化这种线性关系，引入相关系数 r，其正负值反映了线性关系的方向：$r>0$ 代表正相关，$r<0$ 代表负相关，而 $r=0$ 则表示无相关。此外，r 的绝对值揭示了变量间线性相关的紧密程度，该值越接近 1，说明关系越紧密，反之则越疏远。Pearson 相关系数，或称积差相关系数，是评估线性关系质量的一个常用标准。在研究行为态度、主观规范、知觉行为以及行为意向这四项指标之间的相互关系时，采用了相关性分析，并通过 Pearson 相关系数衡量它们之间的关联性强度。从表 5 数据可以观察到，行为意向与行为态度、主观规范、知觉行为之间的相关系数分别是 0.454、0.316 和 0.361，这清晰地表明它们之间存在着显著的正向关联性。

行为态度与主观规范的相关系数 $r=0.413^{**}$，这表示行为态度与主观规范之间存在中等程度的正相关关系。也就是说，大学生对于珠峰旅游的行为态度越积极，其受到家人、朋友或周边人的影响（主观规范）也越大。

行为态度与知觉行为的相关系数 $r=0.307^{**}$，这表示行为态度与知觉行为之间存在较低的正相关关系。即大学生对珠峰旅游越持积极态度，他们认为自己有能力（如时间、金钱、精力、信息搜集等）去实施这一旅游行为。

行为态度与行为意向的相关系数 $r=0.454^{**}$，这表明行为态度与行为意向之间存在相对较高的正相关关系。大学生的行为态度越积极，去珠峰旅游的意愿也就越强烈。

主观规范与知觉行为的相关系数 $r=0.350^{**}$，表示主观规范与知觉行为之间存在相对较低的正相关关系。这意味着大学生感受到的来自家人、朋友的支持和影响越大，他们认为自己越具备实施珠峰旅游的条件和能力。

主观规范与行为意向的相关系数 $r = 0.316^{**}$，表明主观规范与行为意向之间存在相对较低的正相关关系。即大学生受到的社会影响越大，其去珠峰旅游的意向也越强烈。相较于行为态度与行为意向之间的关系，其影响较小。这意味着尽管主观规范对行为意向有一定影响，但这种影响可能不如行为态度直接和强烈。

知觉行为与行为意向的相关系数 $r = 0.361^{**}$，表示知觉行为与行为意向之间存在相对较低的正相关关系。大学生的知觉行为控制越强，即认为自己越有能力去珠峰旅游，其实际的行为意向也就越强烈。

表5 Pearson 相关系数

指标	平均值	标准差	行为态度	主观规范	知觉行为	行为意向
行为态度	3.666	0.839	1.000			
主观规范	3.873	0.808	0.413**	1.000		
知觉行为	3.882	0.918	0.307**	0.350**	1.000	
行为意向	3.743	0.816	0.454**	0.316**	0.361**	1.000

注："**"代表显著性水平，$P < 0.01$。

四 结论与建议

(一)结论总结

上海大学生对于珠峰旅游的相关问题普遍持有积极态度，上海大学生在规划珠峰旅游时，对探险攀登高峰、交通、游玩路线等方面表现出较高的关注度和兴趣。同时，关注旅游的文化内涵和民族风情，并注重旅游的实际体验和舒适度。对于珠峰旅游的预期消费为1000（含）~4000元的学生最多，占总样本的56.266%。这意味着大多数学生对于珠峰旅游的消费有相对理性的预期，既不会过高估计，也不会过于节俭。

根据分析结果来看，高原饮食文化的普及率相对较低，排名倒数第二，表明相对于其他选项，高原饮食文化在大学生中的普及程度较低，这与以往的调研结果不相符。一般来说在大学生旅游消费中，美食占比较大，但是在珠峰旅游中，美食却成为上海大学生不太关注的要素。或许旅游目的地仍然需要增强对当地特色美食的开发、宣传和推广，打造出具有吸引力的特色美食产品。

（二）管理启示与建议

1. 强化文化宣传与品牌推广

鉴于大学生对珠峰探险攀登高峰、藏族独特风情、西藏佛教文化等方面的高关注度，珠峰相关行业应加强相关文化的宣传和推广，利用社交媒体，如抖音、小红书、微博、快手、Bilibili 等，开展线上宣传和互动活动，吸引年轻人关注并参与珠峰旅游。打造独特的珠峰旅游文化品牌，以吸引更多年轻游客。除了珠峰本身，相关衍生产品也可进行适当的营销推广，如登山装备、氧气装备、藏族服饰等，让消费者增强对珠峰旅游目的地的向往。

为了更全面地推广珠峰旅游并提升其知名度，政府可以积极组织各类文化节庆活动、展览等，与旅游网站、旅行社紧密合作，共同打造珠峰旅游的特色品牌。通过这些活动，可以精心设计并推出珠峰旅游的专题路线，这些路线不仅凸显珠峰独特的自然风光，还能深入展示其丰富的人文特色。

2. 提升旅游服务质量和体验

考虑到大学生对交通、游玩路线等的关注，珠峰地区行业应着力提升这些方面的服务质量，特别是大学生游客对于交通的便捷性、游玩路线的独特性以及旅游过程中的各种体验都有着更高的要求。因此，珠峰地区旅游行业应当紧密结合大学生的这些特点，有针对性地提升服务。

在交通方面，珠峰地区应着力优化交通网络，增设直达景区的公共交通线路，或提供便捷的租车、专车服务，以满足大学生对于出行便利性的需求。同时，还可以考虑在景区内增设观光车等交通工具，以方便游客在景区内部的出行。

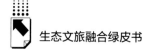

在游玩路线设计上，可以开发更具挑战性和探险性的路线，吸引喜欢户外运动和探险的大学生。同时，也可以设计结合自然风光和当地文化的路线，让大学生在游览珠峰的同时，深入了解当地的文化和历史。

特色美食是吸引游客的重要因素之一。珠峰地区应开发具有当地特色的美食产品，如藏式烧烤、高原牦牛肉等，让游客在品尝美食的同时，也能感受到当地的独特风情。

住宿环境的好坏直接影响到游客的旅游体验。珠峰地区的旅游住宿企业应当提升住宿设施的质量和服务水平，如提供舒适的床铺，供应热水、无线网络、干净的厕所等设施，以满足大学生对于住宿环境的基本要求。

政府可以出台相关政策，如提供资金支持、税收优惠等，鼓励和支持旅游企业进行服务模式的创新和服务水平的提升。同时，政府还可以加强对旅游市场的监管，确保旅游服务的质量和安全性。

通过实施这些措施，相信珠峰地区能够为大学生提供更加舒适和满意的旅游体验，进一步推动珠峰旅游的发展。同时，这也将为珠峰地区带来更多的经济效益和社会效益。

3. 加强社会规范

鉴于主观规范在影响大学生珠峰旅游行为方面的重要性，政府和社会各界应当共同努力，积极营造健康的旅游氛围。这不仅仅是为了提升大学生的旅游体验，更是为了培养他们的旅游素质和社会责任感。珠峰地区环境脆弱，受高海拔、低温、低氧等因素影响，生物种群多样性受限，生态系统简单且敏感。全球气候变暖加剧了该地区的生态压力，导致冰川消融、雪线上升，这些变化对珠峰地区的生态平衡带来了挑战。因此，提高公众环保意识、共同维护珠峰生态平衡，也是刻不容缓的任务。

政府可以通过官方渠道和各种媒体平台，大力倡导文明旅游和环保旅游的理念。例如，可以制作并播放倡导文明旅游的公益广告，或者在旅游景区设置宣传栏，提醒游客注意自身行为，保护自然环境。此外，政府还可以与高校合作，开展以文明旅游为主题的宣传教育活动，让大学生在参与活动的过程中，深刻理解文明旅游的重要性。

　　同时，社会各界，特别是旅游行业和相关企业，也应当积极响应政府的号召，参与到营造积极旅游氛围的行动中来。旅游企业可以在旅游线路设计、导游服务等方面，注重培养大学生的环保意识和文明旅游习惯。例如，在旅游过程中穿插环保知识的讲解、组织游客参与环保公益活动，在实践中增强大学生的环保意识。

4. 提高知觉行为控制力

　　针对大学生知觉行为控制方面的需求，珠峰相关行业可以提供更加便捷的信息查询和预订服务，如开发珠峰旅游小程序、建立旅游信息平台等，首先，开发珠峰旅游小程序是一个极具前景的举措。可以集成景点介绍、交通指南、住宿预订、导游服务等多种功能，让大学生在出行前就能对珠峰旅游有全面和深入的了解。通过小程序，可以随时随地查询旅游信息，规划行程，并实现在线预订，从而大大提高旅游的便捷性和效率。其次，建立珠峰旅游信息平台也是非常重要的。可以汇聚来自政府、企业、旅游从业者等多方面的旅游信息，为大学生提供全面、权威的旅游信息。同时，平台还可以提供互动交流，让旅游者互相分享经验，共同提高旅游素养。最后，加强信息披露和消费者教育也是保护大学生旅游权益的重要手段。旅游从业者应及时、准确地向大学生提供旅游信息，包括行程安排、费用明细、风险提示等，避免虚假宣传和误导消费者。同时，加强消费者教育能够提高大学生的旅游素养和维权意识，使他们能够更加理性地选择旅游产品和服务，维护自身权益。

5. 加强市场监管与安全保障

　　政府应加强对珠峰旅游市场的监管力度，打击非法经营和不规范行为，维护旅游市场的公平竞争和游客的合法权益。在推动大学生旅游市场发展的同时，加强市场监管与安全保障尤为重要。大学生作为旅游市场中的一支重要力量，保护其旅游权益不仅关系到大学生的个人安全和利益，也影响到整个旅游市场的健康发展。旅游中遇到的宰客、欺客现象，不仅会令消费者失望，产生负面心理，还会对旅游目的地形象造成不良影响，影响当地的旅游品牌。

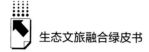
政府部门应建立健全旅游市场监管机制，制定和完善相关法律法规，规范旅游市场的经营行为。对于涉及大学生旅游的各个环节和地点，如旅行社、酒店、景区等，都应进行严格监管，确保服务质量和游客安全。同时，加大对违法违规行为的处罚力度，形成有效的震慑作用，维护市场秩序和公平竞争。

综上所述，加强市场监管与安全保障是保护大学生旅游权益的关键措施。通过建立健全的市场监管机制、提供全方位的安全保障措施、加强信息披露和消费者教育等手段，可以有效保障大学生在旅游过程中的安全和权益，促进旅游市场的健康发展。

参考文献

石艳：《城市居民国内旅游消费行为研究》，硕士学位论文，山东师范大学，2002。

G.6

珠峰旅游认知和消费意向研究：
以珠三角地区大学生为例

闵祥晓*

摘　要：　大学生群体有着求知、求新、求奇的强烈旅游欲望，日益成为国内旅游市场快速增长的主力军。拥有传奇魅力和超高知名度的珠穆朗玛峰地区，对大学生群体有着较强的吸引力。本报告以珠三角地区为调查区域，通过问卷调查的方式探析该地区大学生群体对珠峰旅游的认知情况和消费意向，为珠峰旅游开拓珠三角地区大学生旅游市场提供依据。调查结果显示，珠三角地区大学生群体对珠峰旅游的整体认知程度一般，对自然环境和安全事项的认知程度相对最高，而对具体旅游景观和旅游服务等内容的认知程度较低；城市间认知差异显著，广州大学生对珠峰旅游各维度的认知程度最高。对珠峰旅游的消费意向则有如下几个特征。一是参与意愿较强，偏爱夏季出游。二是获取信息渠道多样，最关注旅游活动信息。三是出游动机多元，社交互动成主要驱动力。四是出游方式丰富，对旅途舒适性、安全性期待较高。五是经济和兴趣是主要的阻碍因素。基于上述调查结果，本研究就珠三角地区大学生旅游市场的开拓，提出如下建议，一是锁定广州大学生为主要目标市场。二是打造适合大学生的珠峰旅游系列产品。三是推出大学生暑期专属价格优惠政策。四是择机进行全方位、多渠道的宣传。

关键词：　珠三角地区　大学生　珠峰旅游　消费意向

---

* 闵祥晓，管理学博士，电子科技大学中山学院讲师，主要研究方向为旅游规划、会展管理。

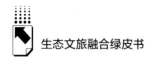

一 引言

在旅游日益大众化的今天，年轻群体特别是大学生群体日益成为旅游市场快速增长的主力军。据携程旗下 FlightAI 航空智能大数据平台相关数据，大学生成为 2024 年五一旅游市场增幅最快的群体，是五一假期境内出行的主力军。[①] 大学生游客求知、求新、求奇的欲望强烈，对具有挑战性和个性化的旅游产品有着较高的兴趣和需求。

珠穆朗玛峰作为世界最高峰，拥有举世瞩目的传奇魅力，它不仅仅是喜马拉雅山脉的自然瑰宝，更是无数登山旅游者向往的梦想之峰，它是人类挑战自我、超越自我的绝佳舞台。对于大学生群体而言，珠峰之旅能够激发大学生内心深处的冒险精神，让他们在不断挑战自我的过程中收获成长的自豪感。因此探析大学生群体对珠峰旅游的认知和消费意向具有非常重要的现实意义。

珠三角地区即珠江三角洲地区，是我国改革开放起步最早、经济发展屡创奇迹的前沿阵地，该区域包括广佛肇（广州、佛山、肇庆）、深莞惠（深圳、东莞、惠州）、珠中江（珠海、中山、江门）9 个城市。该区域经济发达，高校众多。教育部发布的全国高等学校统计数据显示，截至 2023 年 6 月 15 日，珠三角地区 9 个城市拥有普通高等学校 62 所（仅计入本科院校），其中，广州有 41 所，深圳有 6 所，珠海有 4 所，东莞及肇庆各有 3 所，佛山有 2 所，中山、惠州及江门各有 1 所。本研究参照珠三角九市的高校数量，对各个城市高校大学生群体进行抽样问卷调查，初步探析珠三角地区大学生对珠峰旅游产品所涉及诸多内容的知晓程度、认同程度及具体的消费意向特征，为珠峰旅游产品面向大学生市场的精准营销提供客观依据。

---

① 《今年"五一"出游大学生成增长主力军》，https：//baijiahao.baidu.com/s？id＝1796653
434751661889&wfr＝spider&for＝pc，2024 年 4 月 18 日。

二 数据收集和处理

由于当前实际参与过珠峰旅游的大学生数量较少，因此本研究首先在相关旅游网站（携程网、马蜂窝网、去哪儿网、途牛网等）上以"珠峰"为搜索关键词获取相关游客评论（2018 年 1 月至 2023 年 7 月），并进行了文本数据分析。运用 ROST CM 6.0 软件对收集到的文本数据进行高频词处理，剔除无关、无意义的词，合并意思相近的词，得到排序前 50 位的高频词汇。其中，高频名词高达 32 个，占比 64%，主要涉及旅游景观及景点名称，如"珠峰""大本营""星空""日照金山""雪山"等；形容词有 10 个，占比 20%，主要涉及游客对珠峰旅游的整体感受印象，如"震撼""激动""神圣"等；动词数量最少，仅 8 个，主要涉及游客的具体旅游活动，如"攀登""拍照"等。

参考网络文本分析的结果，本研究围绕大学生对珠峰旅游相关要素的认知程度、对珠峰旅游地的情感形象感知及未来的消费意向等内容进行问卷题项设计，其中，认知量表又划分为珠峰旅游景观、珠峰旅游自然环境、珠峰旅游基础设施、珠峰旅游娱乐活动、珠峰旅游服务及珠峰旅游安全事项共 6 个维度。2024 年 1 月 19~26 日，借助问卷星平台发放调查问卷，并回收有效问卷 846 份，其中，广州 313 份（占比 37.0%）、佛山 88 份（占比 10.4%）、肇庆 31 份（占比 3.7%）、深圳 69 份（占比 8.2%）、东莞 54 份（占比 6.4%）、惠州 74 份（占比 8.7%）、珠海 112 份（占比 13.2%）、中山 35 份（占比 4.1%）、江门 70 份（占比 8.3%）。使用 SPSS 28.0 对问卷数据进行后续处理。问卷量表的 Cronbach's Alpha 系数为 0.940，KMO 值为 0.973，表明问卷具有良好的信度和效度。

三 珠三角地区大学生对珠峰旅游的认知分析

作为世界之巅的珠峰声名远播，尽管珠三角地区的多数大学生尚未踏足这片神圣的土地，但他们对珠峰及其周边旅游的潜在参与意愿很强烈。本次调查结果显示，高达47.34%的被调查大学生具有“愿意去珠峰及附近旅游”的强烈意愿，另有27.27%的被调查大学生持“不确定”态度，但也显示出他们对珠峰旅游地的潜在好奇心。

为深入探究珠三角地区大学生对珠峰旅游相关要素的具体认知程度，本次调查采用李克特五点量表法进行认知量表的题项设计。利用SPSS 28.0对认知量表各维度的均值得分进行详尽分析，并进一步探讨不同组别的大学生在认知程度上的差异性特征（因篇幅所限，部分差异性分析结果未详细呈现）。

（一）整体认知程度一般，城市间认知差异显著

数据分析显示，珠三角地区大学生对珠峰旅游各维度认知程度平均分为3.12~3.24分，处于一般水平；其中，认知程度最高的维度是自然环境和安全事项，平均分均为3.24分；娱乐活动的认知程度也相对较高，平均分为3.21分；基础设施和旅游景观的认知平均分相对较低，分别为3.17分、3.14分；旅游服务的认知程度最低，平均分为3.12分（见图1）。可见当前珠三角地区大学生对珠峰旅游的总体认知情况一般，仍有较大提升空间。由于缺乏实际旅游经历，大学生对珠峰旅游的具体旅游景观和旅游服务等内容认知程度较低。

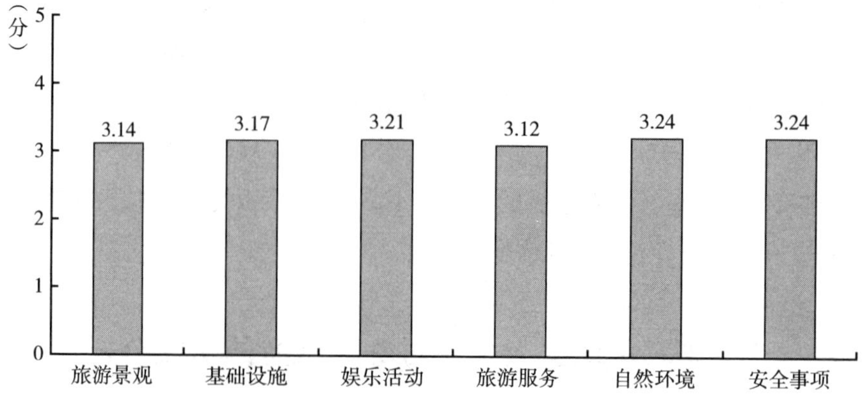

图1　珠三角地区大学生对珠峰旅游各维度认知程度平均分

珠三角九市经济社会发展并不均衡，各城市间高校的数量、特色及教育资源等存在较大差异。调查结果如图 2 所示，不同城市大学生对珠峰旅游整体认知程度呈现显著差异（$P<0.05$），这凸显出地域性教育资源和信息流通对珠峰旅游认知层面的影响。其中，广州大学生对珠峰旅游的整体认知程度平均分最高，达到 3.56 分，显示出较高的认知水平和兴趣度。深圳和惠州的大学生的认知程度平均分均为 3.04 分，处于一般水平，表明这两个城市的大学生对珠峰旅游也有一定程度的知晓和兴趣。东莞和江门的大学生同样表现出对珠峰旅游一定程度的认知，其平均分均达到 3.02 分，也处于一般水平。佛山和肇庆的大学生虽然认知程度平均分略低，分别为 2.97 分和 2.91 分，但也接近一般水平，表明他们对珠峰旅游已有基本的了解。相对而言，珠海和中山的大学生在珠峰旅游整体认知程度平均分较低，分别为 2.89 分和 2.81 分，与一般水平相比有一定差距。可见不同城市的大学生群体对珠峰旅游整体认知程度呈现多样化的特征，这既是城市间经济社会发展不均衡的体现，也反映了不同城市大学生对特定旅游文化的关注程度和兴趣倾向的差异。

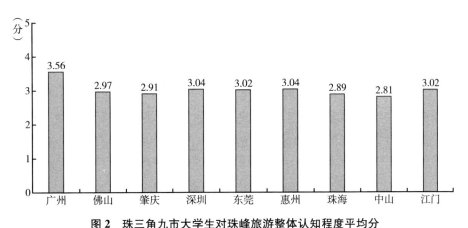

图 2　珠三角九市大学生对珠峰旅游整体认知程度平均分

（二）旅游景观认知程度相对较低，最关注"珠峰大本营"

对于珠峰旅游中备受关注的地标性景观，大学生均有一定程度的认知。

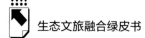

"最佳观景台"为游客提供目睹世界之巅的珍贵视角，大学生对"最佳观景台"的认知程度平均分为3.13分，处于一般水平。作为世界最高峰，珠峰8848.86米的高度是广为人知的数字，"珠峰8848石碑"不仅是珠峰高度的具体象征，也承载着珠峰深厚的历史、文化和精神价值。大学生对"珠峰8848石碑"也有一定程度的认知，其认知程度平均分为3.13分，处于一般水平。作为大部分普通人可以到达的离珠峰最近的景点，"珠峰大本营"不仅是游客到访珠峰的主要集散地，也是游客了解珠峰文化的重要窗口，该词语在网络文本词频分析中位居第四。面向大学生的调查问卷分析也印证了大学生对"珠峰大本营"相对较高的认知度，认知程度平均分为3.16分，是珠峰旅游景观中认知程度最高的景观。整体来看，大学生对珠峰的旅游景观有一定的认知，但得分均不太高，各景观的均值高低差异不大，表明大学生对各旅游景观的认知程度相对均衡，均有较大的提升空间。

对珠峰旅游景观认知程度的差异性分析显示，性别、年级、年均出游次数及登山徒步经验等因素并未对大学生珠峰旅游景观的认知程度有显著影响，而所在城市和月生活费水平两个因素则显著影响着大学生对珠峰旅游景观的认知程度。随着月生活费水平的不断提高，大学生对珠峰旅游景观的认知程度呈现先升后降的趋势。其中，月生活费水平在1001~2000元的大学生群体的认知程度最高，为3.29分，处于较高水平，他们最了解的旅游景观是"8848石碑"。月生活费水平在3001~4000元的大学生群体对珠峰旅游景观的认知程度是最低的，为2.88分，他们最了解的旅游景观是"珠峰大本营"。这表明不同生活费水平的学生可能在旅游景观偏好方面存在差异。

在珠峰旅游景观认知方面，各市大学生存在显著差异，如图3所示，对"最佳观景台""8848石碑""珠峰大本营"认知程度最高的均是广州大学生，认知程度平均分分别为3.56分、3.54分、3.57分，均处于较高的认知水平；深圳大学生对"8848石碑""珠峰大本营"的认知程度也较高，认知程度平均分分别为3.07分、3.03分，认知程度略高于一般水平；东莞大学生对"最佳观景台""8848石碑"的认知程度也不低，认知程度平均分分别为3.00分、

3.04 分，认知程度处于一般水平；惠州和珠海大学生对"珠峰大本营"的认知程度也较高，认知程度平均分分别为 3.20 分、3.02 分，略高于一般水平；其他城市大学生对上述珠峰旅游景观的认知程度平均分均低于 3 分，认知水平较低。综上，珠三角九市大学生群体在珠峰旅游景观维度认知差异较大，广州（3.56 分[①]）表现最优，深圳（3.03 分）次之，东莞（2.98 分）、惠州（2.96 分）也接近一般水平，其他城市均在一般水平之下。

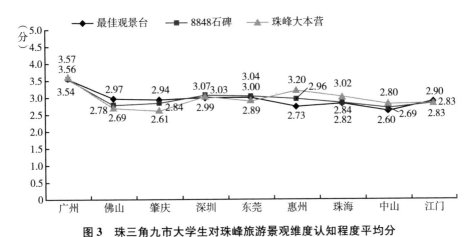

图 3　珠三角九市大学生对珠峰旅游景观维度认知程度平均分

（三）基础设施认知程度相对均衡，最关注"道路交通情况和交通工具"

珠峰地区恶劣的自然环境和高海拔等诸多困难使得珠峰旅游中的基础设施建设尤为重要。在珠峰旅游行程规划中，餐饮、住宿及交通等因素都因当地独特的地理环境而显得尤为特殊。调查结果显示，珠三角大学生对珠峰旅游基础设施维度中三大要素（住宿、餐饮和交通）的认知程度相对均衡，各要素平均分为 3.15~3.2 分，基础设施维度认知程度平均分为 3.17 分。其中"住宿设施及服务"的认知程度平均分为 3.15 分，略高于一般水平；"餐饮设施及服务"的认知程度平均分为 3.18 分，也略高于一般水平；"道

[①]　该市大学生对该维度的认知程度平均分，下同。

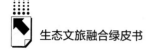

路交通情况和交通工具"的认知程度平均分最高，为 3.19 分，是基础设施维度中认知程度最高的要素。对于缺乏亲身体验机会的大学生而言，首要关注的是确保他们顺利抵达珠峰地区所依赖的道路交通情况，进而逐渐了解高海拔地区特殊的餐饮安排，而需要实地感受才能深刻理解的住宿体验，成为大学生们认知中的薄弱环节。

调查结果显示，月生活费水平和所在城市两个因素对大学生基础设施维度的认知程度具有显著影响。如图 4 所示，对"住宿设施及服务""餐饮设施及服务""道路交通情况和交通工具"认知程度最高的仍然是广州大学生，认知程度平均分分别为 3.61 分、3.53 分、3.51 分，均处于较高的认知水平；惠州大学生对"餐饮设施及服务""道路交通情况和交通工具"的认知程度也较高，认知程度平均分分别为 3.15 分、3.24 分，认知程度高于一般水平；佛山大学生对"餐饮设施及服务""道路交通情况和交通工具"的认知程度也不低，认知程度平均分分别为 3.07 分、3.27 分，认知程度高于一般水平；肇庆大学生对"住宿设施及服务""餐饮设施及服务"的认知程度也较高，认知程度平均分分别为 3.10 分、3.03 分，略高于一般水平；江门大学生对"餐饮设施及服务""道路交通情况和交通工具"的认知程度也较高，认知程度平均分分别为 3.04 分、3.09 分，认知程度略高于一般水平；东莞大学生对"餐饮设施及服务"的认知程度也较高，认知程度平均分为 3.15 分；除此之外的各城市大学生在该维度各要素的认知程度平均分均不高于 3 分，认知水平较低。综上所述，珠三角九市大学生群体在珠峰旅游基础设施维度的认知差异也较大，广州（3.55 分）表现最优，惠州（3.10 分）次之，佛山（3.05 分）、肇庆（3.03 分）和江门（3.02 分）均达到一般水平，其他城市则在一般水平之下。

（四）娱乐活动认知程度相对较高，最关注"雪地运动"

珠峰之旅，对年轻的大学生而言，无疑是一次震撼心灵、终生难忘的冒险旅程。旅途中那些引人入胜的娱乐活动，如挑战自我的雪地运动、领略宇宙浩瀚的徒步观星活动，以及逐冰而上的冰川探险活动等，都深深吸引着敢

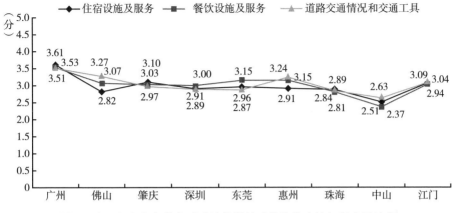

图4 珠三角九市大学生对珠峰旅游基础设施维度认知程度平均分

于冒险的年轻学子。调查结果显示，大学生对珠峰旅游娱乐活动维度各要素的认知程度相对较高，各要素平均分为 3.16~3.27 分，维度认知程度平均分为 3.21 分，处于较高的认知水平。具体来看，"雪地运动"的认知程度相对最高，平均分为 3.27 分，体现了大学生群体对珠峰旅游过程中的各类"雪地运动"的高度关注和浓厚兴趣。"徒步观星"活动的认知程度相对较低，平均分为 3.16 分，这可能是由于该活动对时间、天气等特定条件有较高要求，在一定程度上制约了大学生们对该活动的了解和兴趣。"冰川探险"活动的认知程度则处于中等水平，平均分为 3.19 分，这反映了大学生们对这类活动有较高的知晓程度，但"冰川探险"活动对专业技能和冒险精神的要求较高，这可能成为限制大学生们深入了解和参与该活动的重要因素，从而削弱了他们的求知欲望。

此外，不同城市大学生在珠峰旅游娱乐活动维度的认知程度存在显著差异。如图5所示，对"雪地运动""徒步观星""冰川探险"认知程度最高的仍是广州大学生，认知程度平均分分别为 3.63 分、3.57 分、3.57 分，均处于较高的认知水平；深圳、东莞大学生对该维度 3 个要素的认知程度平均分均在 3 分以上，体现了较均衡的维度认知特征；肇庆大学生对"雪地运动""冰川探险"的认知程度也较高，认知程度平均分分别为 3.13 分、3.16 分，认知程度处于较高水平；江门大学生对"雪地运动""冰川探险"

的认知程度平均分分别为 3.27 分、3.11 分,认知程度也处于较高水平。整体来看,珠三角九市大学生群体在珠峰旅游娱乐活动维度的认知差异明显,广州(3.59 分)依旧表现最优,东莞(3.14 分)、深圳(3.09 分)、肇庆(3.08 分)、江门(3.08 分)和惠州(3.03 分)次之,其他城市均低于 3分,认知程度低于一般水平。

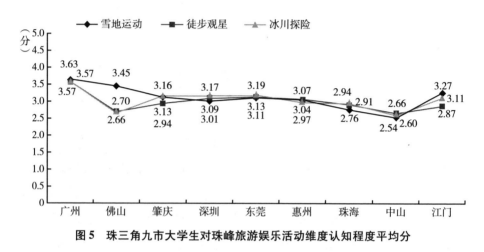

图5 珠三角九市大学生对珠峰旅游娱乐活动维度认知程度平均分

(五)旅游服务认知程度相对最低,最关注"登顶费用"

对珠峰旅游登顶服务要素的全面了解有助于降低大学生对珠峰旅游行程的恐惧感,吸引更多大学生参与到珠峰旅游中。作为一项非大众化的高风险、高难度的探险旅游活动,珠峰旅游登顶途中所需要的专业服务如"登顶费用"、"登顶向导"和"救援服务"等信息主要通过专业的户外探险网站、论坛和特定的社交媒体等渠道传播,这在一定程度上降低了普通大学生对这些信息的认知程度。与其他维度相比,珠三角地区大学生对珠峰旅游服务维度的认知程度是最低的,认知程度平均分仅 3.12 分,略高于一般水平。其中大学生对"登顶费用"的认知程度最高,为 3.15 分,其次是对"登顶向导"的认知程度,为 3.13 分,认知程度最低的是"救援服务",为 3.10分,可见大学生对珠峰旅游服务相关要素的认知水平较为均衡,均处于略高于一般水平的认知程度，未来仍有较大的提升空间。

珠三角九市大学生对珠峰旅游服务维度的认知程度存在显著差异。如图6所示，对"登顶费用"、"登顶向导"和"救援服务"等服务维度的认知程度最高的依然是广州大学生，认知程度平均分分别为3.59分、3.50分、3.52分，均处于较高的认知水平。其次是东莞大学生，他们对"登顶费用"和"救援服务"的认知程度平均分都高于3分，分别为3.15分和3.06分，处于相对较高的认知水平；对"登顶向导"的认知程度平均分为2.83分，略低于一般水平。深圳大学生对"登顶费用"的认知程度平均分达到3.11分，惠州、江门大学生对"登顶向导"的认知程度平均分分别为3.05分、3.03分。除此之外的各城市大学生在该维度各要素的认知平均得分均不高于3分，认知水平较低。从该维度整体认知程度平均分来看，珠三角九市大学生群体在珠峰旅游服务维度的认知差异显著，广州（3.54分）表现最优，东莞（3.01分）次之，其他城市均低于3分，认知程度低于一般水平。

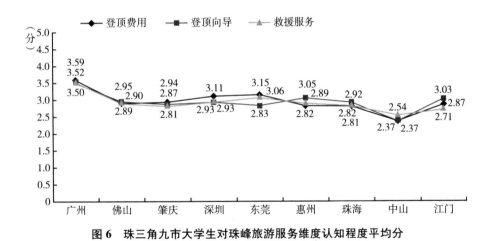

图6 珠三角九市大学生对珠峰旅游服务维度认知程度平均分

（六）自然环境认知程度相对最高，最关注"强风"

众所周知，攀登珠峰面临诸多挑战，其中最大的挑战是极端的自然环境，如高海拔带来的缺氧风险、变幻莫测的极端严寒天气以及使人无法行进的强风等。虽然缺乏亲身经历，但大学生对这些极端的自然环境均有相对较高的认知水平，自然环境维度认知程度平均分为3.24分，是认知程度最高的维度之一。其中，"高海拔"的认知程度平均分为3.21分，表明大学生对珠峰的高海拔及其可能带来的缺氧、体力消耗巨大等身体挑战有较高的认知水平。"严寒"的认知程度平均分为3.25分，"强风"的认知程度平均分为3.26分，表明大学生对珠峰常见的极端天气较为了解。通过对大学生珠峰旅游特殊需求的热词分析可以看到，"适合高海拔环境""确保行程安全"等词汇占比较高，显示出大学生对珠峰旅游自然环境诸多挑战有较高的认知水平（如图7）。

图7 珠三角地区大学生珠峰旅游特殊需求的热词分析

该维度在不同城市大学生之间的差异也很显著。如图8所示，对"高海拔""严寒""强风"认知程度最高的还是广州大学生，认知程度平均分分别为3.54分、3.59分、3.52分，均处于较高的认知水平。其次是中山大学生，他们对"高海拔""严寒""强风"的认知平均分都在3分以上，分别为 3.60 分、3.43 分和 3.40 分，相对认知水平较高；此外江门、深圳、惠州大学生对该维度 3 个要素的认知程度均高于 3 分，体现了优于一般水平的认知程度。整体来看，珠三角九市大学生群体在珠峰旅游自然环境维度的认知差异显著，广州（3.55 分）、中山（3.48 分）表现最优，江门（3.18 分）、深圳（3.13 分）和惠州（3.12 分）次之，其他城市认知程度则相对较低。

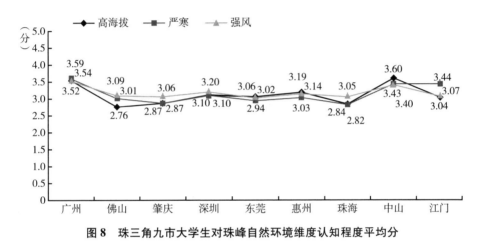

图 8　珠三角九市大学生对珠峰自然环境维度认知程度平均分

（七）安全事项认知程度相对最高，最关注"安全风险"

安全是所有旅游活动的前提。对珠峰旅游的潜在旅游者而言，安全事项无疑是旅游行程中的首要问题，也是珠三角地区大学生珠峰旅游中认知程度最高的维度之一（3.24 分）。具体来看，大学生对"安全风险"、"安全措施"和"高原反应"等问题的认知程度均较高，平均分分别为 3.26 分、3.22 分、3.25 分，体现了大学生对珠峰旅游安全事项较高的关注程度和对旅途中自身安全的高度关切。

不同城市大学生对珠峰旅游安全事项的认知程度也存在差异。如图 9 所示，广州大学生对"安全风险"、"安全措施"和"高原反应"的认知程度均最高，认知程度平均分分别为 3.58 分、3.58 分、3.54 分，维度平均分达

3.57 分，处于最高的认知水平。其次是中山和佛山的大学生，他们对"安全风险""高原反应"的认知程度平均分都不低于 3.15 分；佛山大学生对"安全措施"的认知程度平均分为 3.10 分，中山大学生对"安全措施"的认知程度平均分略低一点，为 2.86 分；中山和佛山大学生在该维度的平均得分分别为 3.18 分和 3.17 分，处于较高的认知水平。此外深圳、惠州、江门大学生在该维度的平均分均为 3.09 分，东莞大学生在该维度的平均分也达到 3.02 分，表明这些城市的大学生对珠峰旅游安全事项的认知程度略高于一般水平。其他城市大学生对该维度的认知程度则较低。

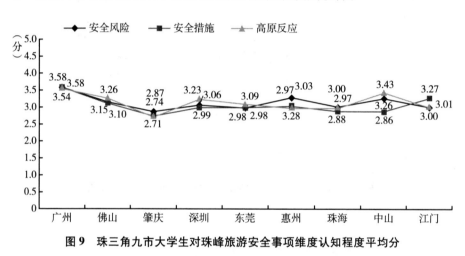

图 9　珠三角九市大学生对珠峰旅游安全事项维度认知程度平均分

综上，珠三角地区大学生对珠峰旅游相关维度的认知程度一般，城市间差异较大。依据各城市大学生对珠峰旅游的整体认知程度差异，可将珠三角地区的大学生潜在旅游市场划分为三个等级：一级市场即广州大学生群体，他们对珠峰旅游的整体认知得分为 3.56 分，是该地区认知水平最高的城市，也是珠三角地区最有潜力的旅游市场；二级市场包括深圳（3.04分）、惠州（3.04 分）、东莞（3.02 分）、江门（3.02 分），这 4 个城市的认知程度略高于一般水平，也具有一定的旅游市场开发潜力；佛山（2.97分）、肇庆（2.91 分）、珠海（2.89 分）和中山（2.81 分）则属于三级市场，未来旅游开发潜力一般。

四　珠三角地区大学生对珠峰旅游的消费意向分析

珠三角地区作为中国经济社会发展最为活跃的地区之一，其大学生群体对珠峰旅游的认知程度和消费意向，对于开发珠峰旅游大学生市场具有重要的参考价值。

（一）参与意愿较强，偏爱夏季出游

作为汇聚珠峰文化与藏族文化精髓的圣地，珠峰地区对珠三角大学生具有较强的吸引力。本研究调查结果显示，47.34%的大学生愿意去珠峰及周边地区旅游，27.27%的大学生表示不确定，仅有25.38%的大学生不愿意参与，可见珠三角地区大学生对珠峰及附近地区旅游具有浓厚兴趣，整体参与意愿较强。在出游季节方面，仅有17.24%的大学生选择冬季，23.73%的大学生选择秋季，25.62%的大学生选择春节，选择夏季的比例最高，为33.41%，一方面，珠峰地区气候寒冷，气温回升的春夏季更能增强人们前往珠峰地区的信心，另一方面，拥有暑假生活的大学生也更加偏好夏季暑假期间出游。

（二）获取信息渠道多样，最关注旅游活动信息

在如今互联网发达的信息时代，大学生可以通过各种渠道获取珠峰旅游的相关信息，但旅行社宣传仍是最主要的信息渠道，有50.06%大学生通过旅行社宣传了解珠峰旅游相关信息。由于珠峰地区旅游的特殊性和复杂性，旅行社提供的行程信息最为详尽，成为潜在旅游者规划旅游行程时最重要的决策依据。旅游App和社交媒体等现代化的信息平台以其便捷、即时等优势获得了大学生的青睐，大学生群体选择利用这两种渠道获取珠峰旅游信息的比例也很高，分别占47.11%和46.52%。此外，亲朋好友和书籍杂志也是大学生获取旅游信息的重要渠道，占比分别为44.16%和41.91%。而通过网络自媒体和搜索引擎搜集珠峰旅游信息的大学生比例稍低，分别为

38.25%和34.59%，这可能与这两种渠道提供的信息较为繁复，大学生需要大量时间和精力才能从中获取针对性的信息有关。作为传统大众传媒的电视广播在大学生群体中受到的关注相对较低，仅占24.68%，凸显出传统媒介在年轻群体中的传播劣势（见图10）。

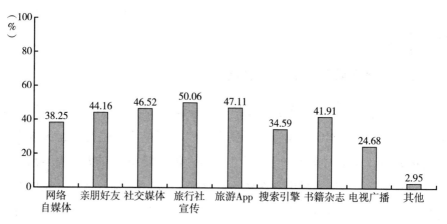

图10 珠三角地区大学生获取珠峰旅游信息的渠道

注：在调研中该问题为多项选择题。

将大学生在媒体上期望获取的珠峰旅游信息进行排序后发现，他们最期望了解的是旅游活动信息，这无疑是他们规划行程的首要关注点，体现出对旅游参与度的追求。其次是旅游景观和交通安全信息，表现出对自然美景和旅行安全的双重重视。此外，他们对当地饮食习惯和酒店预订信息也表现出较高的兴趣，表现出对旅途生活舒适性和安全性的重视。相对而言，大学生们对珠峰旅游注意事项、旅游路线、所需装备和总体费用等信息的关注程度最低，这或许表明他们在旅游规划上倾向于简化流程，而更加关注旅途中的体验。

（三）出游动机多元，社交互动成主要驱动力

对大学生来说，近距离感受世界之巅珠峰的壮丽神奇，必定是一次关于自我、自然和生命深度交织的非凡旅程。在大学生选择珠峰旅游的背后，多

元化的出游动机相互交织。其中社交互动动机成为最主要的驱动力，大学生
选择该动机的占比高达 50.41%，他们渴望与同伴分享珠峰旅游的神奇魅
力。文化体验和冒险挑战动机也占据重要地位，分别占 45.69% 和 45.1%，
显示出大学生对文化多样性的追求和对极限挑战的向往。休闲放松与自我提
升也成为不少大学生的出游动机，占比分别为 44.27% 和 41.68%，体现了
大学生寻求放松和成长的渴望。探索发现和审美动机虽然同样吸引人，但占
比较低，分别为 32.47% 和 29.52%。[①]

（四）出游方式丰富，对旅途舒适性、安全性期待较高

珠峰地区地理位置偏远，环境较为艰苦，这必然会对大学生前往该地区
的出游方式产生影响。调查结果显示，珠三角地区大学生在规划前往珠峰的
出游方式时，体现了较强的个性化和丰富性。其中，私人定制旅行方式以其
灵活性和个性化兼备的优势获得 28.10% 的大学生的偏爱，成为占比最高的
选项。以自由、独立探索为特色的个人旅行方式得到 24.09% 的大学生的热
衷，成为占比较高的选项。传统的跟团旅行方式能提供较全面和安全的旅行
体验，受到 21.25% 的大学生的欢迎。这三种主要出游方式合计占比高达
73.44%，显示出大学生们在珠峰旅游方式选择上的丰富性。此外，13.22%
的大学生倾向于高端豪华旅行，追求更舒适、豪华的旅行体验。8.62% 的
大学生则选择冒险探索旅行，以满足他们追求刺激的冒险精神（见图 11）。多
样化的出游方式偏好既显示了大学生群体旅游消费的个性化需求，更对珠峰
地区旅游产品的多样性开发提出迫切要求。

对多数普通人而言，登顶珠峰几乎是不可能完成的任务，在规划珠峰
旅游行程内容时，大学生群体对于登顶珠峰的期待值相对最低，仅为 3.28
分（满分 5 分）。珠峰文化和精神在大学生看来或许显得过于抽象和笼统，
从而导致他们对于深入感受珠峰文化和精神的期待值也相对最低，为 3.28
分。然而，对于观赏珠峰日照金山等震撼人心的自然景观，大学生们的期

---

① 注：在调研中该问题为多项选择题。

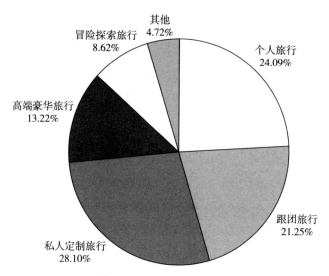

图 11 珠三角地区大学生珠峰旅游主要的意愿出游方式

待值相对较高，达到 3.30 分，反映了大学生们对于标志性自然景观的向往。在珠峰旅游行程的众多要素中，大学生们对交通、费用和住宿的期待值最高，均为 3.34 分，这反映出他们在规划珠峰之旅时，对旅游行程的舒适性和安全性最为重视，他们期望能在安全、舒适的环境中，享受难忘的珠峰旅行。

（五）经济和兴趣是主要的阻碍因素

在大学生旅游市场中，珠峰旅游这种小众且高难度旅游产品必然会面临诸多阻碍。如图 12 所示，高达 68.48% 的大学生将经济视为阻碍因素，费用高昂的珠峰旅游对于经济尚未独立的大学生而言压力巨大。其次是兴趣原因，53.01% 的大学生表示兴趣不足。48.76% 的大学生认为时间原因是珠峰之旅的阻碍因素，44.51% 的大学生则担心身体素质状况无法适应这具有挑战性的珠峰之旅。相对而言，仅有 34.36% 的大学生将旅游产品本身视为阻碍他们参与珠峰旅游的因素。面对这些阻碍因素，珠峰旅游地区文旅行业应制定针对性的市场策略，以逐步推动大学生旅游市场的发展。

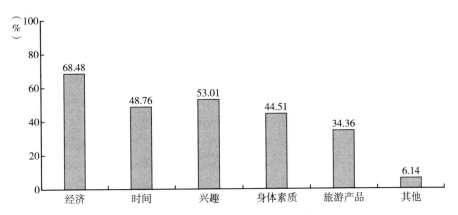

图 12　珠三角地区大学生参加珠峰旅游的阻碍因素

注：在调研中该问题为多项选择题。

五　珠三角地区大学生旅游市场开发建议

在深入分析珠三角地区大学生对珠峰旅游的认知情况和消费意向后，本研究就珠峰地区旅游行业如何有效开发珠三角地区大学生旅游市场，提出如下几点建议。

（一）锁定广州大学生为主要目标市场

广州的高校资源集聚程度较高。据教育部全国普通高等学校名单显示，截至 2023 年 6 月 15 日，广州已开设 84 所本专科学校，高校数量仅次于北京，占据广东省内高校总数的一半以上。据《2022 年广州市国民经济和社会发展统计公报》，广州在校大学生（包括本专科大学生、研究生）数量突破 165 万人，排名全国第一。除了规模优势外，广东大学生对珠峰旅游的认知水平也较高，在珠三角九市中，广州大学生群体对珠峰旅游的认知程度明显高于其他城市，显示出较大的市场开发潜力。

因此，将具有规模和认知优势的广州大学生群体作为珠峰旅游的主要目标市场具有较高的可行性和发展潜力，不仅能够推动珠峰旅游在青年市场中

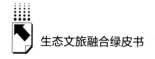
的拓展，还能为全国大学生群体树立积极的旅游示范。在珠三角地区大学生市场开发方面，应首先深耕广州大学生市场并逐步树立珠峰旅游的品牌影响力，待广州市场稳步发展后，再进一步深度开发深圳、惠州、东莞、江门等城市的大学生旅游市场，并最终延伸至整个珠三角地区。

（二）打造适合大学生的珠峰旅游系列产品

大学生群体对珠峰旅游文旅产品的需求较为旺盛，他们对旅游过程中的娱乐活动、自然环境和安全事项尤为关注。应在充分考虑他们对文旅体验活动和安全舒适性需求的基础上，专门打造适合大学生的珠峰旅游系列产品。可依托日喀则市特别是定日县丰富的旅游资源，策划一系列独具特色的娱乐文化活动，如徒步、摄影、民俗采风等，逐步打造出珠峰地区的文旅精品，塑造内涵丰富、形象生动的珠峰地区文旅 IP。

针对已有的成熟节庆活动，如 2023 年第十八届珠峰文化旅游节，其举办时间为 6 月 18 日，与大学生出游高峰期相近，建议未来将这一节庆活动升级为"文化旅游季"，将活动周期扩展至 7 月底，并进行活动内容创新，增加更多面向大学生群体的互动与交流活动，以更长的时间跨度和更有针对性的活动内容吸引暑期出游的大学生。

在整体旅游行程安排上，应注重食、住、行等方面的舒适性和安全性。鼓励珠峰地区的旅游相关企业提升服务质量，针对大学生群体推出定制化的旅游服务，如提供青年旅社、地方特色餐饮等。此外，应高度重视旅游安全问题，并强化应急处理能力，增强大学生游客对珠峰旅游行程安全性的信心。

（三）推出大学生暑期专属价格优惠政策

经济是阻碍大学生前往珠峰地区旅游的最主要因素，因此想要吸引大学生群体，珠峰地区文旅企业可在暑假期间推出面向大学生群体的专属价格优惠政策。如鼓励旅行社在每年 7~8 月推出高性价比的大学生专属旅游套餐，鼓励各旅游景区、住宿和餐饮企业在暑假期间对大学生实行半价优惠、团体优惠、限时优惠等一系列价格优惠政策，或者鼓励大学生通过参与珠峰地区各类文旅活动来获取额外的价格优惠或旅游消费补贴。这些政策能够有效降低大学生群体参加珠峰地区文旅活动的经济成本，激发大学生对珠峰旅游的实际消费意愿，进而促进大学生旅游市场规模的稳步扩大。

（四）择机进行全方位、多渠道的宣传

鉴于珠峰旅游的高挑战性，珠三角地区大学生对其旅游各维度的认知程度为 3.12~3.24 分，虽略高于一般水平，但仍未达到理想状态。为更好地开拓珠三角地区大学生旅游市场，珠峰地区需对旅游产品的各个方面进行全方位、多渠道的宣传。

在宣传时机上，精准把握大学生出游的高峰时段，即在出游旺季前夕（如 5 月底）直至整个旺季（6~8 月）进行集中宣传，这样既能够提前为大学生们规划旅游行程提供参考，还能在旺季期间持续增强他们的出游意愿。在宣传内容上，应精准且有吸引力，既要涵盖珠峰旅游的所有要素，又要凸显针对大学生群体的优惠政策和个性化服务。在宣传渠道上，应充分利用传统旅行社的渠道资源和影响力，同时加强旅游 App 和社交媒体等现代传播渠道的利用。在宣传方式上，可以策划多样化的互动营销活动，如晒旅行照、写游记、转发抽奖等，促进大学生的参与、分享和传播，不断扩大珠峰旅游在大学生群体中的知名度和美誉度。此外，还应利用数据分析工具对宣传渠道、宣传内容及宣传效果进行持续跟踪和分析，确保宣传策略持续优化，从而实现更精准、更有效的市场拓展。

G.7
珠峰景区客源市场分析
及成都市场开发策略研究

李汶桐*

摘　要：　随着全球化和区域经济一体化的推进，珠穆朗玛峰作为世界最高峰，其旅游市场开发日益受到重视。本报告基于对珠峰景区及成都市旅游市场的调研数据，采用定量分析和定性分析相结合的方法进行。结果显示，珠峰景区的游客主要来自国内，且以高收入、高学历群体为主。游客的旅游动机主要集中在探险和自然风光。同时，针对成都市场，本报告提出了一系列开发策略，包括但不限于产品策略、价格策略、渠道策略、营销策略。通过精准营销和产品多样化，可以有效激活成都市场，推动珠峰旅游业的可持续发展，为区域经济增长注入新动力。

关键词：　珠峰旅游　客源市场　成都市场　市场开发策略

一　引言

　　珠穆朗玛峰被誉为世界之巅，不仅因其地理位置，更因其独特的自然景观和文化价值，珠峰成为全球旅游和登山爱好者的终极目的地。位于喜马拉雅山脉的这一自然奇观，不仅代表着自然界的极限挑战，也承载着丰富的历史和文化意义。随着全球化的深入发展和人们对特色旅游体验的不断追求，珠峰旅游市场的研究显得尤为重要。本报告旨在探讨珠峰旅游市场的现状、

---

　　* 李汶桐，成都银杏酒店管理学院讲师，主要研究方向为旅游规划与开发、旅游目的地营销。

挑战与机遇，尤其关注针对成都这一潜在客源市场的开发策略，以期为珠峰旅游业的可持续发展提供策略支持。

在当前全球旅游业快速发展的背景下，珠峰作为国际知名的旅游目的地，其市场开发具有重要的现实意义和深远影响。通过对珠峰旅游市场的深入分析，本研究将集中回答以下问题：珠峰旅游市场的客源结构和消费特征如何？成都市场在珠峰旅游中扮演着怎样的角色？如何有效开发成都市场以促进珠峰旅游业的发展？本研究将为珠峰旅游市场提供全面而深入的分析，为相关政策制定者、旅游企业和游客提供决策参考，同时为类似旅游目的地的市场开发提供借鉴。

二 珠峰旅游发展现状

（一）珠峰的自然与文化特征

珠穆朗玛峰，藏语意为"圣母之山"，是喜马拉雅山脉的主峰，以其8848.86米的高度雄踞世界之巅。珠峰不仅是自然界的奇迹，更是文化多样性的象征。其自然特征表现为极端的海拔、独特的地质构造以及多样的生物种类。珠峰地区气候条件严酷，拥有丰富的冰川资源和独特的高山生态系统，是众多珍稀动植物的栖息地。在文化上，珠峰文化是藏族文化的重要组成部分，承载着深厚的宗教信仰和民族传统，如每年的藏历新年和珠峰文化旅游节等，都展现了其独特的文化魅力。

（二）珠峰旅游发展历程

珠峰旅游的发展历程可追溯至20世纪初，随着登山运动的兴起，珠峰逐渐成为国际登山爱好者的目标。1953年，新西兰登山家埃德蒙·希拉里和夏尔巴向导丹增·诺盖首次成功登顶，标志着珠峰旅游的现代开端。随着交通、通信等基础设施的改善，珠峰旅游业得到快速发展。进入21世纪后，珠峰旅游更加注重可持续发展和生态保护，同时也面临着环境保护与旅游发展的双重挑战。

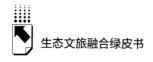

（三）珠峰旅游发展现状

当前，珠峰旅游业呈现多元化发展趋势，包括登山探险、生态旅游、文化旅游等多种形式。2019 年，珠峰大本营景区接待游客量达到了 11.7 万人次，2020 年和 2021 年在疫情影响旅游产业的背景下，珠峰景区游客数量并未减少，持续保持增长态势。2023 年 1~5 月，珠峰景区北大门共接待游客 117010 人次，同比增长 335%；门票收入达 1474.8 万元，同比增长 286%。[①]这些数据表明，珠峰旅游市场在经历了疫情的考验后，正在迅速恢复并展现出强劲的增长势头。

然而，随着游客数量的增加，珠峰旅游也面临着一系列挑战。首先是环境保护问题，如何平衡旅游发展与生态环境保护，成为亟待解决的问题。其次是旅游基础设施的完善，包括交通、住宿、救援等方面的建设。最后是如何提升旅游服务质量，满足游客多样化需求，这也是珠峰旅游业发展的关键。

三　客源市场分析

（一）客源市场定义与分类

客源市场是指具有旅游需求和消费能力、能够为旅游目的地带来经济收益的游客群体。根据游客的地域来源、消费习惯、旅游目的等因素，客源市场可以被细分为不同的类别。国际上，客源市场通常按照地域划分为国内和国际两大类。在国内层面，根据游客的居住地和旅游行为，可进一步细分为近程市场、中程市场和远程市场。此外，根据游客的消费能力和偏好，客源市场还可以划分为高端市场、中端市场和经济市场等。

---

① 定日县文化和旅游局。

（二）国内外客源市场现状

当前，珠峰作为国际知名的旅游目的地，吸引了来自世界各地的游客。在国际客源市场方面，除了欧美游客较多外，亚洲、非洲和南美洲的游客数量也在逐年增加。在国内客源市场方面，四川、广东、湖南和浙江等地区的游客对珠峰旅游表现出较高的兴趣和认可度。特别是成都凭借其庞大的人口基数和经济实力，成为珠峰重要的潜在客源地。

（三）客源市场消费行为特征

客源市场的消费行为特征对旅游目的地的营销策略和产品开发具有重要意义。通过对珠峰旅游市场的分析，可以发现以下消费行为特征。第一，旅游动机多样化，游客选择珠峰旅游的动机多种多样，包括探险、登山、观光、文化体验等。第二，消费水平层次化：不同客源市场的游客在消费水平上存在明显差异，从经济型到高端奢华型旅游产品均有需求。第三，信息获取渠道多元化，游客获取旅游信息的渠道日益多样化，包括在线旅游平台、社交媒体、口碑推荐等。第四，旅游服务个性化，游客对旅游服务的个性化需求日益增长，包括定制旅游、主题旅游等。第五，通过对客源市场的深入分析，珠峰旅游目的地可以更好地理解游客需求，制定针对性的营销策略，开发符合市场需求的旅游产品，从而提升游客满意度和市场竞争力。

四　成都旅游市场概况

成都，被誉为"天府之国"，不仅是中国西部的经济和文化中心，更是一个充满生机与活力的国际大都市。作为四川省的省会，成都不仅有着悠久的历史和丰富的文化遗产，还拥有现代化的基础设施和快速发展的经济。在共建"一带一路"和长江经济带发展战略的推动下，成都正逐渐成为连接中国与世界的桥梁和纽带。作为中国西部的重要经济中心，成都的经济结构多样化，旅游业和服务业是重要支柱。2023 年，成都接待游客总数达到 2.8 亿人次，旅游总收入突破 3700 亿元。[①] 成都双流国际机场和成都天府国际机场的航班覆盖全球各大洲，日均航班起降量超过 1200 架次，[②] 为成都带来了大量的国际游客和商务旅客。

成都市民的旅游消费习惯也反映出其高水平的生活质量和消费能力。根据成都市统计局的数据，2023 年，成都市民人均旅游消费支出达到 1.2 万元，同比增长 10%。成都人喜欢深度旅游和个性化旅游，他们倾向于高端住宿、特色餐饮和独特的旅游体验，如探险旅游、户外运动和文化体验等。此外，成都的购物中心和商业街，如春熙路、太古里和 IFS 国际金融中心，也是游客和当地居民的热门消费场所。作为西南地区的重要交通枢纽，成都也是通往青藏高原的重要门户。近年来，成都居民对高原旅游的兴趣日益增加，前往西藏、青海和云南等地的游客数量逐年上升。2023 年，通过成都前往拉萨的游客数量达到 50 万人次，占全年游客总数的 18%。高原旅游的兴起不仅反映了成都市民对冒险活动和自然探索的热爱，也体现了成都区域旅游中心的地位。

（一）经济背景与市场规模

成都，作为西部大开发战略的桥头堡，在共建"一带一路"和长江经济带发展战略中发挥着举足轻重的作用，日益成为连接中国西部与世界的关键枢纽。2023 年成都全年实现地区生产总值 22074.7 亿元，按可比价格计算，比上年增长 6.0%。其中，第三产业增加值为 15109.0 亿元，同比增长 7.5%。2023 年成都全体居民人均可支配收入同比增长 5.5%，城镇居民人均可支配收入同比增长 4.7%，农村居民人均可支配收入同比增长 6.9%。2023 年末成都常住人口为 2140.3 万人，比上年末增加 13.5 万人，同比增长 0.6%；年末户籍人口为 1598.2 万人，比上年末增加 26.7 万人。[③] 成都

---

① 《2024 年成都市政府工作报告》。
② 成都市交通运输局官网。
③ 成都市统计局。

的经济发展不仅提升了当地居民的生活水平，也吸引了大量国内外企业和人才落户成都，形成了多元化的市场环境和消费需求。

（二）旅游市场细分

成都旅游市场可以根据游客的旅游目的和偏好进行细分。商务旅游、休闲度假、文化旅游、生态旅游等不同类型的旅游产品满足了不同游客的需求，体现了成都旅游市场对不同游客需求的深刻理解。成都旅游市场细分领域及特点如表1所示。

表1 成都旅游市场细分领域及特点

旅游类型	特点描述	吸引力因素	主要活动举例
商务旅游	高端商务酒店、会议设施、专业商务服务	商业活动、国际会议、商务洽谈	国际商务会议、商务洽谈、专业研讨会
休闲度假	慢生活文化、休闲娱乐设施、高品质服务	茶馆体验、购物、SPA、美食探索	茶馆休闲、购物中心逛街、特色餐厅用餐
文化旅游	历史遗产、现代艺术、文化体验活动	历史遗迹、博物馆、艺术展览、文化节庆	古迹游览、博物馆参观、艺术节参与、手工艺体验
生态旅游	自然景观、自然保护区、生态教育	徒步、登山、观鸟、野生动植物观察	自然保护区徒步、山地自行车、生态摄影
教育旅游	学习和旅游结合、文化教育体验	学校交流、文化课程、手工艺制作	语言学校课程、文化工作坊、传统艺术学习
医疗旅游	先进医疗设施、中医资源、养生保健	健康检查、中医治疗、养生保健	中医按摩、针灸治疗、中草药体验、健康咨询

（三）成都市场旅游消费习惯

成都市场的旅游消费习惯体现了当地居民对旅游的热爱和对生活品质的追求。通过分析成都市民的旅游活动，可以得出以下特点。成都居民平均每年出游次数较高，年均出游次数达到3.5次，这一频率在全国范围内也处于较高水平，显示出旅游已成为成都居民日常生活的一部分；在旅游消费上，成都游客倾向于中高端市场，注重旅游品质和体验。市场调研结果表明，

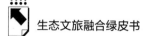

60%以上的成都居民在选择旅游产品时，更重视旅游的舒适度和体验感，而不仅仅是价格。这表明成都市民愿意为高品质的旅游服务支付更多，对旅游服务提供商而言，这是提升服务质量和产品创新的明确信号。通过对成都市场旅游消费习惯的分析，旅游服务提供商可以更好地理解目标客户群的需求，从而设计和提供更符合市场需求的旅游产品和服务。同时，这也为珠峰等旅游目的地的市场开发提供了重要的参考依据，有助于实现旅游产品和服务的精准营销和有效推广。

（四）对高原旅游的接受度

成都，作为进入高原地区的重要门户，其居民对高原旅游的接受度表现出积极的态度。绝大多数成都居民对高原旅游持开放态度，西藏以其独特的文化和壮丽的自然景观成为成都居民高原旅游的首选，青海以其广袤的高原风光和丰富的生态资源吸引了大量游客。尽管对高原旅游有较高的兴趣，但成都居民在选择高原旅游时，安全和健康问题仍是他们主要担忧的因素。成都市民对高原旅游的高接受度为旅游服务提供商和目的地营销者提供了宝贵的市场机遇。然而，为了进一步促进高原旅游的发展，必须通过提供详尽的安全信息、健康指导和优质的旅游服务来缓解游客的担忧，从而增强成都市民对高原旅游的信心，推动高原旅游市场的持续繁荣。

（五）成都市场的旅游需求

成都市场的旅游需求呈现明显的多元化和个性化趋势，居民对个性化和定制化旅游体验需求日益增长，他们寻求更具特色和创意的旅游产品，如主题旅游、体验式旅游和探险旅游等。随着生活水平的提升，成都居民对高品质服务的需求同样显著，愿意为优质的住宿、餐饮和交通服务支付更多。此外，文化旅游和教育旅游需求显著，人们希望通过旅游深入了解不同地区的历史文化，体验当地风俗，并参与教育性活动。健康意识的提升也使得健康和生态旅游需求增加，人们更倾向于选择亲近自然、有益身心健康的旅游目的地。安全性和便捷性同样是成都居民选择旅游产品和服务时的重要考虑因素。旅游服务提供商需要深入理解这些需求，提供符合成都居民期望的旅游产品，并注重提升服务质量，加强文化和教育内容的融入，确保旅游活动的安全性和便捷性，以满足市场对旅游体验的高标准要求。

五　成都游客赴珠峰旅游现状调研

为了解成都游客赴珠峰旅游现状，本研究采用抽样调查的方式，问卷包含了游客的个人背景、旅游动机、旅游过程中的体验质量、满意度评价、对珠峰旅游目的地的期望和建议等关键问题。在问卷发放过程中，采用了分层随机抽样的方法，以确保样本的多样性和代表性。其中特别关注了不同年龄、性别、职业和教育背景的游客，以期获得一个全面反映成都游客群体特征的样本。共发放问卷 230 份，剔除非成都居民、未完成问卷等，回收到有效问卷 207 份，回收率达到了 90%。

（一）基本特征

在对成都游客赴珠峰旅游的调查中，发现被调查游客具有以下几个基本特征。从性别分布来看，男性游客占 47.3%，女性游客占 52.7%（见图 1），女性游客略多于男性。这种性别差异可能与女性对自然景观旅游的偏好以及其在旅游决策中的主导地位有关。

游客的年龄主要集中在 26~45 岁，占比 55.56%，这部分人群多处于职业中期，有一定的经济基础和闲暇时间，较适合参与高原旅游。其次为 46~55 岁，占比 32.37%，表明中年人群也具有较高的旅游参与度。18~25 岁和 56 岁及以上的游客分别占 5.80% 和 6.28%（见图 2），这些年龄段的游客比例较低，可能由于年轻人受经济条件限制，老年人受身体健康因素限制，较少参与高海拔旅游。

在文化程度方面，本科及以上学历的游客占多数，其中，本科学历的游

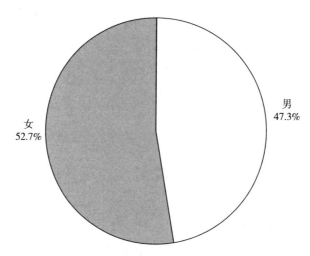

图1 成都市游客赴珠峰旅游调查的性别分布

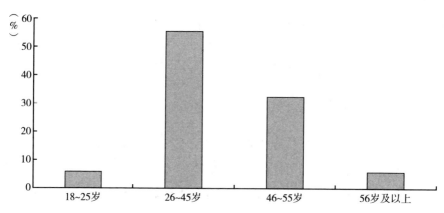

图2 成都市游客赴珠峰旅游调查的年龄分布

客占49.3%，大专占27.5%，研究生及以上占5.8%。这表明较高学历人群对文化和自然景观旅游有更高的认知和偏好。高中学历占17.4%，反映不同学历层次的人群对珠峰旅游具有广泛兴趣（见图3）。

在家庭月收入方面，游客家庭收入为10001~15000元的占43.48%，其次是家庭收入为15001~20000元的游客，占30.92%。这一收入水平的游客具有较强的消费能力，能够承担珠峰旅游的相关费用。家庭收入为6001~

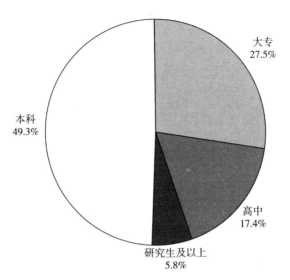

图3　成都游客赴珠峰旅游调查的学历分布

10000元和20001元及以上的游客分别占14.49%和11.11%（见图4），说明无论中等收入还是高收入家庭，都对珠峰旅游有一定需求。

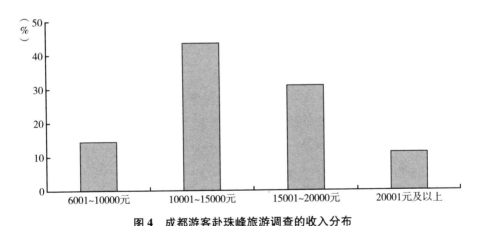

图4　成都游客赴珠峰旅游调查的收入分布

综上所述，成都市游客赴珠峰旅游的基本特征表明，该群体具有较高的文化水平和经济能力，主要集中在职业中期和中年阶段，女性比例略高。这些特征对于旅游产品的设计和市场推广具有重要参考意义。

（二）旅游行为与习惯

调查结果显示，游客的出游频率存在明显的周期性。49.28%的游客选择每季度出游一次，这表明季节性因素可能对旅游行为有较大影响，例如假期安排、气候变化等。28.99%的游客每半年出游一次，这一频率或许与更长的假期安排有关，比如寒暑假。17.39%的游客每月出游一次，这类游客可能具有更高的可支配收入和时间的自由度，表现出较强的旅游动机。而仅有4.35%的游客每年出游一次，这些游客可能受到工作压力或经济状况的限制，旅游需求相对较低。

对于珠峰景区的认知，大多数游客（88.41%）表示听说过这一景区。在这些游客中，66.67%的游客表示了解一些，25.12%的游客表示非常了解。这一数据反映了珠峰作为世界著名景点的广泛知名度，旅游推广和媒体宣传的效果显著。然而，仍有8.21%的游客对珠峰景区不了解，这提示了珠峰地区旅游管理部门需要进一步加强景区的宣传力度，尤其是针对不了解珠峰景区的潜在游客群体。

在珠峰景区的访问经历方面，曾经到访过珠峰景区的游客占16.91%。在这些游客中，28.57%的游客在最近6个月内到访过，这表明该景区在短期内的吸引力较强。40%的游客在最近6个月至1年内到访过，表明游客对珠峰景区的旅游热情能够保持较长时间。22.86%的游客在最近1年至3年内到访过，显示出长期吸引力。8.57%的游客在3年以上到访，可能表明这些游客对珠峰的访问更多是一次性体验，景区要探索提高游客的重复访问率，可以通过丰富旅游体验或提供新的旅游产品来实现。

以上数据反映了游客对珠峰景区的高度兴趣和访问行为的多样性，旅游管理部门可以依据这些行为特征，制定更加精准和高效的市场推广策略，提升景区的综合竞争力。

（三）游客对珠峰景区的评价

对于有珠峰旅游经历的游客，调查数据显示，游客对珠峰景区的总体满意度较高。57. 14%的游客表示满意,14. 29%的游客表示非常满意,25. 7%的游客表示一般,仅有 2. 86%的游客表示不满意或非常不满意。这表明珠峰景区在整体旅游体验上获得了大部分游客的认可。

珠峰景区的主要旅游活动多样,反映出游客的不同兴趣和需求。54. 29%的游客进行了徒步,表明该地区的自然风光和户外运动资源吸引了大量热爱自然和冒险的游客。51. 43%的游客参观了文化遗产,显示出珠峰不仅有自然奇观,更是文化遗产的重要组成部分。48. 57%的游客进行了登山活动,这与珠峰作为世界最高峰的独特吸引力密切相关。42. 86%的游客则选择欣赏自然风光,这反映了珠峰地区的自然景观对游客的强大吸引力。

在服务设施评价方面,游客对珠峰景区的服务设施总体评价较高。57. 14%的游客表示满意,14. 29%的游客表示非常满意,22. 86%的游客认为一般。尽管总体满意度较高,但仍有 5. 71%的游客表示不满意,这表明景区在服务设施方面仍有改进空间。

针对景区改进的建议,82. 86%的游客认为需要改进基础设施,包括道路建设、住宿条件和交通便利性等。42. 86%的游客认为需要改进导游服务,表明导游在旅游信息提供和游客指导方面还有提升空间;37. 14%的游客强调需要加强环境保护,表明了游客对珠峰环境的关注和期望;34. 29%的游客建议丰富文化项目,表明文化体验在旅游中的重要性,景区应考虑增加更多的文化活动和项目,以满足游客的需求。

(四)出游意愿及影响因素

数据显示,89. 37%的游客计划未来再次访问珠峰景区。主要原因包括以下几个方面。交通便捷度是最主要的因素,占 62. 7%,便捷的交通不仅能够节省游客的时间和精力,还能提高游客的整体旅游体验。安全问题则是游客关注的第二大因素,占 46. 49%,珠峰景区的自然环境相对复杂,确保游客的安全是景区管理者的重要任务。住宿条件同样是影响游客决策的重要因素,占 44. 32%。舒适的住宿环境能够显著提升游客的满意度和回访意

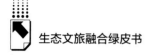
愿。门票价格也是一个关键因素，占 40.54%。合理的门票价格能够吸引更多的游客，同时也有助于景区的可持续发展。

针对游客期望的服务，65.41% 的游客希望珠峰景区提供高质量的导游服务。专业的导游不仅可以提供丰富的背景知识和历史文化介绍，还能确保游客的安全。便捷的交通安排也是游客的期望，占 56.22%。有效的交通系统可以减少游客在旅途中遇到的不便，提高旅游效率。多样的文化体验是42.16% 的游客所期待的。珠峰地区拥有丰富的藏族文化，通过多样化的文化活动可以增强游客的旅游体验。最后，38.38% 的游客希望能在景区享受到优质的住宿和餐饮服务。高质量的住宿和餐饮不仅能满足游客的基本需求，还能提升整体旅游满意度。

总之，提升交通便捷度、加强安全保障、改善住宿条件和合理定价是吸引游客的重要策略，提供高质量导游服务、便捷交通、多样文化体验和优质住宿餐饮服务则是满足游客期望的重要手段。通过这些措施，珠峰景区能够持续吸引游客，提高景区的知名度和美誉度，实现旅游业的可持续发展。

（五）景区评价与宣传效果

珠峰景区在各个方面都得到了游客的高度评价。首先，珠峰景区的自然风光广受游客好评，43.00% 的游客表示自然风光吸引人，18.84% 的游客认为自然风光非常吸引人。壮丽的自然景观是珠峰景区吸引游客的重要因素，独特的自然环境和壮丽的景色给游客留下了深刻的印象。

关于宣传活动效果，41.55% 的游客认为珠峰景区的宣传活动有效，23.67% 的游客表示非常有效。有效的宣传活动能够提高景区的知名度和吸引力，使更多的潜在游客了解并选择珠峰景区作为旅游目的地。在产品定价方面，46.38% 的游客认为珠峰景区的产品定价合理，18.36% 的游客表示非常合理。合理的定价策略不仅能满足游客的期望，还能为景区带来稳定的经济收益。最后，珠峰景区的推广活动也受到了游客的积极评价，43% 的游客认为其推广活动吸引人，14.49% 的游客表示非常吸引人。这些推广活动能够有效吸引游客的注意，增加景区的客流量和影响力。

六 成都游客赴珠峰旅游营销提升策略

（一）产品策略

针对成都市场，珠峰旅游的产品策略应聚焦差异化和个性化旅游产品的开发。根据游客的基本特征，珠峰景区应设计包含探险、登山、自然观光和文化体验等多元化旅游产品。考虑到游客的教育水平和经济能力，可以推出定制化旅游服务，如专业向导陪同的登山之旅、个性化行程规划等。同时，景区应加强生态保护，开发生态友好型旅游产品，确保旅游活动的可持续性。此外，珠峰景区应丰富文化项目，通过增加藏族文化体验活动，提升游客的文化体验深度。珠峰旅游产品开发情况如表2所示。

表2 珠峰旅游产品开发情况

产品类别	产品描述
探险旅游	高海拔登山：为寻求刺激的游客提供挑战极限的登山体验
	冰川徒步：在专业向导的带领下，体验冰川徒步，探索自然奥秘
自然观光	雪山观光：开发以珠峰为核心的雪山观光线路，让游客近距离感受雪山的壮丽
	冰川探秘：组织游客参观冰川，了解冰川的形态和生态
	湖泊游览：围绕珠峰地区的湖泊，设计宁静湖泊游览活动，提供身心放松的空间
文化体验	寺庙参观：安排游客参观当地著名的寺庙，了解藏传佛教文化
	藏族节庆：在藏族节日期间，邀请游客参与节庆活动，体验藏族的传统习俗和欢乐氛围
定制化旅游服务	专业向导陪同：为初次登山的游客提供专业向导服务，确保安全的同时提升体验质量
生态友好型旅游产品	低碳环保旅游：推广绿色出行，鼓励使用环保交通工具，减少旅游对环境的影响
	教育活动：通过植树造林、环保讲座等活动，提高游客的环保意识和参与度

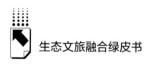
产品类别	产品描述
文化项目	藏族文化展示:设立专区展示藏族的传统手工艺品、美食等,让游客更深入了解藏族文化
	互动体验活动:组织酥油茶制作、藏戏表演等互动活动,让游客亲身体验藏族文化的魅力

(二)价格策略

在旅游学和营销领域,价格策略是影响旅游产品市场竞争力的关键因素之一。对珠峰景区而言,价格策略需综合考量成都游客的消费能力和对高品质服务的支付意愿。实施市场导向和价值导向的定价策略,通过市场调研了解游客心理预期,确保旅游产品价格真实反映其独特价值。珠峰景区可以采用分级定价的方法,为不同服务水平和体验深度的产品设置不同的价格点,同时推出套餐优惠、季节性折扣或家庭团体价格,以吸引更广泛的游客群体。此外,利用心理定价技巧和收益管理,珠峰景区能够根据市场需求和供给情况实时调整价格,优化收益。

珠峰景区在定价时应展示其社会责任感,确保价格策略符合可持续发展目标。这包括支持当地社区发展和环境保护,避免价格成为阻碍游客访问的因素。通过细分市场,珠峰景区可以对不同客源地、不同年龄和不同职业的游客群体采取差异化的价格策略,如为学生和老年人提供折扣。此外,季节性定价能够平衡游客流量,而社会责任感定价则有助于景区建立积极的公众形象,促进社会和谐与环境保护。综合运用这些策略,珠峰景区可以在确保经济效益的同时,提升游客满意度和忠诚度,推动旅游业的长期可持续发展。

(三)渠道策略

渠道策略应着重提高旅游产品的可达性和便利性。渠道策略是确保旅游产品成功进入目标市场并被消费者接受的关键环节。对珠峰景区而言，其独特的地理位置和极端的自然条件要求渠道策略不仅要注重可达性，更要保证服务的无缝对接和高质量体验。

首先，珠峰景区应与成都的旅行社和在线旅游平台建立稳固的合作关系。成都作为西部大开发战略的桥头堡，具有强大的旅游市场潜力和成熟的旅游服务网络。通过与这些平台合作，珠峰景区可以利用其现有的客户基础和营销资源，推广珠峰的旅游产品，同时为游客提供一站式的预订服务，包括交通、住宿和旅游套餐等。此外，考虑到珠峰景区的特殊性，这些合作伙伴应提供专业的咨询服务，帮助游客了解珠峰旅游的具体要求和注意事项。

其次，珠峰景区应积极利用数字营销渠道，提高在线可见度，尤其是针对成都年轻游客群体。社交媒体、旅游博客和在线广告等数字渠道是触达年轻游客的有效手段。通过这些渠道，珠峰景区不仅可以宣传其自然美景和文化特色，还可以通过互动增强游客的参与感和品牌忠诚度。

最后，珠峰景区应加强与成都旅游信息中心的合作，提供详尽的旅游信息和咨询服务，包括珠峰旅游的最佳时间、所需装备、健康状况要求、文化习俗等信息。通过提供全面、准确的旅游信息，帮助游客做出更明智的旅行决策，提升游客的满意度和景区的口碑。

综上所述，珠峰景区的渠道策略应综合考虑多方合作、数字营销和信息服务，以提高旅游产品的可达性和便利性，满足成都游客的需求，推动珠峰旅游业的可持续发展。

（四）促销策略

促销策略需要综合运用各种营销传播工具，以提高珠峰景区的知名度和吸引力。景区可以通过故事营销，讲述珠峰的自然美景和文化故事，吸引游客的情感共鸣。同时，利用口碑营销，鼓励游客分享他们的珠峰体验，通过用户生成内容提高可信度和吸引力。此外，珠峰景区相关人员应参与旅游交易会和展览，与成都旅游业界建立联系，推广旅游产品。珠峰景区还可以与成都当地媒体合作，进行联合推广活动，提高景区的曝光度。考虑到游客对

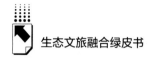
宣传活动效果的高度评价,景区应继续将资金投入有效的广告和公关活动,加强在线可见度,同时利用数据分析工具,评估促销活动效果,并据此调整策略。应强调景区对社会责任和可持续性承诺,吸引注重可持续旅游的游客(见表3)。

表3　珠峰旅游促销策略

策略类型	描述	具体实施方法
故事营销	利用情感故事吸引游客,建立情感联系	制作宣传视频、网络内容分享、个人登山故事分享
口碑营销	鼓励游客分享体验,通过用户生成内容提升可信度	在线分享竞赛、优秀故事展示、设置奖励机制
旅游交易会	参与旅游交易会和展览,推广珠峰旅游产品	参加国际旅游博览会、与旅游业界建立商务联系
联合推广活动	与成都媒体合作,提高珠峰景区的知名度	专题报道、旅游节目赞助、广告投放
数字营销	加强在线可见度,吸引年轻游客群体	搜索引擎优化、社交媒体营销、AR 和 VR技术体验
数据分析工具	利用工具评估促销活动效果,进行策略调整	跟踪网站访问量、社交媒体互动、广告点击率,收集游客反馈
社会责任和可持续性	强调景区对社会责任和可持续性承诺,吸引注重可持续旅游的游客	展示生态保护、社区支持、可持续旅游实践,通过教育推广可持续旅游的重要性

七　结论

随着大众旅游时代的到来,旅游行业虽然仍处于重要战略机遇期,但风险和机会都有了全新的变化。本报告通过定量与定性相结合的分析方法,深入探讨了珠峰景区的客源市场现状及成都市场的开发潜力。研究发现,珠峰景区的游客以国内高收入、高学历群体为主,旅游动机主要集中于探险和自然风光欣赏。成都市场以其经济实力和旅游消费习惯,展现出对珠峰旅游的高兴趣和认可度,成为珠峰重要的潜在客源地。针对成都市场,本研究提出了一系列旅游市场开发策略，包括产品策略、价格策略、渠道策略和促销策略等，旨在通过精准营销和促进产品多样化，激活成都市场，推动珠峰旅游业的可持续发展。在产品策略方面，珠峰景区应开发探险、登山、自然观光和文化体验等多元化旅游产品，同时提供定制化旅游服务以满足不同游客的需求。价格策略上，实施市场导向和价值导向的定价，采用分级定价的方法，推出套餐优惠和季节性折扣。渠道策略着重于提高旅游产品的可达性和便利性，与成都的旅行社、在线旅游平台和航空公司建立合作关系，并利用数字营销渠道提高在线可见度。促销策略则综合运用故事营销、口碑营销、旅游交易会、联合推广活动、数字营销和数据分析工具等，提高珠峰景区的知名度和吸引力。

珠峰景区应不断优化营销策略，为游客和社会提供足够价值，以应对旅游市场的竞争和挑战。通过实施这些策略，珠峰景区不仅能够吸引更多的游客，提高景区的知名度和美誉度，还能促进区域经济的发展，实现旅游业的长期可持续发展。未来可进一步研究探讨珠峰景区在不同客源市场的营销策略，以及如何利用现代科技提升旅游体验和服务质量。

参考文献

成都市统计局：《2023 年 1-12 月成都市经济运行情况》，2024 年 2 月 2 日。

G.8
短视频刺激下敬畏情绪对潜在
游客珠峰旅游意愿的影响研究

李晨雨　郑心怡　陈雪琼 *

摘　要：　敬畏情绪是个体面对广阔的、浩大的以及超越当前理解范围的事物时所产生的复杂情绪。过往研究表明，宏大的自然景观、浓厚的宗教氛围等都能够激发游客的敬畏情绪，并且敬畏情绪对游客旅游意愿具有促进作用。因此，本研究以西藏珠穆朗玛峰的短视频作为刺激材料，探究敬畏情绪对潜在游客珠峰旅游意愿的影响效应。结果表明：敬畏情绪正向影响潜在游客珠峰旅游意愿；感知有用性与感知易用性在敬畏情绪与潜在游客珠峰旅游意愿之间起到中介作用，其中感知有用性起到完全中介作用，感知易用性起到部分中介作用。

关键词：　敬畏情绪　潜在游客　珠峰旅游意愿　感知有用性　感知易用性

旅游目的地潜在游客的旅游意愿研究一直是大量学者关注的重点，潜在游客旅游意愿对旅游目的地发展具有十分重要的推动作用，不仅能促进游客产生旅游动机并做出旅游决策行为，还对游客的口碑推荐有积极影响。已有研究从旅游者、社交媒体营销和旅游目的地特征等多个视角对潜在游客旅游意愿进行了丰富的研究，其中，基于旅游者视角的研究大多集中于游客感知、旅游涉入度等认知层面，而游客旅游意愿的影响因素不只包含认知，受

---

* 李晨雨，华侨大学旅游学院，主要研究方向为旅游消费行为；郑心怡，华侨大学旅游学院，主要研究方向为旅游消费行为；陈雪琼，华侨大学旅游学院教授，主要研究方向为酒店管理。

外界刺激而产生的情绪也会影响旅游意愿。[1] 积极情绪扩建理论认为，积极情绪能促进个体的认知和行为，[2] 因此积极情绪也可以在一定程度上影响潜在游客的旅游意愿。过往研究多将积极情绪作为一个单一整体进行研究，事实上积极情绪是许多正向情绪如敬畏、兴奋等的组合。基于旅游情境下游客的情感体验较复杂，因此游客产生的具体积极情绪对旅游意愿的影响仍有待进一步研究。

敬畏情绪作为一种积极情绪，能够促进人们的行为倾向。敬畏情绪是当个体面对浩大的以及新奇的事物时所产生的一种钦佩、困惑、惊奇、服从等多种感觉相混合的复杂情绪。[3] 近些年来，敬畏情绪在旅游领域的研究逐渐增多。据研究，宏大的自然景观、浓厚的宗教氛围、悠久的历史文明等都能够激发游客的敬畏情绪，并且敬畏情绪对游客行为意向、满意度、地方依恋等具有正向促进作用。珠穆朗玛峰位于西藏自治区，是世界著名的旅游景点。珠穆朗玛峰是集宏大的自然景观和独特的文化于一体的旅游胜地，在珠峰可以看到震撼的雪山、冰川、星空等，同时也能感受神秘的藏传佛教文化遗址和民俗村落等文化氛围。因此珠峰的自然景观和文化特质可以激发游客的敬畏情绪，而敬畏情绪能否促使珠峰潜在游客产生旅游意愿，其中具有怎样的作用机制还需要进一步探究。

鉴于此，本报告以珠峰短视频作为刺激材料，运用 SOR 理论和技术接受模型理论，分析敬畏情绪对潜在游客旅游意愿的影响机制，在理论层面丰富敬畏情绪在旅游领域的研究，在实践层面为珠峰旅游发展提供建议。

---

[1] Girish P. , Sameer H. , Khaled O. , "The Role of Tourists' Emotional Experiences and Satisfaction in Understanding Behavioral Intentions," *Journal of Destination Marketing Management*, 2013.

[2] Barbara L. F. , "The Role of Positive Emotions in Positive Psychology: The Broaden-and-Build Theory of Positive Emotions," *The American Psychologist*, 2001.

[3] 董蕊、彭凯平、喻丰：《积极情绪之敬畏》，《心理科学进展》2013 年第 11 期。

一 理论基础

（一）技术接受模型

Davis 等在理性行为理论和计划行为理论的基础上提出了技术接受模型（TAM），用来解释和预测人们对新技术或系统的接受态度与使用行为。[1] TAM 的两个核心变量是感知有用性和感知易用性，感知有用性是指个体使用新技术或系统对其工作效率的提高程度，感知易用性是指个体使用新技术或系统时所感知的难易程度。外部环境变量会影响感知有用性和感知易用性，使用态度由感知有用性和感知易用性决定，其中感知易用性通过感知有用性间接影响使用态度，感知有用性和使用态度共同影响行为意愿，行为意愿则影响个体的使用行为。[2]

TAM 因其结构严谨得到了广泛应用，越来越多的学者引入各种外部变量研究不同情境下个体的使用行为与意愿，其中，TAM 在旅游领域也展现了丰富的研究价值。Chen 等基于 TAM 将网络负面口碑作为外部因素，构建大学生在线旅游预订行为模型，探讨影响大学生在线旅游决策的因素。[3] 周波等以故宫博物院为例，把技术意愿纳入技术接受模型研究增强现实技术对游客旅游意向的影响。结果表明技术意愿的创新性、不舒适感和缺乏安全感三个维度显著影响游客使用增强现实技术态度，并验证了 TAM 的作用机制。[4] 本报告将敬畏情绪作为 TAM 的外部因素研究潜在游客旅游意愿，可以在一定程度上扩展技术接受模型理论的相关研究。

---

[1] Davis F. D., Bagozzi R. P., Warshaw P. R., "User Acceptance of Computer Technology: A Comparison of Two Theoretical Models," *Management Science*, 1989.

[2] 刘慧悦、阎敏君：《移动短视频使用对旅游者行为意愿的影响研究》，《旅游学刊》2021 年第 10 期。

[3] Chen X., Li Z., "Research on the Behavior of College Students' Online Tourism Booking Based on TAM," *Journal of Service Science and Management*, 2020.

[4] 周波、周玲强、吴茂英：《智慧旅游背景下增强现实对游客旅游意向影响研究——一个基于 TAM 的改进模型》，《商业经济与管理》2017 年第 2 期。

（二）SOR 理论

SOR 理论最早由 Mehrabian 等人提出，用于解释和预测外界环境刺激对人的认知或情感以及做出的行为所产生的影响。[①] SOR 理论认为个体受到外部因素刺激后会产生认知、情感等心理状态，进而影响个体的行为决策。

SOR 理论通常被应用于消费者购买行为研究领域中，基于 SOR 理论的旅游消费者行为研究成果也较为丰富。Jie 运用 SOR 理论研究森林康养旅游地的功能属性对游客行为意向的影响，构建功能属性、地方依恋、满意度和行为意向之间的模型。[②] 秦俊丽基于 SOR 理论，研究社交媒体营销对潜在游客乡村旅游意愿的影响作用机制，发现社会媒体营销会对乡村旅游意愿产生正向影响，且个体在社会媒体营销刺激下所产生的感知价值也能促进乡村旅游意愿的产生。[③] 因此，过往研究为本研究运用 SOR 理论构建敬畏情绪对珠峰潜在游客旅游意愿影响模型奠定了扎实的理论基础。

二 文献综述与假设提出

（一）珠峰旅游研究

珠穆朗玛峰以其独特的地理环境，受到了众多学者的关注，国内外学者对珠峰的研究多集中于地理科学、生物学、气象学、地质学等自然科学学科领域。随着珠峰的旅游发展，越来越多的学者也开始对珠峰的旅游领域开展研究，主要包含珠峰生态旅游、游客旅游动机与感知评价等方面。在生态旅

---

① Mehrabian A., Russell J. A., "*An Approach to Environmental Psychology*," Cambridge: MIT Press, 1974.

② Jie D., "The Influence of Functional Attributes of Forest Wellness Tourism Destination on Tourists' Behavioral Intention Based on SOR Theory," *Tourism Management and Technology Economy*, 2023.

③ 秦俊丽：《社交媒体营销对消费者乡村旅游意愿的影响——感知价值的中介作用》，《商业经济研究》2022 年第 23 期。

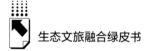

游方面，王丽丽等对西藏珠穆朗玛峰国家级自然保护区进行生态旅游空间布局分析，并对其发展生态旅游提供相关建议。① 在游客旅游动机与感知评价方面，Etienne 通过文献研究、实地调查发现，徒步旅行者前往尼泊尔珠穆朗玛峰的动机大多是追求身心健康、观看壮观极限的风景和体验异国情调等。② Beza 通过让澳大利亚游客和夏尔巴人对尼泊尔珠穆朗玛峰徒步旅行中的景观照片进行评估，得出外国游客和当地居民对珠穆朗玛峰徒步旅行沿线景观的审美价值评估结构主要由生物物理特征、情感和概念三个元素构成。③

通过对文献的梳理发现，目前对珠峰旅游的研究仍较为缺乏、不够全面，对游客的旅游意愿研究更是较少，因此本研究以西藏珠峰景区作为案例地，研究敬畏情绪对潜在游客旅游意愿的影响机制，进而丰富珠峰旅游的理论研究，为珠峰旅游高质量发展提供相应的建议。

（二）敬畏情绪研究

在敬畏情绪源于积极情绪的相关研究中，Shiota 等认为敬畏情绪与其他积极情绪一样能够激活并促进人们的行为倾向。④ Dacher 等最早运用原型模型对敬畏情绪进行界定解释并探究其核心特征，将敬畏情绪定义为当个体面对广阔的、浩大的以及超越当前理解范围的事物时所产生的复杂情绪，并提出敬畏情绪的两个核心特征是感知到浩大和对顺应的需要。浩大是指任何比自我强大的事物，顺应则是指个体无法同化新事物时的心理重建过程，只有包含了这两大核心特征的情绪才是敬畏情绪。旅游领域的敬畏情绪研究主要

① 王丽丽、张天星：《基于国土空间规划视角的自然保护区生态旅游空间布局研究——以西藏珠穆朗玛峰国家级自然保护区为例》，《林业调查规划》2022 年第 5 期。

② Etienne J., "Why Do People Come to See Mount Everest? Collective Representations and Tourism Practices in the Khumbu Region," *Revue De Géographie Alpine*, 2017.

③ Beza B. B., "The Aesthetic Value of a Mountain Landscape: A Study of the Mt. Everest Trek," *Landscape and Urban Planning*, 2010.

④ Shiota N. M., Campos B., Keltner D., "The Faces of Positive Emotion," *Annals of the New York Academy of Sciences*, 2003.

集中于产生因素、影响作用、维度构成等方面。[①]

Matthew 等通过实验发现自然环境体验可以促进敬畏情绪的产生。[②] 郭俊伶等论证了红色旅游游客感知到的红色人物、事迹和遗址是敬畏情绪的产生因素。[③] Aiping 等认为在宗教旅游情境下敬畏情绪可以促进游客产生环保行为。[④] 田野等以西藏旅游为例发现敬畏情绪可以正向影响游客的满意度和忠诚度。[⑤] 祁潇潇等通过结构方程模型检验敬畏情绪对环境责任行为具有显著影响作用。[⑥] David 等开发了包含时间感知改变、自我递减、连通性、感知浩大、身体感觉、住宿需求六个因素结构的敬畏体验量表。[⑦] 李卓等探究敬畏情绪具有震撼感、渺小感、愉悦感和虔敬感四个维度。[⑧] 梳理文献后发现，目前仍缺乏敬畏情绪对潜在游客旅游意愿影响的研究，需深入分析其影响作用与机制。

（三）敬畏情绪与感知有用性、感知易用性的关系

个体的情绪对感知会产生积极作用，进而影响人们的决策与行为。马庆国等认为用户的积极情绪可以通过对新信息技术的感知有用性和感知易用性正向影响采纳意向。[⑨] Rudd 等研究发现敬畏情绪对感知时间可用性有积极

① Dacher K. , Jonathan H. , "Approaching Awe, a Moral, Spiritual, and Aesthetic Emotion," *Cognition Emotion*, 2003.
② Matthew B. , Allen M. O. , "Absorption: How Nature Experiences Promote Awe and other Positive Emotions," *Ecopsychology*, 2018.
③ 郭俊伶、卢东、金鹏：《红色旅游中敬畏情绪对游客国家认同的影响研究》，《资源开发与市场》2018 年第 7 期。
④ Aiping Y. , Wenwen J. , "The Influence of Eliciting Awe on Pro-environmental Behavior of Tourist in Religious Tourism," *Journal of Hospitality and Tourism Management*, 2021.
⑤ 田野、卢东、吴亭：《敬畏情绪与感知价值对游客满意度和忠诚的影响——以西藏旅游为例》，《华东经济管理》2015 年第 10 期。
⑥ 祁潇潇、赵亮、胡迎春：《敬畏情绪对旅游者实施环境责任行为的影响——以地方依恋为中介》，《旅游学刊》2018 年第 11 期。
⑦ David B. Y. , Scott B. K. , Elizabeth H. , et al. , "The Development of the Awe Experience Scale (AWE-S): A Multifactorial Measure for a Complex Emotion," *The Journal of Positive Psychology*, 2019.
⑧ 李卓、赵亮：《游客敬畏情绪诱发情境与维度构成》，《中国冶金教育》2021 年第 6 期。
⑨ 马庆国、王凯、舒良超：《积极情绪对用户信息技术采纳意向影响的实验研究——以电子商务推荐系统为例》，《科学学研究》2009 年第 10 期。

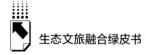
影响，进而影响人们对体验型产品的偏好和对生活的满意度。① Ruijuan 等研究形象情绪与景区类型匹配对感知有帮助性的影响，发现对自然景区，评论者上传表达出敬畏情绪的图像会促使人们感知到该评论是有帮助的。② 由此可知，敬畏情绪可以影响个体的感知。因此，本研究提出以下假设。

H1：珠峰潜在游客的敬畏情绪对感知有用性具有正向影响作用。

H2：珠峰潜在游客的敬畏情绪对感知易用性具有正向影响作用。

（四）感知有用性、感知易用性与旅游意愿的关系

根据技术接受模型，感知有用性和感知易用性能够促进用户对新技术或系统产生使用意向及行为。对珠峰潜在游客而言，感知有用性是游客感知到参与珠峰旅游有助于提高自身生活质量、身心健康的程度，感知易用性是游客感知到参与珠峰旅游的难易程度。TAM 在旅游行为意愿研究中主要应用于旅游智能系统、媒体营销等方面。研究表明，感知有用性和感知易用性可以促进游客产生对旅游意愿。如刘雷等研究得出感知有用性和感知易用性可以促进消费者产生体育旅游行为意向，并且在所有影响因素中感知有用性对旅游行为意向的正向影响作用最大，进而间接对行为意向产生影响。③ 基于此，本研究提出以下假设。

H3：珠峰潜在游客的感知有用性对其旅游意愿具有正向影响作用。

H4：珠峰潜在游客的感知易用性对其旅游意愿具有正向影响作用。

（五）敬畏情绪与旅游意愿的关系

研究表明，情绪可以刺激个体产生行为意愿。在旅游行为意愿研究方

---

① Rudd M. , Vohs D. K. , Aaker J. , "Awe Expands People's Perception of Time, Alters Decision Making, and Enhances Well-being," *Psychological Science*, 2012.

② Ruijuan W. , Yun H. , Shuai C. , "Awe or Excitement? The Interaction Effects of Image Emotion and Scenic Spot Type on the Perception of Helpfulness," *Journal of Hospitality and Tourism Management*, 2024.

③ 刘雷、史小强：《新冠肺炎疫情背景下体育旅游消费行为影响机制——基于 S-O-R 框架的 MOA-TAM 整合模型的实证分析》，《旅游学刊》2021 年第 8 期。

面，有较多关于积极情绪的相关研究。如 Hosany 等设计了瑞士阿尔卑斯山的广告，研究发现广告诱发的积极情绪是访问目的地意愿的重要预测因素，积极情绪可以促进潜在的西班牙游客对瑞士阿尔卑斯山的旅游意愿。[1] 近年来，敬畏情绪作为积极情绪的一种，受到了众多学者的关注，研究表明刺激游客对旅游目的地产生敬畏情绪能够促使其产生行为意愿。Van 等得出宗教参与者在敬畏情绪的诱导下更具有前往精神目的地的行为意图。[2] 吕丽辉等以杭州径山风景区为例，发现敬畏情绪可以显著正向影响游客行为意愿。[3] 鉴于此，本研究提出以下假设。

H5：珠峰潜在游客的敬畏情绪对其旅游意愿具有正向影响作用。

（六）感知有用性、感知易用性的中介作用

基于上述研究分析与假设，本研究认为珠峰潜在游客的敬畏情绪可以正向影响感知有用性，游客通过产生参与珠峰旅游对自身生活质量、身心健康的有用程度感知进一步刺激生成旅游意愿。同理，游客在敬畏情绪影响下的感知易用性，通过产生参与珠峰旅游的简单程度感知也能刺激游客生成旅游意愿。因此，本研究提出以下假设。

H6：珠峰潜在游客的感知有用性在敬畏情绪对旅游意愿的影响中起着中介作用。

H7：珠峰潜在游客的感知易用性在敬畏情绪对旅游意愿的影响中起着中介作用。

（七）模型构建

根据上述假设构建的理论假设模型如图 1 所示。

---

[1] Hosany S., Buzova D., Sanz-Blas S., "The Influence of Place Attachment, Ad-evoked Positive Affect, and Motivation on Intention to Visit: Imagination Proclivity as a Moderator," *Journal of Travel Research*, 2020.

[2] Van Cappellen Patty, Saroglou Vassilis, "Awe Activates Religious and Spiritual Feelings and Behavioral Intentions," *Psychology of Religion and Spirituality*, 2012.

[3] 吕丽辉、王玉平：《山岳型旅游景区敬畏情绪对游客行为意愿的影响研究——以杭州径山风景区为例》，《世界地理研究》2017 年第 6 期。

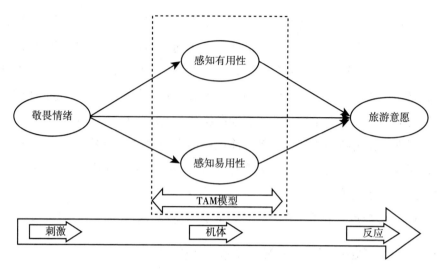

图1 理论假设模型

三 研究设计

（一）研究案例地

珠穆朗玛峰位于中国与尼泊尔的交界处，北部位于西藏定日县，南部位于尼泊尔境内，是世界第一高峰。得益于独特的地理环境，珠峰具有许多罕见、奇妙的自然景观，同时还蕴含着丰富的藏族文化，拥有著名的寺庙和藏传佛教文化。根据敬畏原型模型以及田野等学者的相关研究，珠峰拥有的奇妙自然景观和藏传佛教文化有利于刺激游客产生敬畏情绪，[①] 因此本研究选择珠峰景区作为案例地，研究敬畏情绪对潜在游客珠峰旅游意愿的影响。

（二）问卷设计

在问卷前插入了一个关于珠峰旅游的短视频作为刺激敬畏情绪的材

---

① 田野、卢东、吴亭：《敬畏情绪与感知价值对游客满意度和忠诚的影响——以西藏旅游为例》，《华东经济管理》2015年第10期。

料。该视频的点赞、评论和转发量达 25.3 万条，从视频画面可以看到珠穆朗玛峰的皑皑雪山、日照金山等奇妙自然景观，作者的解说也在一定程度上表达了对珠峰景观的敬畏，因此本研究使用该视频作为刺激材料。另外，在问卷设置题项"你是否去过珠穆朗玛峰旅游"，以此筛选研究对象为珠峰的潜在游客。问卷的主体部分借鉴成熟量表题项对敬畏情绪、感知有用性、感知易用性和旅游意愿进行测度，共 15 个题项，采用 Likert7 级量表（见表 1）。第二部分是个人基本信息如性别、年龄、学历、月收入等。

表 1　问卷量表测量题项

变量	题项	参考来源
敬畏情绪	平静—震撼	田野等 董锦娜等
	无聊—惊奇	
	没有印象—难忘	
	普通—独特	
	轻视—崇敬	
	意志消沉—振奋人心	
感知有用性	珠峰旅游能体验别样乐趣，丰富生活内容	Davis F. D. 刘雷等
	珠峰旅游能提升体育认知能力，满足精神需求	
	珠峰旅游能锻炼身心，促进身心健康	
感知易用性	珠峰旅游的过程很容易	Davis F. D. 刘雷等
	珠峰旅游的知识或技能很容易	
	珠峰旅游的过程很便捷	
旅游意愿	观看视频后，前往当地对我仍有很大的吸引力	杨永丰等 Woodsideag 等
	客观条件允许下，我会尽快前往珠峰旅游	
	观看视频后，我会向亲朋好友推荐前往当地旅游	

资料来源：田野、卢东、Samart Powpaka：《游客的敬畏与忠诚：基于情绪评价理论的解释》，《旅游学刊》2015 年第 10 期；董锦娜、王红艳：《红色旅游对红色文化认同的影响机理研究——基于敬畏情绪的中介》，《干旱区资源与环境》2024 年第 4 期；Davis F. D. , "Perceived Usefulness, Perceived Ease of Use, and User Acceptance of Information Technology," *Management Information Systems Quarterly*, 1989；刘雷、史小强：《新冠肺炎疫情背景下体育旅游消费行为影响机制——基于 S-O-R 框架的 MOA-TAM 整合模型的实证分析》，《旅游学刊》2021 年第 8 期；杨永丰、李海懿、王朝阳：《心临其境——"云旅游"中临场感对旅游意愿的影响研究》，《旅游论坛》2024 年第 1 期；Woodsideag, Lysonskis, "Ageneral Model of Traveler Destination Choice," *Journal of Travel Research*, 1989。

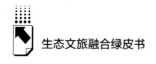

（三）数据收集

本研究主要采用随机抽样法和滚雪球抽样法，在 2024 年 3 月 20 日至 2024 年 4 月 23 日期间先后借助微信、小红书等线上平台发放问卷，共发放 317 份问卷，剔除无效问卷和去过珠峰旅游的游客问卷 164 份，最终得到有效问卷 153 份。有效样本的统计结果显示，男女比例差异较小，其中男性占比 44.44%，女性占比 55.56%；年龄方面，18~30 岁的样本占比较高，为 72.55%；学历以本科为主，占比 67.97%，这也符合参与珠峰旅游的人群大多是中青年群体的特性。

四 数据分析与结果

（一）信效度检验

首先，对问卷信度进行分析，如各个变量的题项 Alpha 系数都在 0.8 以上，且总题项的 Alpha 系数为 0.915，大于 0.7，说明问卷的可靠性较高，可以很好地反映测量者真实情况和看法（见表 2）。

表 2 信度分析结果

变量	克隆巴赫 Alpha	项数
敬畏情绪	0.958	6
感知有用性	0.879	3
感知易用性	0.915	3
旅游意愿	0.900	3
总题项	0.915	15

其次，检验探究性因子分析与验证性因子分析检验量表的效度，数据分析结果显示，整个量表的 KMO = 0.9>0.5，且 $P<0.001$，显著性高，并且用

主成分分析法检测量表的总方差解释率，结果显示共提取出 4 个主成分，累计解释率达到 83.49%，第一个主成分的方差解释量为 31.92%，低于总解释量一半的阈值；并采最大方差法旋转因子，旋转后的各个因子载荷都大于 0.5，表明该量表的构建效度良好。最后利用 AMOS 进行验证性因子分析，由下表可知，X^2/df 为 1.400，小于 3；RMSEA 为 0.051，小于 0.08；GFI 为 0.906，大于 0.9；CFI 为 0.983，大于 0.9；IFI 为 0.983，大于 0.9；TLI 为 0.979，大于 0.9，模型拟合较好（见表 3）。

表 3　整体拟合系数表（结构效度）

X^2/df	RMSEA	GFI	CFI	IFI	TLI
1.400	0.051	0.906	0.983	0.983	0.979

$F1$、$F2$、$F3$、$F4$ 各个潜变量对应各个题目的因子载荷数均大于 0.7，说明其各个潜变量对应所属题目具有很高代表性；各个潜变量平均方差变异 AVE 均大于 0.5，组合信度 CR 大于 0.8，说明信效度理想（见表 4）。

表 4　因子荷数表（聚合效度）

路径			Estimate	AVE	CR（组合信度）
敬畏 1	←	$F1$	0.890		
敬畏 2	←	$F1$	0.891		
敬畏 3	←	$F1$	0.858	0.7924	0.9581
敬畏 4	←	$F1$	0.888		
敬畏 5	←	$F1$	0.897		
敬畏 6	←	$F1$	0.916		
有用 1	←	$F2$	0.809		
有用 2	←	$F2$	0.875	0.7097	0.8799
有用 3	←	$F2$	0.842		

续表

路径			Estimate	AVE	CR（组合信度）
易用 1	←	F3	0.885		
易用 2	←	F3	0.859	0.7843	0.916
易用 3	←	F3	0.912		
意愿 1	←	F4	0.872		
意愿 2	←	F4	0.904	0.7533	0.9015
意愿 3	←	F4	0.826		

$F1$、$F2$、$F3$、$F4$ 之间有显著相关性，相关性系数均小于所对应的 AVE 平方根，说明各个潜变量之间有一定相关性，且彼此间有一定区分度，量表区分效度理想（见表5）。

表5　区分效度

变量	敬畏情绪	感知有用性	感知易用性	旅游意愿
敬畏情绪	0.79	—	—	—
感知有用性	0.65	0.71	—	—
感知易用性	0.20	0.18	0.78	—
旅游意愿	0.42	0.49	0.56	0.75
AVE 的平方根	0.89	0.84	0.89	0.87

（二）描述性统计分析

敬畏情绪与感知有用性、感知易用性、旅游意愿显著正相关；感知有用性与感知易用性、旅游意愿显著正相关；感知易用性与旅游意愿显著正相关（见表6）。

表6　描述性统计与相关性检验结果

变量	敬畏情绪	感知有用性	感知易用性	旅游意愿
敬畏情绪	1	—	—	—
感知有用性	0.598 **	1	—	—
感知易用性	0.194 *	0.182 *	1	—
旅游意愿	0.387 **	0.433 **	0.520 **	1
平均值	5.301	5.519	4.662	5.303
标准差	1.487	1.284	1.661	1.487

注:"*""**"代表显著性水平,"*"代表$P<0.05$,"**"代表$P<0.01$,下同。

(三)假设检验

为了检验变量间是否存在严重的多重共线性问题,本研究在进行假设检验前进行了方差膨胀因子(Variance Inflation Factor,VIF)检验,结果表明,以感知有用性、感知易用性为中介的两条路径模型 VIF 值为 1.039~1.555,均小于5,说明不存在多重共线性问题。

1. 以感知有用性为中介的检验

本文利用 SPSS 采用层次回归的方法对研究假设进行验证,首先以感知有用性为中介的路径检验结果如表7所示。

表7　以感知有用性为中介的检验

变量	感知有用性		旅游意愿		
	M1	M2	M3	M4	M5
性别	0.377	0.225	-0.05	-0.18	-0.265 *
年龄	-0.164	-0.088	-0.342	-0.277	-0.244
学历	-0.166	-0.132	-0.147	-0.118	-0.068
收入	-0.116	0.011	0.261	0.37 *	0.365 *
自变量					
敬畏情绪		0.49 **		0.418 **	0.233 *
中介变量					
感知有用性					0.378 **
R^2	0.078	0.374	0.027	0.187	0.254
调整后的 R^2	0.053	0.353	0.001	0.16	0.224
F	3.131 *	17.551 **	1.036	6.784 **	8.294 **

首先对假设 1 进行检验，发现敬畏情绪对感知有用性具有显著正向影响（M2，$\beta = 0.49$，$P<0.001$），H1 成立。敬畏情绪显著正向影响旅游意愿（M4，$\beta = 0.418$，$P<0.001$），H5 成立。将敬畏情绪和感知有用性同时放到回归模型，结果表明，感知有用性显著正向影响旅游意愿（M5，$\beta = 0.378$，$P<0.001$），H3 成立。而敬畏情绪对旅游意愿的影响减弱（M5，$\beta = 0.233$，$P<0.05$），但仍然呈显著水平，由此可得，感知有用性在敬畏情绪对旅游意愿的影响中起到中介作用，H6 得到部分支持。

2. 以感知易用性为中介的检验

利用上述方法对以顾客导向为中介的路径进行检验，结果如表 8 所示。

表 8　以感知易用性为中介的检验

变量	感知易用性		旅游意愿		
	M6	M7	M8	M9	M10
性别	-0.567*	-0.668*	-0.05	-0.18	0.098
年龄	-0.243	-0.192	-0.342	-0.277	-0.197
学历	-0.037	-0.014	-0.147	-0.118	-0.112
收入	0.493**	0.578**	0.261	0.37*	0.13
自变量					
敬畏情绪		0.325**		0.418**	0.283**
中介变量					
感知易用性					0.416**
R^2	0.091	0.169	0.027	0.187	0.367
调整后的 R^2	0.067	0.14	0.001	0.16	0.341
F	3.714*	5.966**	1.036	6.784**	14.103**

首先对假设 2 进行检验，发现敬畏情绪对感知易用性具有显著正向影响（M7，$\beta = 0.325$，$P<0.001$），H2 成立。将敬畏情绪和感知易用性同时放到回归模型，结果表明，感知易用性显著正向影响旅游意愿（M10，$\beta = 0.416$，$P<0.001$），H4 成立。而敬畏情绪对旅游意愿的影响减弱（M10，$\beta = 0.283$，$P<0.001$），但仍然呈显著水平，由此可得，感知易用性在敬畏情绪对旅游意愿的影响中起到中介作用，H7 得到部分支持。

为了对感知有用性和感知易用性的中介作用进行再次检验，利用Process 插件对中介效应进行检验。在感知易用性为中介变量时间接效应为0.0899，在95%的置信区间为〔0.0163，-0.1861〕（不包含0），但直接效应在95%的置信区间为〔-0.0056，-0.4441〕（包含0），总效应在95%的置信区间为〔0.1220，-0.6170〕（不包含0），因此感知有用性在敬畏情绪对潜在游客旅游意愿的影响中起到完全中介的作用，且中介效应显著。H6成立。在感知易用性为中介变量时间接效应为0.0899，在95%的置信区间地方认同为〔0.0163，-0.1861〕（不包含0），说明感知易用性在敬畏情绪对潜在游客旅游意愿的影响中起到部分中介的作用，且中介效应显著，因此H7成立（见表9和表10）。

表9　以感知有用性为中介的检验

效应	Effect	BootSE	BootLLCI	BootULCI	效应占比
中介效应	0.1875	0.0719	0.059	0.3397	48%
直接效应	0.1992	0.2012	-0.0056	0.4441	52%
总效应	0.3867	0.1290	0.1220	0.6170	—

表10　以感知易用性为中介的检验

效应	Effect	BootSE	BootLLCI	BootULCI	效应占比
中介效应	0.0899	0.0434	0.0163	0.1861	23%
直接效应	0.2968	0.0843	0.1432	0.4743	77%
总效应	0.3867	0.0690	0.2850	0.5510	—

五　研究结论与建议

（一）研究结论

本报告围绕敬畏情绪是否会影响潜在游客珠峰旅游意愿这一问题开

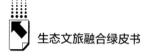

展研究，依靠 SOR 理论与 TAM 模型，以未去过珠峰旅游的潜在游客为研究对象，构建了一个有两个中介的模型，探究短视频刺激下，敬畏情绪通过感知有用性与感知易用性对潜在游客珠峰旅游意愿产生的影响，根据分析结果可知，敬畏情绪正向影响潜在游客珠峰旅游意愿。游客选择旅游目的地时多会通过短视频等社交软件获得相关信息，可以提前预知旅游目的地的形象以及建设情况，游客在观看珠峰的相关视频时，对珠峰的山丘地貌容易产生敬畏情绪，并会对珠峰旅游的可行性以及旅游时产生的感受进行预估，从而影响其旅游决策。除此之外，感知易用性与感知有用性在敬畏情绪与潜在游客珠峰旅游意愿之间起到中介作用，根据 TAM 模型与 SOR 理论，外界刺激的认识通过自身的评估对行为产生影响，因此本研究表明感知有用性与感知易用性在敬畏情绪与潜在游客珠峰旅游意愿之间起到中介作用，其中，感知有用性起到完全中介作用，感知易用性起到部分中介作用。在短视频刺激下，游客开始认识珠峰，认为珠峰是难忘的，令人崇敬的，进而对珠峰旅游能否促进心情愉快和身心健康发展，以及珠峰旅游的可行性进行评估，从而激发潜在的旅游意愿。

（二）建议

首先，加强基础设施建设，提高珠峰旅游的可行性。游客前往珠峰旅游最大的困难包括交通不便以及高原地势导致的气候问题，存在一定风险性。应加强旅游目的地的基础设施建设，定期检查维护公路建设，减少安全隐患；开设旅游专线为独自旅游者提供便利。在旅游景区、酒店等地提供充足氧气，有效缓解游客高原反应。其次，维护景区环境，开发新旅游产品，提高游客体验质量；珠峰旅游景区存在卫生情况较差等问题，因此应加强对珠峰景区环境保护，定期保养维护必要的旅游设施，为游客提供良好的旅游环境；开发新型旅游产品，不单单以观光旅游为主，提高游客的沉浸感；注重服务人员专业培训与管理，规范经营，提高服务质量，提升游客的体验感。最后，加强线上宣传力度，刺激潜在游客好奇心，网络技术的发展使网络成为游客提前获得旅游目的地信息的主要来源，因此要加强各个线上社交平台的宣传力度，开创旅游目的地自身的社交账号，并积极拍摄宣传视频，发布相关介绍文章，充分激发游客的好奇心；创新宣传方式，如以游客视角拍摄旅游体验视频，让游客深度感受到珠峰旅游的好处，促进潜在游客的旅游意愿。

G.9

基于情感信息传播的
珠峰旅游未来开发研究

姜 红 祝芝平*

摘 要： 新媒体已成为一种强有力的宣传工具。使用新媒体技术有效引导珠峰舆情信息以及利用珠峰正面舆情信息，可以增强人们对珠峰旅游的认知和兴趣，进而推动该地区旅游业的发展。本研究在经典传染病模型SIR的基础上，考虑了网络媒体与政府干预对珠峰舆情信息传播的影响，并从情感信息的角度出发，将传播珠峰旅游类舆情信息的传播者分为传播积极信息的积极传播者和传播消极信息的消极传播者，同时结合实际情况考虑了潜伏者的存在，构建了多主体干预下的情感信息传播模型，利用下一代矩阵法求其基本再生数，使用 Matlab 对舆情传播模型进行仿真模拟。仿真实验表明，网络媒体的强化和抑制作用显著提升了传播者群体的规模，增加了积极传播者的数量，极大地加快了舆论传播的速度，并扩大了其影响范围。政府通过有效的导向和管控，增加了积极传播者的比例，削弱了消极传播者的影响，激活了潜伏者转变为积极传播者。这样的策略有效提升了珠峰旅游的知名度，并推动了旅游业的可持续发展。

关键词： 珠峰旅游 网络舆情 情感信息 多主体干预

---

* 姜红，上海商学院酒店管理学院教授，教育部高等学校旅游管理教学指导委员会委员，酒店管理专委会委员，全国饮食服务业标准化技术委员会委员，国家级酒店管理专业综合改革首席教授，首批国家一流专业建设点酒店管理专业带头人，主要研究方向为酒店管理；祝芝平，上海工程技术大学管理学院，主要研究方向为信息管理。

一 引言

珠穆朗玛峰被誉为世界之巅，以其最高的海拔吸引着全球的探险者和游客，为当地带来了发展机遇。在新媒体时代，网络社交平台为公众提供了一个实时表达观点和意见的渠道，这种即时性使得网络舆论能够迅速形成并扩散，舆情信息传播已经成为一种低成本、高效率的旅游营销策略，特别是对珠峰这样具有全球知名度的旅游目的地，正确引导舆论的方向，可以极大地促进珠峰旅游的发展，提升珠峰旅游的吸引力，进而提高当地的经济水平。而在舆情信息的演化过程中，公众情感扮演着至关重要的角色，它能够显著影响舆论的走向和强度。

为此，本研究立足公众情感的视角，将公众划分为两大传播群体"积极传播者"与"消极传播者"，探讨了在网络媒体和政府策略性干预的双重作用下，舆情信息传播的内在规律以及这些规律如何塑造和影响公众对珠峰旅游的认知和情感，进而推动珠峰旅游形象的积极构建。通过本研究，可以更好地理解珠峰等旅游目的地在全球范围内的形象塑造过程，以及如何通过有效的信息传播策略，提升其在全球旅游市场中的竞争力和吸引力。

二 相关研究

近年来，国家对旅游业的重视以及各项政策的推动使民族旅游得以蓬勃发展。① 旅游作为一种综合性产业，在推动经济发展、乡村振兴、社会网络重构等方面发挥着重要作用，国内学者也从多个角度出发，通过理论与实践相结合的方式，探索提高旅游质量和效益的方法，以促进旅游业的可持续发

---

① 王兰、张梦竹：《民族旅游开发的 SWOT 分析及发展策略——以围场满族蒙古族自治县为例》，《边疆经济与文化》2024 年第 2 期。

展。林婷等人分析了智慧旅游的发展现状和盈利模式,指出了存在的问题,并提出了通过景点联动、政府平台建设、线上推送优化和产业协同等策略提升智慧旅游的盈利能力。① 刘民坤等人的研究揭示了旅游发展如何通过社会网络重构促进村民参与乡村治理,从而提升乡村治理水平和社区凝聚力。② 李文路的研究强调了生态旅游在中国式现代化背景下对民族地区发展的重要作用,研究指出通过提升基础设施、保护生态环境、融合农文旅产业,可以有效促进贵州喀斯特地区的乡村振兴。③ 李依桐等通过实证分析发现,冰雪旅游目的地的形象通过顾客感知价值正向影响顾客满意度;提升旅游基础设施和服务质量、丰富文化旅游产品是增强目的地吸引力的关键。④ 钟德仁等探讨了禾泉农庄乡村旅游的高质量发展路径,指出需要依托当地文化资源,并通过科技创新提升旅游产品特色和市场竞争力。⑤

在广泛探索如何提高旅游产业的同时,学术界的目光逐渐聚焦于特定地区的特殊案例,尤其是那些具有独特自然景观和文化价值的地区。珠峰地区,以其无与伦比的地理高度和深厚的文化底蕴,自然而然地成为旅游研究的热点。

赵芝旋通过 SWOT 分析法对日喀则旅游发展进行了全面分析,识别了旅游发展的内外部条件,并提出了一系列对策,以促进旅游业的可持续发展。⑥ 刘万昱等着重于珠峰文化旅游产品开发的必要性,提出在保护生态环境的同时,合理开发旅游纪念品对于传播地域文化和满足游客需求至

---

① 林婷、孙妍、易敏等:《"互联网+"时代智慧旅游发展及盈利模式探索》,《商展经济》2024 年第 5 期。

② 刘民坤、宋韵、邓小桂等:《社会网络重构视角下旅游驱动村民参与乡村治理的路径研究》,《地理科学进展》2024 年第 3 期。

③ 李文路:《中国式现代化背景下贵州喀斯特地区生态旅游高质量发展研究》,《中国软科学》2024 年第 S1 期。

④ 李依桐、褚凌云、陈冠博等:《冰雪旅游目的地形象对顾客满意度影响研究》,《北方经贸》2024 年第 2 期。

⑤ 钟德仁、石晓宇:《城乡融合背景下禾泉农庄乡村旅游高质量发展路径研究》,《长春大学学报》2023 年第 3 期。

⑥ 赵芝旋:《西藏日喀则旅游发展 SWOT 分析及对策研究》,《咸阳师范学院学报》2016 年第 4 期。

关重要，并对珠峰文化旅游产品开发进行了探讨。① 杨涛聚焦于珠峰大本营旅游收益的共享机制，指出了当前机制在促进当地发展的同时，也存在贫困群体参与度不高的问题，并建议通过优化共享机制和引入扶贫资本来提高旅游经营的亲贫效果。② 朱德锐则专注于环珠峰地区生态旅游的可持续发展，分析了该地区的自然资源条件和生态政策保障，并提出了生态旅游发展的一般模式。③

在新媒体时代，旅游信息的传播已经突破了传统媒介的界限，通过多样化的网络平台实现了快速扩散。旅游信息的传播者往往受到个人情感的驱动，例如对家乡的深厚情感、对国家的热爱，或是对旅游本身的热情与兴趣，这些情感因素成为他们分享和推广旅游信息的重要动力。目前已有不少学者研究了情感信息的传播规律，如那日萨等基于 SIR 模型构建了考虑全局情感的基本在线口碑情感传播模型，并进一步考虑了企业干预的影响，包括企业资源投入量和采取措施的时间。④ 有学者对主体干预下的舆情传播进行研究，如 Lei 等探讨了多主体的风险感知对舆情传播的影响机制，指出在媒体与政府信息的交互作用下，信息叠加效应更为显著，叠加效应的出现与参与者信息发布的顺序、参与者所代表的事实的可靠性有关。⑤ 张琳等识别微博中多个舆情话题的交互传播规律从而使干预决策的制定更有针对性，提出一种多主体干预的微博舆情话题交互传播模型。⑥ Lixiao 等研究了不同媒体干预对网络舆情传播的影响，结合网络媒体和政府媒体对 SEIR 模型的影响，考虑不同情绪之间的相互作用，从不同角度看媒体的作用，识别和控制情绪传播者，增加将积极和消极的情绪传播者转化为免疫者的概率，可以有

---

① 刘万昱、徐星明：《珠峰文化旅游产品开发》，《旅游纵览》（下半月）2019 年第 2 期。

② 杨涛：《西藏珠峰大本营旅游收益的共享机制研究》，《西藏研究》2017 年第 3 期。

③ 朱德锐：《环珠峰地区生态旅游可持续发展模式研究》，《现代商贸工业》2022 年第 12 期。

④ 那日萨、崔雪莲：《社交网络商品在线口碑情感信息传播模型研究》，《系统工程学报》2019 年第 3 期。

⑤ Lei S., Yan-nan Z., "Research on the Impact of Information Interaction Between Government and Media on the Dissemination of Public Opinion on the Internet," *Heliyon*, 2023.

⑥ 张琳、陈荔：《多主体干预的微博舆情话题交互传播模型研究》，《情报科学》2022 年第 11 期。

效减少消极传播者的数量，从而控制舆论的传播。[①] 张静等在考虑媒体和政府干预的基础上，结合实际情况加入意见领袖对网络舆情传播的影响，将舆情传播者划分为支持者、中立者和反对者 3 类，构建多主体干预下的三分意见群体网络舆情传播模型。[②]

目前，情感信息传播在旅游领域的研究尚处于起步阶段，针对珠峰这一特殊旅游目的地，情感信息传播的模型构建和实证研究仍然较为缺乏。在这样的背景下，探索珠峰旅游情感信息的传播机制，并通过有效的舆情信息引导来提升旅游吸引力和体验，不仅具有理论创新的价值，也具有实际应用的重要意义。因此本研究在 SIR 传染病模型的基础上引入网络媒体和政策干预因素，考虑不同情绪之间的互动，将舆论群体划分为积极传播者和消极传播者并考虑了潜伏者的存在。从而构建了一个更为精确反映现实舆情传播的多主体、多情绪状态的动态模型。最后根据舆情传播的特点提出了针对性的舆情信息管理策略，旨在为珠峰等特殊旅游目的地的情感信息传播提供科学指导和实践参考。

三 基于情感信息传播的珠峰旅游类舆情信息传播模型构建

（一）基于情感信息传播的珠峰旅游类舆情信息传播模型描述

在舆情信息的交互传播过程中，网民扮演着至关重要的角色，为了刻画网民在珠峰旅游类舆情信息传播中的多元角色和动态变化，将网民的参与状态细分为五种不同的类别。易感者（S）：指尚未接触珠峰旅游类舆情信息，

① Lixiao G., Hongye Z., Gaigai Q., et al., "Online Public Opinion Dissemination Model and Simulation under Media Intervention from Different Perspectives," *Chaos, Solitons and Fractals: the Interdisciplinary Journal of Nonlinear Science, and Nonequilibrium and Complex Phenomena*, 2023.

② 张静、王筱莉、赵来军等：《多主体干预下的三分意见群体网络舆情传播模型研究》，《重庆理工大学学报》（自然科学）2021 年第 12 期。

但有可能在未来成为信息接收者的网民。犹豫者（E）：这部分网民已经了解到珠峰舆情信息，但尚未决定是否要进行传播，因为信息的不确定性、个人态度或其他外部因素而处于观望状态。积极传播者（IP）：是指接收了珠峰旅游类舆情信息，对舆情信息持有积极的态度，并传播正面、积极信息的网民。消极传播者（IN）：与积极传播者相反，对舆情信息持有消极、负面的情绪，这部分网民传播的是关于珠峰旅游的消极信息。潜伏者（L）：是指由于某些原因暂时停止了珠峰舆情信息的传播，但在特定条件下可能会重新变得活跃的网民。免疫者（R）：是指已经接触到珠峰舆情信息，但由于个人兴趣、价值观或其他原因选择不参与传播的网民。t 时刻各类群体所占比例分别用 $S(t)$、$E(t)$、$IP(t)$、$IN(t)$、$L(t)$、$R(t)$ 表示。

在本研究中，网络媒体（M）被定义为在各大网络平台上发布珠峰旅游相关信息的非官方新闻媒体和自媒体。新媒体的发展以及传播途径的多样化，使得网民接受媒体信息并参与信息传播过程的可能性极大增强，媒体对网民信息传播行为的影响可以归纳为两种主要作用。强化作用（m）：网络媒体通过发布吸引人的内容和信息，增强了网民对珠峰旅游信息的关注和传播意愿；这种作用可以促使更多的网民从易感者（S）转变为积极传播者（IP）或消极传播者（IN），从而加强了信息的传播力度和范围。抑制作用（n）：网络媒体也可能通过提供平衡的观点或呼吁理性讨论，减少网民的传播行为，促使传播者变成潜伏者（L）或免疫者（R），从而抑制消极信息的扩散。政府（G）是指在各网络平台上进行官方认证并对网络信息传播进行管控的社交账号。政府对网络平台上的消极珠峰旅游言论进行干预，管控消极信息的传播与转化，同时发布积极信息引导大家到珠峰旅游，其干预表现为导向作用，用 ε 表示。在政府积极宣传珠峰旅游的同时，部分潜伏者会被唤醒加入其中，表现为唤醒作用，用 γ 表示。

群体转移规则如下：易感者 S 与传播者 IN（传播者 IP）接触后，以 δ 的概率转化为犹豫者 E，同时也可能会对珠峰旅游类舆情信息失去传播兴趣以 $\beta 1$ 的概率转化为免疫者 R。犹豫者 E 会以 $\alpha 1$、$\alpha 2$ 的概率成为珠峰旅游类舆情信息的积极传播者 IP、消极传播者 IN，同时也可能会对舆情信息失去传播兴趣以 $\beta2$ 的概率转化为免疫者 R。此外积极传播者 IP 与消极传播者 IN 接触后会以 $\mu1$、$\mu2$ 的概率相互转换，并分别以 $\beta3$、$\beta4$ 的概率转化为免疫者 R，同时也会由于某些因素停止传播舆情信息分别以 $\lambda1$、$\lambda2$ 的概率成为潜伏者 L，潜伏者 L 会在政府的干预下被唤醒以 θ 的概率重新传播积极舆情信息，最后也会因为失去兴趣以 $\beta5$ 的概率成为免疫者 R。

因此，根据上述的群体类型，状态转移关系和媒体及政府的多主体干预作用，借助 SIR 传染病模型的构造思路，构建了多主体干预下的情感信息传播模型，如图 1 所示。

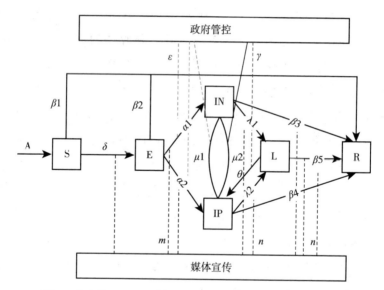

图 1　多主体干预下的珠峰旅游类舆情信息传播模型示意图

为了方便建模研究，本研究以 A 表示新网民的输入率，用 δ^*、$\alpha1^*$、$\alpha2^*$、$\mu1^*$、$\mu2^*$、$\lambda1^*$、$\lambda2^*$、θ^*、$\beta3^*$、$\beta4^*$、$\beta5^*$ 表示不考虑媒体和政府干预的转移率，用 δ、$\alpha1$、$\alpha2$、$\mu1$、$\mu2$、$\lambda1$、$\lambda2$、θ、$\beta3$、$\beta4$、$\beta5$ 表示考虑媒体和政府干预的转移率。根据系统动力学方法，建立多主体干预下的情感信息传播模型（1）：

$$\frac{dS(t)}{dt} = A - \delta S(t)[IN(t) + IP(t)] - \beta 1 S(t)$$

$$\frac{dE(t)}{dt} = \delta S(t)[IN(t) + IP(t)] - (\alpha 1 + \alpha 2 + \beta 2)E(t)$$

$$\frac{dIN(t)}{dt} = \alpha 1 E(t) + \mu 1 IP(t)IN(t) - \mu 2 IN(t)IP(t) - (\beta 3 + \lambda 1)IN(t)$$

$$\frac{dIP(t)}{dt} = \alpha 2 E(t) - \mu 1 IP(t)IN(t) + \mu 2 IN(t)IP(t) + \theta L(t) - (\beta 4 + \lambda 2)IP(t)$$

$$\frac{dL(t)}{dt} = \lambda 1 IN(t) + \lambda 2 IP(t) - (\theta + \beta 5)L(t)$$

$$\frac{dR(t)}{dt} = \beta 1 S(t) + \beta 2 E(t) + \beta 3 IN(t) + \beta 4 IP(t) + \beta 5 L(t)$$

其中，$S(t)$、$E(t)$、$IP(t)$、$IN(T)$、$L(t)$、$R(t)$ 均为连续可微函数。媒体干预下的人群转化概率为：

$$\begin{cases} \delta = \delta^* + m \\ \alpha 1 = \alpha 1^* + m \\ \alpha 2 = \alpha 2^* + m \\ \lambda 1 = \lambda 1^* - n \\ \lambda 2 = \lambda 2^* - n \\ \beta 3 = \beta 3^* - n \\ \beta 4 = \beta 4^* - n \\ \beta 5 = \beta 5^* - n \end{cases}$$

政府干预下的人群转化概率为：

$$\begin{cases} \theta = \theta^* + \gamma \\ \alpha 1 = \alpha 1^* - \varepsilon \\ \alpha 2 = \alpha 2^* + \varepsilon \\ \mu 1 = \lambda 1^* - \varepsilon \\ \mu 2 = \lambda 2^* + \varepsilon \end{cases}$$

（二）传播模型分析

1. 平衡点求解

根据 González-Parra 等对传染病模型中系统动力学方程的相关研究

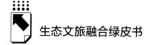
可知，[1] 模型（1）中前 5 个变量不含变量 R，因此只需考虑前 5 个方程构成的系统，令系统中所有等式的左端全部为 0，容易计算出模型存在无舆情信息传播平衡点：$P_0 = (\dfrac{A}{\beta 1}, 0, 0, 0, 0)$。

2. 基本再生数求解

在传染病模型中基本再生术 R_0 是一个重要的参数，表示在无干扰情景下一个传染者在传染周期内可以感染的人数。[2] 在本研究中 R_0 用来衡量珠峰旅游类舆情信息是否可以在网络平台传播开来，当 $R_0 < 1$ 时舆情信息不会进行大规模传播；当 $R_0 > 1$ 时舆情信息可以在网络平台大规模传播。[3]

本研究通过下一代矩阵法来计算模型在无谣言平衡状态 $P_0(S^*, 0, 0, 0, 0)$ 下的基本再生数。令 $X = (E, IN, IP, L)$，根据文献[4]可构造出 $F(X)$ 和 $V(X)$，其中 $F(X)$ 表示新增的珠峰旅游类舆情信息传播者，$V(X)$ 表示其他群体的密度变化。将传播模型改写为：

$$\frac{\mathrm{d}X}{\mathrm{d}t} = F(X) - V(X)$$

其中

$$F(X) = \begin{bmatrix} \delta S(t)[IN(t) + IP(t)] \\ 0 \\ 0 \\ 0 \end{bmatrix}$$

---

[1] González-Parra G., Arenas A. J., Chen-Charpentier B. M., "Combination of Nonstandard Schemes and Richardson's Extrapolation to Improve the Numerical Solution of Population Models," *Mathematical and Computer Modelling*, 2010.

[2] 崔玉美、陈姗姗、傅新楚：《几类传染病模型中基本再生数的计算》，《复杂系统与复杂性科学》2017 年第 4 期。

[3] 苏妍嫄、张亚明、何旭等：《风险感知交叉演变下突发事件网络舆情传播模型研究》，《现代情报》2020 年第 12 期；朱光婷、潘晓琳：《基于因子分析和 SVM 的网络舆情危机预警研究》，《重庆工商大学学报》（自然科学版）2020 年第 5 期。

[4] Driessche D. V. P., "Watmough J. Reproduction Numbers and Sub-threshold Endemic Equilibria for Compartmental Models of Disease Transmission," *Mathematical Biosciences*, 2002.

$$V(X) = \begin{bmatrix} (\alpha1 + \alpha2 + \beta2)E(t) \\ -\alpha1 E(t) - \mu1 IP(t)IN(t) + \mu2 IN(t)IP(t) + (\beta3 + \lambda1)IN(t) \\ -\alpha2 E(t) + \mu1 IP(t)IN(t) - \mu2 IN(t)IP(t) - \theta L(t) + (\beta4 + \lambda2)IP(t) \\ -\lambda1 IN(t) - \lambda2 IP(t) + (\theta + \beta5)L(t) \end{bmatrix}$$

计算 $F(X)$、$V(X)$ 在无舆情信息平衡状态 $P_0 = (\dfrac{A}{\beta1}, 0, 0, 0, 0)$ 下的雅可比矩阵，可以得到：

$$F = \begin{bmatrix} 0 & \dfrac{A\delta}{\beta1} & \dfrac{A\delta}{\beta1} & 0 \\ 0 & 0 & 0 & 0 \\ 0 & 0 & 0 & 0 \\ 0 & 0 & 0 & 0 \end{bmatrix}$$

$$V = \begin{bmatrix} \alpha1 + \alpha2 + \beta2 & 0 & 0 & 0 \\ -\alpha1 & \beta3 + \lambda1 & 0 & 0 \\ -\alpha2 & 0 & \beta4 + \lambda2 & -\theta \\ 0 & -\lambda1 & -\lambda2 & \theta + \beta5 \end{bmatrix}$$

假设，令 $\alpha1 + \alpha2 + \beta2 = 1$，$\theta + \beta5 = 1$，由 $A = F V^{-1}$ 可得：

$$FV^{-1} = \begin{bmatrix} \dfrac{[\alpha1(\beta4 + \theta\lambda1 + \beta5\lambda2) + \alpha2(\beta3 + \lambda1)]A\delta}{(\beta3 + \lambda1)(\beta4 + \beta5\lambda2)\beta1} & \dfrac{(\beta4 + \theta\lambda1 + \beta5\lambda2)A\delta}{(\beta3 + \lambda1)(\beta4 + \beta5\lambda2)\beta1} \\ 0 & 0 \\ 0 & 0 \\ 0 & 0 \end{bmatrix}$$

$$\begin{bmatrix} \dfrac{(\theta + \beta5)A\delta}{(\beta4 + \beta5\lambda2)\beta1} & \dfrac{\theta A\delta}{(\beta4 + \beta5\lambda2)\beta1} \\ 0 & 0 \\ 0 & 0 \\ 0 & 0 \end{bmatrix}$$

基本再生数为 FV^{-1} 的谱半径，基本再生数 $R_0 = \rho(A)$，求得

$$R_0 = \frac{[\alpha1(\beta4 + \theta\lambda1 + \beta5\lambda2) + \alpha2(\beta3 + \lambda1)]A\delta}{(\beta3 + \lambda1)(\beta4 + \beta5\lambda2)\beta1}$$

从 R_0 表达式可知，基本再生数与网民移入率、易感者转化为犹豫者、犹豫者转化传播者、传播者转化为潜伏者及免疫者的比率有密切关系。当网民移入率、易感者转化为犹豫者以及犹豫者转化为传播者比率增大会导致基

本再生数增大，当基本再生数由小于 1 逐渐变为大于 1 时舆情信息传播规模逐渐变大。因此，对于珠峰旅游的宣传开发可以增加网民知晓度，同时营造良好的氛围鼓励网民传播旅游信息，提高网民参加珠峰旅游的兴趣（如增大 A、δ、$\alpha1$、$\alpha2$、θ）。

四　仿真模拟

在网络媒体宣传和政府管控的多主体干预作用下，珠峰旅游类舆情信息传播可以更加快速地达到稳定状态。为了更好地说明多主体干预下的珠峰旅游情感信息传播规律，本研究利用 Matlab 软件进行数值仿真研究，初始值设定为 $A = 0.000001$，$S(0) = 0.5$，$E(0) = 0.46$，$IN(0) = 0.02$，$IP(0) = 0.02$，$L(0) = 0$，$R(0) = 0$，其中初始值设置和仿真参数取值参考了狄岚、王治莹、张亚明等的研究工作。[①]

（一）不同主体干预情景仿真模拟

为了更好地说明网络媒体与政府干预下的舆情信息传播规律，本节对不同主体干预情景进行了仿真模拟，分析不同主体干预时信息传播变化。图 2 展示了在无主体干预下各群体密度变化曲线，此时参数值为 $\delta = 0.8$、$\alpha1 = 0.35$、$\alpha2 = 0.45$、$\mu1 = 0.15$、$\mu2 = 0.35$、$\lambda1 = 0.1$、$\lambda2 = 0.1$、$\theta = 0$、$\beta1 = 0.2$、$\beta2 = 0.2$、$\beta3 = 0.1$、$\beta4 = 0.1$、$\beta5 = 0.5$。由图 2 可知，在无网络媒体和政府干预的情况下，珠峰旅游类舆情信息传播者的活跃度呈现先增后减的趋势，并且积极传播者的数量超过了消极传播者，显示出正面舆情信息相对于负面舆情信息在传播上的优势。随着时间的推移，部分传播者逐渐转变为潜伏者，暂时退出了舆情信息传播的行列。然而，由于

---

① 狄岚、顾雨迪：《媒体干预下三分意见群体网络舆情传播模型》，《系统仿真学报》2018 年第 8 期；王治莹、王伟康、岳朝龙：《政府干预下多种舆情信息交互传播模型与仿真》，《系统仿真学报》2020 年第 5 期；张亚明、杜翠翠、苏妍嫄：《多主体干预的网络舆情传播建模与仿真研究》，《现代情报》2020 年第 5 期。

缺少了媒体和政府的推动力，整体上舆情信息传播的规模和影响力相对有限。

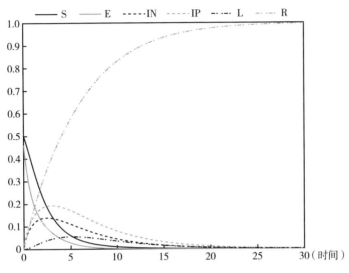

图2　无主体干预下各群体密度变化曲线

图3展示了不考虑情感交互时各群体密度变化曲线，此时的参数为$\delta =$0.8、$\alpha 1 = 0.35$、$\alpha 2 = 0.45$、$\mu 1 = 0$、$\mu 2 = 0$、$\lambda 1 = 0.1$、$\lambda 2 = 0.1$、$\theta = 0$、$\beta 1 = 0.2$、$\beta 2 = 0.2$、$\beta 3 = 0.1$、$\beta 4 = 0.1$、$\beta 5 = 0.5$。对比图2和图3可知当人群不进行信息交互时，积极传播者的峰值减小且与消极传播者的密度差值变小，说明情感信息的交互有助于人们传播积极的舆情信息，提高珠峰旅游的知名度，与现实情况相符。在缺少人群交互传播的情况下，积极传播者的数量达到的峰值有所降低，同时与消极传播者的人数差距也相应缩小。这一现象揭示了情感信息交互在传播过程中的重要性。

图4展示了媒体干预下各群体密度变化曲线，此时参数值为$\delta = 0.85$、$\alpha 1 = 0.4$、$\alpha 2 = 0.5$、$\mu 1 = 0.15$、$\mu 2 = 0.35$、$\lambda 1 = 0.08$、$\lambda 2 = 0.08$、$\theta = 0$、$\beta 1 = 0.2$、$\beta 2 = 0.1$、$\beta 3 = 0.08$、$\beta 4 = 0.08$、$\beta 5 = 0.48$、$m = 0.05$、$n = 0.02$。根据图4的数据显示，当仅有网络媒体参与其中时，显著地推动了珠峰舆情信息的传播，不仅扩大了珠峰舆情传播的规模还减少了人群转变为潜伏者的可能

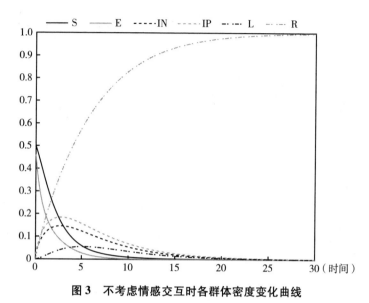

图3 不考虑情感交互时各群体密度变化曲线

性，进而延长了系统整体稳定的时间。这表明网络媒体在提升珠峰旅游的知名度方面发挥了重要作用，有效地将珠峰旅游的信息传递给了更广泛的受众。

图5展示了政府干预下各群体密度变化曲线，此时参数值为$\delta=0.8$、$\alpha1=0.3$、$\alpha2=0.5$、$\mu1=0.1$、$\mu2=0.4$、$\lambda1=0.1$、$\lambda2=0.1$、$\theta=0.6$、$\beta1=0.2$、$\beta2=0.2$、$\beta3=0.1$、$\beta4=0.1$、$\beta5=0.4$、$\varepsilon=0.05$、$\gamma=0.1$。图5清晰地展示了政府介入对舆情信息传播的有利影响。政府的积极介入不仅唤醒了原本处于观望状态的潜伏者，而且有效地引导了潜伏者传播关于珠峰旅游的积极舆情信息。通过政策的制定和实施，政府成功地调控了舆情风向，鼓励并促进了积极舆情信息的传播。这种政策导向的直接结果是积极传播者的数量显著增加，而消极传播者和潜伏者的比例相应下降。在政府的干预下，原本可能倾向于传播消极舆情信息的个体可能转而成为积极舆情信息的传播者。

图6展示了不考虑唤醒机制下各群体密度变化曲线，此时参数值为$\delta=0.8$、$\alpha1=0.3$、$\alpha2=0.5$、$\mu1=0.1$、$\mu2=0.4$、$\lambda1=0.1$、$\lambda2=0.1$、$\theta=0$、$\beta1$

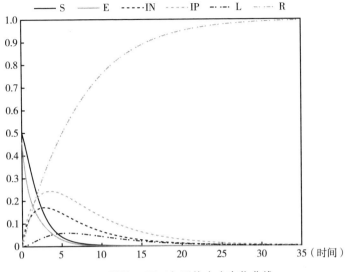

图4　媒体干预下各群体密度变化曲线

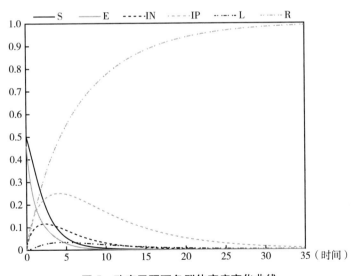

图5　政府干预下各群体密度变化曲线

$=0.2$、$\beta2=0.2$、$\beta3=0.1$、$\beta4=0.1$、$\beta5=0.5$、$\varepsilon=0.05$、$\gamma=0$。对比图5和图6的分析结果可知，在没有考虑唤醒机制的情况下，积极传播者的数量规模有所减少，这意味着关于珠峰旅游的积极舆情信息传播速度减缓，传播周期缩短，且更快地达到了稳定状态。这样的传播动态导致舆情的波及范围相对有限，影响了珠峰旅游信息传播的广度和深度。

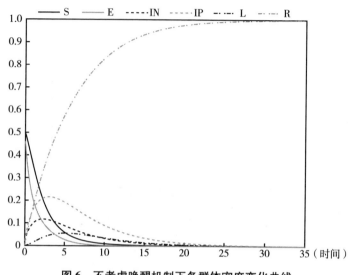

图 6　不考虑唤醒机制下各群体密度变化曲线

　　在现实生活场景中，珠峰旅游的潜伏者往往会在接触到引人注目的舆情信息后被激发兴趣，从而加入传播者的行列。因此，为了提升珠峰旅游的网络影响力和吸引更多游客，应当重视并利用好唤醒机制。通过创造引人入胜的内容、开展互动活动或实施有针对性的宣传策略，可以有效地唤醒潜伏者，促使其参与珠峰旅游的积极舆情信息传播。

　　图 7 展示在媒体和政府共同干预下各群体密度变化曲线，此时参数值为 $\delta = 0.8$、$\alpha 1 = 0.35$、$\alpha 2 = 0.55$、$\mu 1 = 0.1$、$\mu 2 = 0.4$、$\lambda 1 = 0.08$、$\lambda 2 = 0.08$、$\theta = 0.6$、$\beta 1 = 0.2$、$\beta 2 = 0.2$、$\beta 3 = 0.08$、$\beta 4 = 0.08$、$\beta 5 = 0.38$、$\varepsilon = 0.05$、$\gamma = 0.1$、$m = 0.05$、$n = 0.02$。对比图 4 和图 5 可知，在媒体和政府的联合干预下，珠峰旅游类积极舆情信息的传播进一步得到了显著增强。这种协同作用不仅扩大了积极舆情信息的传播规模，而且加速了消极传播者的消亡，使得舆情的传播范围进一步扩大，积极舆情信息的持续时间也得到了延长。

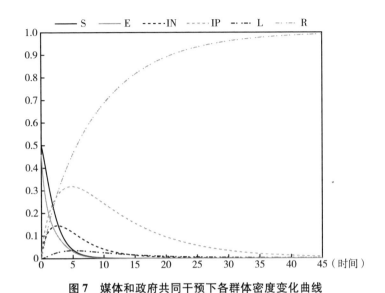

图7 媒体和政府共同干预下各群体密度变化曲线

（二）不同主体干预参数分析

1. 媒体干预下的情景设置

（1）强化作用对舆情信息传播的影响

为了探究网络媒体强化作用对各群体密度变化的影响，设置对照组和实验组进行模拟分析。图8展示了两种媒体强化作用下各群体密度变化，其中实线部分表示强化作用为0.05，虚线表示强化作用为0.06，其他参数保持在无主体干预下的数值。由图8可知，网络媒体通过其强化作用显著推动了珠峰旅游类舆情信息的传播，带来了参与人数的增长和信息的广泛扩散。这种传播不仅让珠峰旅游类舆情信息得到了更广泛的传播，而且在公众中形成了更鲜明的立场对比，即支持珠峰旅游发展的声音越发强大，而反对的声音相比之下则显得微弱。网络媒体的这种作用不仅可以提升珠峰作为旅游目的地的知名度，还有助于塑造其积极的品牌形象，吸引潜在游客，从而为珠峰地区的旅游业带来正面影响和经济效益。

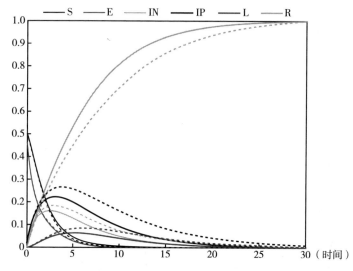

图8　两种媒体强化作用对舆情信息传播的影响

注：实线表示强化作用 $m=0.05$，虚线表示强化作用 $m=0.06$。

（2）抑制作用对舆情信息传播的影响

图9展示了两种媒体抑制作用下各群体密度变化，同样实线为对照组表示抑制作用为0.02，虚线为实验组表示抑制作用为0.04，其他参数保持在无主体干预下的数值。由图9可知，网络媒体的抑制作用表现为通过减缓那些原本可能转变为潜伏者或免疫者的传播者的速度，有效地维持了传播者群体的活跃度和数量。网络媒体通过谨慎的信息筛选和适度的舆论引导，延长了传播者参与讨论和分享信息的时间，从而使得积极传播者的人数得到了增长。这种策略不仅有助于保持网络环境中关于珠峰旅游话题的持续热度，而且有助于构建一个更加稳定和持续的讨论平台。

2. 政府干预下的情景设置

（1）导向作用对舆情信息传播的影响

为了探究政府导向作用对各群体密度变化的影响，设置对照组和实验组进行模拟分析。图10展示了两种导向作用下各群体密度变化，其中实线表示导向作用为0.05，虚线表示导向作用为0.1，其他参数保持在无主体干预下的

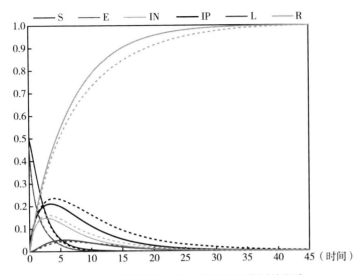

图 9 两种媒体抑制作用对舆情信息传播的影响

注：实线表示抑制作用 $n=0.02$，虚线表示抑制作用 $n=0.04$。

数值。由图 10 可知，随着导向作用的增强，公众对珠峰旅游的兴趣和认可度不断提升，激发了越来越多的人加入积极传播珠峰旅游类舆情信息的行列中。这种正面的宣传效应增强了珠峰作为旅游目的地的吸引力，消极的传播声音在逐渐减弱，表明政府的导向作用在塑造积极的网络舆论环境方面发挥了显著作用。

政府通过发布权威的旅游信息、推广珠峰的独特价值和举办各类宣传活动，有效引导了公众舆论，增强了人们对珠峰旅游的正面认知。随着积极传播者的增多和消极传播者的减少，珠峰旅游的网络舆情传播呈现健康向上的发展趋势。

（2）唤醒作用对舆情信息传播的影响

图 11 展示了两种唤醒作用下各群体密度变化，同样实线为对照组表示唤醒作用为 0.1，虚线为实验组表示唤醒作用为 0.2，其他参数保持在无主体干预下的数值。由图 11 可知，随着唤醒作用的增强，越来越多的个体从旁观者转变为积极的信息传播者，通过分享珠峰的壮丽景色、独特的文化体验，为珠峰旅游的正面形象贡献了力量。这种口碑的扩散效应，无疑为珠峰旅游的推广和发展创造了更加有利的舆论环境。通过合理设计和实施唤醒机

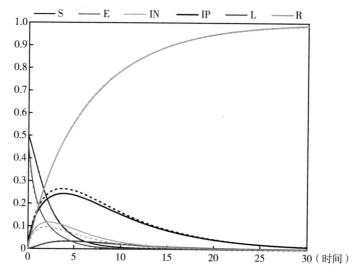

图10 两种政府导向作用对珠峰舆情信息传播的影响

注：实线表示导向作用 $\varepsilon = 0.05$，虚线表示导向作用 $\varepsilon = 0.1$。

制，可以有效地激发网络群体的参与热情，扩大积极舆情信息的传播范围，从而提升珠峰旅游的知名度和吸引力，推动当地旅游业的繁荣发展。

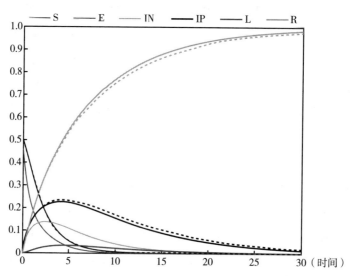

图11 两种政府唤醒作用对珠峰舆情信息传播的影响

注：实线表示唤醒作用 $\gamma = 0.1$，虚线表示唤醒作用 $\gamma = 0.2$。

五 基于情感信息传播的珠峰旅游 未来开放的对策建议

基于对珠峰旅游类舆情情感信息的研究，结合环珠峰地区实际自然资源概况，本部分从 4 个方面提出提升珠峰旅游目的地吸引力的对策建议。

（一）讲好珠峰旅游故事

利用网络媒体的广泛覆盖度和强大影响力，积极构建一个多元化、互动性强的珠峰旅游类舆情信息传播平台。通过网络媒体发布精心策划的珠峰旅游故事、高清影像、旅游攻略和体验分享等内容，以增强信息的吸引力和感染力。同时，运用搜索引擎优化和社交媒体营销等手段，提高珠峰旅游的在线可见度，吸引更多潜在游客的关注，从而扩大信息传播的广度和深度。

（二）注重珠峰旅游信息发布的权威性

政府在珠峰旅游推广中扮演着至关重要的角色，通过官方渠道发布权威的珠峰旅游类信息，举办旅游推介会，制作高质量的旅游宣传册和视频，在重要节日和活动中突出珠峰旅游的特色，这些都是有效的宣传手段。此外，政府还应加强对网络舆论的监控和引导，及时纠正不实信息，引导公众对珠峰旅游形成积极正面的认知，为珠峰旅游创造一个健康、积极的舆论环境。

（三）挖掘潜在客户的价值性

设计和实施一系列创新的唤醒策略，旨在激发社区成员和潜在游客的参与热情，包括在线互动竞赛、旅游体验分享会、旅游达人推广计划等，以提高珠峰旅游话题的活跃度和参与度。通过这些活动，将潜伏者转化为积极传播者，扩大珠峰旅游的正面影响力。

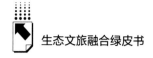

（四）提升珠峰旅游服务质量

持续改进和提升珠峰旅游的基础设施和服务水平是吸引和留住游客的关键，包括改善交通网络，提升住宿条件，优化旅游路线规划，提供专业导游服务。同时，注重游客体验的每一个细节，确保每位游客都能享受到个性化、高质量的服务。通过提供优质的旅游服务，不仅可以提高游客的满意度，还能促进游客之间正面的口碑传播，进一步提升珠峰旅游的品牌形象。

六　总结

本研究通过对舆情信息的防控来促进珠峰旅游发展，借助了经典传染病模型 SIR 的构造思路，从情感角度出发，深入剖析了情感信息在舆情传播中的动态变化，构建了一个多主体干预下的珠峰情感信息传播模型，旨在全面反映舆情信息传播过程中的复杂互动关系。为了进一步量化分析，建立了动力学方程，并通过数学推导得到了模型在无舆情信息传播时的平衡点，以及系统的基本再生数。在分析了传播系统的特性和实际传播情况后，对传播模型进行了数值仿真实验。实验结果显示，网络媒体的干预能够增加珠峰情感信息传播者的数量，提高珠峰舆情信息传播的速度和范围。政府的积极介入不仅唤醒了原本处于观望状态的潜伏者，而且有效地引导了潜伏者传播关于珠峰旅游的积极信息。政府与媒体协同作用不仅进一步扩大了积极信息的传播规模，而且加速了消极传播者的消亡，使得珠峰舆情的传播范围进一步扩大，积极信息的持续时间也得到了延长。

品牌价值篇

G.10
基于文本挖掘的珠峰景区的
形象感知研究

阎瑞霞　尹玉芳　曹若含　邓诗洁　威宇心*

摘　要： 　近年来，珠峰景区逐渐被人们深入探索，推广珠峰景区旅游不仅可以丰富游客的体验，也可以促进当地旅游业与文化推广。本报告主要通过文本挖掘的方法分析了 Bilibili 网站中有关珠峰旅游的 1782 条用户评论，根据词频统计与情感分析研究珠峰旅游的形象感知。研究结果表明珠峰景区的形象感知可以归纳为自然环境、旅游路线、出行工具、住宿条件四个方面，可以从增强相关的设施与设备、增加景区特色、提升游客的满意度等方面探索提升珠峰景区的热度。

关键词： 　珠峰旅游　冷门景点　形象感知

* 阎瑞霞，博士，上海工程技术大学管理学院副教授，主要研究方向为信息管理；尹玉芳，博士，上海旅游高等专科学校副教授，主要研究方向为旅游经济；曹若含，上海工程技术大学管理学院，主要研究方向为信息管理；邓诗洁，上海工程技术大学管理学院，主要研究方向为信息管理；威宇心，上海工程技术大学管理学院，主要研究方向为信息管理。

一 引言

随着经济的发展和人们生活水平的不断提升，我国旅游业发展迅速，已然成为支撑国民经济的重要产业之一。① 习近平总书记强调，"旅游是不同国家、不同文化交流互鉴的重要渠道，是发展经济、增加就业的有效手段，也是提高人民生活水平的重要产业"。旅游业作为国民经济的战略支柱产业之一，不仅与其他产业融合协调，而且产业规模不断扩大，新业态不断涌现，在带动经济健康稳定发展方面发挥着重要作用，更已成为人们日常生活中不可或缺的一部分。信息化和数字化已经渗透到人们的饮食、住宿、交通、游玩、购物、娱乐的方方面面，而这六个层次恰好是旅游的六大要素"食、住、行、游、购、娱"。信息化大数据与旅游业息息相关。②③

冷门景区是指知名度不高，因位置偏僻、交通不便、宣传力度不足等原因没有得到广泛开发，但拥有良好经济价值和社会效益的地区。首先，在精神层面需求实现方面，人们的旅游活动属于精神生活的范畴，充分体现了人们对美好生活的向往，越来越多的人寻求独特的旅行体验。于是，冷门景区成为新的旅游目的地。这些景区往往拥有独特的自然风光和文化遗产，能够吸引游客前来。其次，旅游业的发展还可以带来文化交流的机会。游客可以通过旅游了解当地的文化和历史，促进文化的交流和传承。最后，冷门景区带来了显著的经济价值。冷门景区通常地处偏远地区，当地居民生活水平相对较低。旅游业的发展可以给当地居民带来更多的就业机会，增加收入来源。鼓励旅游活动，刺激旅游消费，支持区域旅游发展，对促进物质生活和

① 刘依锋、陈小龙：《大数据背景下乡村智慧旅游发展模式研究》，《山西农经》2023年第19期。
② 李嘉婧、于彦豹：《信息化大数据背景下的旅游业发展策略研究》，《商场现代化》2021年第11期。
③ 尹乐民、张宁：《基于网络评论的旅游景点感知形象研究——以崂山风景区为例》，《中共青岛市委党校. 青岛行政学院学报》2018年第2期。

精神生活共同富裕，促进当地经济发展具有重要作用。

珠峰景区作为我国冷门景区之一，以其独有的自然景观和世界最高峰珠穆朗玛峰，吸引了众多国内外游客和攀冰等极限运动爱好者前来探索。此外，珠峰景区更具有独特的"珠峰文化"。2023年6月18~25日，第十八届珠峰文化旅游节在西藏日喀则市举办。珠峰文化旅游节是后藏文化旅游的盛会，建设经济强区的舞台。2001年起，日喀则市已成功举办了八届珠峰文化旅游节，形成了"珠峰文化"品牌，展示了日喀则地区经济社会发展的新成果，提升了日喀则市的知名度，激发了地区各族人民的斗志，有效促进地区各项事业协调发展。但珠峰景区位于青藏高原，平均海拔为4000米以上，旅游资源快速开发导致环境承载力和旅游接待能力之间的矛盾突出；旅游线路长且易受灾害影响，淡季特点明显，导致旅游经营成本较高；而高海拔地区特殊的地理条件，加上基础设施条件和公共服务能力相对落后，使珠峰旅游业更容易受到安全风险的影响。安全成为制约其旅游产业健康快速发展的主要因素之一。提高旅游服务质量，保障游客人身安全，保护自然生态环境，是珠峰旅游业可持续发展的基本保障。[1] 大数据时代带来了人工智能的发展，如在智能导航、智能客户服务、定制个人旅行等方面的应用，能够提供个性化的旅行体验，满足不同旅客的需求，为旅游从业人员提供更高效的工作方式，更保障了游客的安全。

在国内，有不少学者对不同景区甚至省级、国家级旅游景区形象感知进行研究。邢纤纤通过爬虫软件提取游客评论并分析高频词，从而提出对中国国家博物馆的形象优化建议。[2] 魏啸宇对网络文本数据进行抓取和分析，从人口、代表性景区、游客认知形象、情感形象、整体形象、重游意愿以及推荐意愿等方面对宁夏沙漠体育旅游提出提升建议。[3] 付晓

---

① 胡文艺：《基于空间探测方法的珠峰景区旅游安全预警研究》，博士学位论文，成都理工大学，2012。
② 邢纤纤：《基于网络文本分析的中国国家博物馆景区旅游形象感知研究》，硕士学位论文，牡丹江师范学院，2023。
③ 魏啸宇：《宁夏地区沙漠体育旅游目的地形象感知研究》，硕士学位论文，上海体育学院，2021。

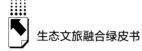

玉对嵩山少林寺景区的网络评论数据建立综合评价指标体系，通过 IPA 分析法指出有效提高游客满意度的路径。① 杨晓琪采集并处理多个旅游网站平台对山东省古城的 UGC 文本评论，通过 SnowNLP 等技术方法结合 IPA 模型，将其形象感知分为旅游资源、旅游活动、旅游环境、旅游设施及服务四个维度，提出了优化策略和借鉴方法。② 胡汝佳运用 ROST CM 6.0 软件分析各个古城旅游的认知和情感形象，并对凤凰古城和其他三大古城进行比较分析，从而得出游客在凤凰古城旅游中所感知到的独特的形象属性。③

综合以上对国内研究文献的归纳与分析，目前国内学者对景区形象感知的研究主要集中于热门景区，从游客认知、环境保护、旅游资源等角度研究了景区形象问题，为旅游业发展提供了丰富的理论基础与实践经验。国内学者大部分赞同游客满意度是旅游地区形象和竞争力的体现，认为要发展旅游业需要从自然景观、人文内涵、游客情感等方面切入。国内学者对景区旅游形象的研究，为旅游业理论的发展提供了丰富的基础，对旅游业的发展起到了重要的推动作用，也是本研究进行冷门自然景区形象感知研究的理论参考和对策参照。同时，基于冷门景区的相关研究文献较少，本研究以珠峰景区为研究对象进行探讨，对当前旅游形象感知研究范围进行拓展与补充。为了推动旅游业发展，充分运用数字化、网络化、智能化科技创新成果，升级传统旅游业态，创新产品和服务方式，促进旅游业从资源驱动向创新驱动转变，本研究以珠峰旅游为典型，深入剖析大数据与人工智能为旅游业带来的变革，为推广以珠峰景区为代表的冷门景点提供有益参考。

① 付晓玉：《基于网络评论数据的嵩山少林寺景区形象感知及游客满意度研究》，硕士学位论文，河南财经政法大学，2022。
② 杨晓琪：《基于 UGC 文本数据的山东省古城旅游形象感知及优化策略研究》，硕士学位论文，甘肃政法大学，2022。
③ 胡汝佳：《基于游客感知的凤凰古城旅游形象的独特属性研究》，硕士学位论文，湘潭大学，2022。

二 珠峰景区形象感知状况

（一）珠峰景区概况

珠穆朗玛峰岩石面海拔为 8844.43 米，雪面海拔为 8848.86 米，是喜马拉雅山的主峰，位于东经 86.9°，北纬 27.9°，是一个大致为东西走向的弧形山系，北坡在中国青藏高原，南坡在尼泊尔。

珠穆朗玛峰位于喜马拉雅山脉中部，呈巨型金字塔形状，地形极其陡峭，北坡雪线高度为 5800~6200 米，南坡为 5500~6100 米。夹在东北山脊、东南山脊和西山山脊之间，有北壁、东壁、西南壁三大陡壁，总面积为 1457.07 平方公里，平均厚度为 7260 米。珠穆朗玛峰南北坡海拔 7500 米以下为冰雪，7500 米以上为砾石。在海拔 7500 米的地方，最冷的月份是二月，平均气温为-27.1℃，最热的月份是八月，平均气温为-10.4℃，年平均气温为-19.6℃。

珠穆朗玛峰大本营位于西藏日喀则市定日县扎西乡，是集旅游和登山于一体的综合性营地。定日县位于西藏西南边境，远离日喀则、拉萨，是国家级贫困县，也是旅游资源大县，形成了以珠穆朗玛峰为核心的旅游资源格局。[1]

珠峰旗云，是珠穆朗玛峰的一大奇观，就像珠穆朗玛峰的"围巾"一样，随着风向、风力、太阳角度的变化而改变风景，风越大，旗云被压得越多，反之亦然，所以旗云也是珠穆朗玛峰的风向标。

珠穆朗玛峰国家级自然保护区位于日喀则市珠穆朗玛峰周边几个县的交界处，面积约为 3.4 万平方公里，保护区内有许多国家级野生珍稀动植物。

珠穆朗玛峰周围有许多冰川，最著名的是绒布冰川，在一些地方还可以看到冰塔。此外，还有扎什伦布寺、羊卓雍措、卡罗拉冰川等景点。

---

① 杨涛：《西藏珠峰大本营旅游收益的共享机制研究》，《西藏研究》2017 年第 3 期。

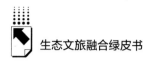
（二）珠峰景区形象感知数据

本研究通过"网络爬虫"的方法对 Bilibili 网站中综合排序前 20 且与珠峰旅游相关视频的评论进行爬取，视频信息如表 1 所示。本研究使用的编程工具为 Jupyter Notebook，爬取到的评论数量共计 2000 条，时间跨度为 2018~2023 年。本研究对采集的评论进行了筛选，筛除了重复、不完整、无意义的评论信息后，获得有效评论数据 1782 条。

表1　2018~2023 年珠峰旅游相关视频信息

单位：条

采集评论数	视频名称	播放量	弹幕数	发布时间	点赞数	投币数	收藏数	转发数
184	人均40万！直哥亲上珠峰，揭秘地表最贵网红打卡点、最危险的旅游团！到底多烧钱，谁在玩命爬	18.3万	242	2023年5月27日	1.4万	906	1241	1091
15	【星球4K】珠峰，不止珠峰！	3.6万	46	2020年5月25日	1154	296	399	201
30	23岁的毕业旅行，我去了珠峰脚下看银河	3988	13	2023年7月8日	242	102	95	30
220	俩女生开特斯拉从上海到珠峰大本营！总结出一份电车自驾G318攻略给你们！纯干货！	14.1万	315	2023年7月29日	3034	1568	3056	1538
41	珠穆朗玛峰旅游攻略│人均1800门票好贵哦~	9.5万	33	2022年3月26日	2038	33	406	84
419	独自去西藏，看到了珠峰的朝霞和星空！	26.8万	2232	2021年10月4日	1.5万	12000	10000	4289
422	问：普通游客想登珠峰，拢共分几步？	11.3万	300	2020年5月7日	1.1万	414	830	403
3	登顶珠穆朗玛峰全程纪实	21.2万	909	2022年10月27日	1.3万	3673	3355	1286
49	"去珠峰　千万别住大本营……"	2.4万	21	2023年5月17日	331	66	66	46

续表

采集评论数	视频名称	播放量	弹幕数	发布时间	点赞数	投币数	收藏数	转发数
243	司机威胁买氧气瓶！车开太猛在无人区爆胎？珠峰之路真不容易！	14.6万	1926	2020年9月9日	1.1万	9639	2713	2616
19	【318国道】珠峰5处免费观景点+珠峰大本营攻略	7683	14	2023年5月31日	265	94	389	147
27	VLOG024|跨越山河去看珠穆朗玛峰|高反晕车的珠峰五日游|西藏旅行	6328	31	2022年6月12日	356	259	129	72
7	珠穆朗玛峰保姆级攻略来啦！真的值得去吗？	2045	0	2023年7月31日	57	25	40	20
20	只有十天怎么游玩西藏？人均3k攻略来啦！-远到珠峰、羊湖、318打卡点，近到布达拉宫、经幡、藏装拍照都给安排上-当地口味美食和大众口味美食都列出来啦	5583	2	2022年8月4日	164	79	302	68
4	去珠峰大本营旅游,10条最实用的攻略,建议收藏！	5075	2	2018年7月17日	25	0	36	34
45	4K【史诗·珠峰东坡】12天90公里珠峰东坡嘎玛沟徒步旅行纪录片,只为在珠峰东坡脚下,迎接我和这个世界的高光时刻,记录下这即将伴随我一生的永恒影像	2.1万	20	2023年6月22日	1519	415	637	182
9	西藏攻略|没看这条视频千万别去珠穆朗玛峰最全珠峰游玩攻略	1.3万	1	2023年7月4日	375	44	339	137
9	带狗自驾珠峰全攻略|一只看过珠峰的边牧,它叫雪宝	2936	4	2022年5月12日	189	30	50	17
16	拉萨|阿里|珠峰|4K沉浸式西藏旅行vlog	8248	9	2023年1月21日	234	79	144	54

（三）珠峰景区形象感知特征

本研究参考了相关文献①②分析珠峰景区形象感知特征，将筛选后的评论内容复制到文本文件中，使用 ROST CM 6.0 软件对该文本文件进行文本挖掘分析。选中 ROST CM 6.0 中的功能性分析，对评论数据依次进行分词、词频分析、社会网络和语义网络分析。在分词阶段，通过修改分词过滤词表去除评论数据中与珠峰旅游无关的数据，统计高频词汇。在前 60 的高频词汇中有众多人们对于珠峰旅游的主观感受，例如"大哭""好看""震撼""喜极而泣"等，同时也有不少与珠峰环境有关的词汇，例如"星星""海拔""雪山""风景"等，另外，也不乏描述人们旅途的词汇，例如"充电""电车""公里""飞机"等（见表2）。

表 2　珠峰旅游视频评论高频词汇

单位：次

序号	词语	词频	序号	词语	词频
1	珠峰	296	14	准备	35
2	西藏	154	15	大哭	34
3	大本营	73	16	有钱	33
4	上去	57	17	三步	31
5	一步	56	18	两步	30
6	第二	49	19	加油	29
7	星星	48	20	感谢	29
8	拉萨	46	21	三连	29
9	星空	41	22	心心	29
10	地方	40	23	时间	28
11	旅行	39	24	旅游	28
12	充电	36	25	电车	28
13	打开	36	26	登顶	28

---

① 韦兴凤：《基于文本挖掘的城市自然景区形象感知研究——以岳麓山风景区为例》，《长沙民政职业技术学院学报》2018 年第 4 期。

② 赵建华、刘宁、殷瑞梓：《基于网络文本大数据的商洛市康养旅游市场分析》，《商洛学院学报》2023 年第 4 期。

序号	词语	词频	序号	词语	词频
27	吃瓜	27	44	身体	18
28	然后	27	45	下山	18
29	晚上	27	46	日照	18
30	相机	25	47	斯拉	18
31	公里	25	48	帐篷	17
32	好看	23	49	雪山	17
33	海拔	22	50	风景	17
34	震撼	22	51	下来	17
35	有机	21	52	电梯	17
36	拍摄	21	53	明年	17
37	金山	20	54	回来	17
38	登山	19	55	完了	16
39	喜极而泣	19	56	飞机	16
40	第三	19	57	高原	16
41	羡慕	19	58	毕业	15
42	纳木错	18	59	朋友	15
43	今年	18	60	路线	15

三 珠峰景区形象感知分析

（一）语义网络分析

为了更好地展现关键词之间的关系，本研究根据所爬取到的视频评论数据，对所有评论构建了社会网络关系图，如图1所示。

核心词"珠峰"辐射出"西藏""好""大本营"等中心词，可以看出众多游客是向往珠峰的，因此宣传珠峰旅游不但必要且具有可操作性。在网络关系图中连接线越多，代表着该词在评论数据中出现次数越多，所以从"太棒""妙""心心"等词汇可以看出人们对西藏旅游的情感大多是偏积极的，"风景""星星""日照金山"等词语表现出珠峰的景色极为吸引游

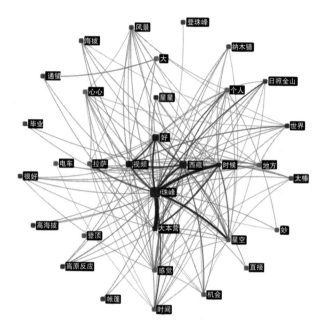

图 1　珠峰旅游视频评论社会网络关系

客。但也能从一些词语看出人们对攀登珠峰的恐惧，例如"高海拔""高原反应"等。从"毕业""世界"等词汇可以看出珠峰景区十分吸引毕业生和对于世界有探索精神的游客。同时，一些词也能反映人们十分在意珠峰旅游的硬件条件，例如"电车""大本营""帐篷"等，这些很有可能是影响人们对于珠峰旅游看法的因素。

（二）情感分析

本研究对所爬取的视频评论内容进行情感分析，结果如图 2 所示。正面情绪占比为 34.81%，中性情绪占比为 42.52%，负面情绪占比为 22.67%。从分析结果来看中性情绪占比最高，可以猜测许多游客对珠峰自然景区是有所向往的，但由于部分原因正处于犹豫不决的状态。这一部分群体很可能因为外界因素的影响，转变为排斥珠峰旅游的群体，但这也意味着，倘若可以分析出影响游客观感知的负面因素，同时积极改进，这一部分群体便可能会转变为持有正面情绪的游客。

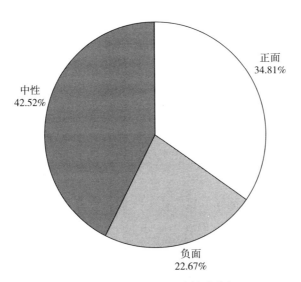

图 2　珠峰旅游视频评论情感分析

　　根据上述结论，本研究重新对高频词汇进行分析研究，将前 60 的高频词汇进行提取与分类，最终分成了四种不同的类型。如表 3 所示，提取了 35 个高频词汇，将他们分为自然环境、出行工具、旅游路线、住宿条件这四类最有可能影响到游客前往珠峰旅游的情感要素。

表 3　珠峰旅游情感因素

类型	词语（词频）
自然环境	珠峰(296)、西藏(154)、星星(48)、拉萨(46)、星空(41)、晚上(27)、好看(23)、海拔(22)、震撼(22)、有机(21)、金山(20)、日照(18)、雪山(17)、风景(17)、高原(16)
出行工具	充电(36)、电车(28)、电梯(17)、飞机(16)
旅游路线	上去(57)、一步(56)、地方(40)、旅行(39)、三步(31)、两步(30)、旅游(28)、登顶(28)、公里(25)、登山(19)、下山(18)、下来(17)、路线(15)
住宿条件	大本营(73)、身体(18)、帐篷(17)

　　从表 3 可以看出，人们对于自然环境的描述较多。且大部分属于褒义词语，但也有部分词汇蕴含了人们对于前往珠峰景区的担忧与排斥，如出现了 22 次的"海拔"以及 16 次的"高原"。因此，珠峰的地理位置以及可能造

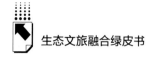
成的高原反应是人们排斥珠峰景区的重要因素，这也很有可能是珠峰景区成为冷门景点的首要缘由。

在出行工具方面，从词频为36的"充电"以及词频为28的"电车"可以看出人们还是很向往通过自驾前往珠峰。电动汽车正在飞速发展，有不少的游客希望能驾驶电动汽车前往西藏。但这也出现了自驾电动汽车的风险，即路途距离远以及路程上可能难以保证电力补给充足，因此这可能也是导致人们出现消极情绪的原因之一。

从旅游路线的相关词频可以看出，人们来到珠峰的首要愿望还是登山，但"公里"数可能是阻挡人们登山脚步的原因之一。再结合前文对自然环境的分析，气候条件也是影响人们情绪的重要因素。

在住宿条件方面，大部分旅客在登珠峰前都住在珠峰大本营，但大本营的住宿环境不如酒店，因此"大本营"也有可能是影响人们情绪的因素。同时，也有少部分人选择搭帐篷居住，但搭帐篷居住非常考验游客的身体素质。

四　珠峰景区形象及提升策略

根据上述的情感分析以及要素整理，本研究将珠峰旅游的情感因素划分为自然环境、出行工具、旅游路线、住宿条件，而这些都与珠峰景区所处地理位置的特殊性息息相关，珠峰旅游的风险因素大多也都来源于此。

（一）自然环境方面

珠穆朗玛峰作为世界最高峰，由于高海拔、低气压的自然环境，前往该旅游目的地的游客面临着高原反应和紫外线辐射这两种主要的健康风险。当爬升到高海拔（2500米以上）地带后，人体可能会无法适应低气压和低氧环境，从而导致组织缺氧，进一步引发一系列的高海拔疾病。相关研究表明，随着海拔升高，高原反应风险逐步增加，呈阶梯状变化，并且高原反应风险的空间分布具有区域性差异；同时长时间暴露在阳光直射的强紫外线环境中，很有可能导致皮肤癌。① 另外，景区的自然生态环境决定了区域旅游环境容量的上限值，即潜在旅游环境容量，现实旅游环境容量指景区接待设施的承载力，是旅游接待设施在一定时间范围内服务的最大游客数量。一般来说，如果现实容量小于潜在容量即可说明对该旅游资源的开发程度在可承受范围之内。相关研究表明，由于珠峰景区的地理环境的特殊性，虽然目前的实际旅游人数小于潜在旅游环境容量和现实旅游环境容量，未来存在景区潜在旅游环境容量透支的风险。②

为此，针对自然环境方面存在的风险隐患，充分利用已完工的景区接待设施，改造增加提供氧气瓶、防晒保暖物资的小型驿站，或在珠峰观光最常通行的路线中沿途设置多个可存放氧气瓶和防晒用具、可拨打紧急电话的多功能箱，在确保游客安全的同时将已有的接待资源利用率最大化。同时，当地旅游管理部门也应加强游客的后勤保障工作，加强对极端天气的防护和预测，将自然环境因素导致的风险影响降低至最小值。

（二）旅游路线方面

目前旅游市场上与珠峰旅游相关的行程套餐或者旅行攻略中最常见的出游路线是"拉萨—日喀则—珠峰大本营"，途中多采用大巴出行，路程时间较长和高原反应所带来的身体不适对游客来说更是双重考验。虽然部分地区已经推出了直飞日喀则的航线，能够节约原本从拉萨坐车或坐高铁所需要的大量时间，但由于日喀则的海拔比拉萨高 1000 米左右，对于常年居住在平原的旅客来说更容易出现高原反应，因此，游客在选择出游方式之前必须谨慎考虑。

针对"想登山但身体和路程原因不允许"的游客而言，旅游直播或许能够成为他们圆梦的另一种方式。随着互联网和移动通信技术的迅猛发展，旅游直播作为一种融合了实时直播技术和旅游体验的新兴形式，在文化传承

---

① 吴阳：《基于 Agent 仿真的高原旅游目的地游客吸引策略研究》，硕士学位论文，西南交通大学，2021。

② 刘曼：《旅游直播在文化传承与旅游推广中的应用探索》，《西部旅游》2023 年第 13 期。

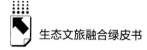

和旅游推广方面具有独特的潜力和优势。与传统旅游相比，旅游直播可以融合多种媒体元素，如视频、音频等，呈现多样化的旅游内容和体验，帮助旅游目的地传播文化遗产、推广旅游景点。本研究根据爬取的珠峰旅游视频评论，"登顶""星空"的提及度较高，珠峰景区可以以不同季节不同时间的珠峰星空和登顶实录作为直播的主要内容，附加对于珠峰经典景区的介绍或是珠峰相关的神话传说故事，满足不同年龄段、不同类型人群对珠峰的向往，也能同时将更多喜欢在网络上观看直播的观众转变成珠峰景区的潜在游客。而针对"身体条件良好且有意愿登山"的游客来说，可以抓住他们想要挑战极限的心理，以"人的一生总要试试去攀登珠峰一次"这类激励型标语刺激游客的挑战心理和征服欲，并在相关的登顶俱乐部中增设登顶打卡奖牌等礼物作为奖励。登顶打卡奖牌的设计可参考珠峰景区内特有的非物质文化遗产，针对非遗内容进行奖牌等文创产品的设计与制作，能吸引更多年轻人关注。非遗文创产品是一种独特的文化创意产品，不仅具有实用性和纪念意义，也能让游客在旅游中更好地了解和感受到非物质文化遗产的魅力，为旅游景区增添特色和吸引力。

（三）出行工具方面

选择自驾的游客可能会在路途中遇到资源不足的情况。例如，驾驶电动汽车的游客，可能出现电量不足或充电时长占据路途过多时间的情况；该地区人口密度稀疏，遇到紧急情况或物资紧缺时，可能无法及时获得援助。因此，沿途为自驾游客在服务站设立更多的充电桩以及紧急医疗站，避免突发状况的发生至关重要。

（四）住宿条件方面

在住宿方面，珠峰景区最常见的住宿地是珠峰大本营，但是其住宿条件一般且位于山上，夜晚的低温对游客的个人身体素质要求较高，且住宿基础设施简陋，在安全性和舒适性方面均存在可以提高的方面；而山下的景区酒店虽然舒适度较高、基础设施完善，但预算也会较高，并且对于想要观赏

"日照金山"的游客来说仍然需要早起上山。因此,住宿地的安全性、卫生情况、舒适性等方面对人们的健康和精神状态极为重要,景区对住宿环境的改善同样刻不容缓。

五 总结

本研究通过对珠峰景区的形象感知研究,分析了珠峰景区的优势与不足,在此基础上进行总结,提出了建议与改进方法。类似珠峰景区的冷门自然景区,虽然景区本身名气很响,但是前往的游客并不多。除了最基本的文化宣传,景区当地也应当加强相关的设施与设备建设,针对极端气候与地形,尽可能提升游客的满意度,与新时代数字化特征相结合,使旅行更加智能化,从而提升冷门自然景区的热度。

G.11

珠峰旅游科普类视频在
短视频平台的传播研究

王筱莉　周　沁*

摘　要：　为深入了解珠峰旅游科普类视频在网络社交媒体平台的扩散模式，本报告选取具有代表性的抖音平台，以"中国人为什么要爬珠峰"视频为研究对象，使用 Python 爬虫技术获取相关数据，并对数据进行预处理和分析。运用社会网络分析法，从网络结构、扩散范围、扩散速度和热度变化等方面探究该视频在抖音平台上的扩散模式。本报告旨在为宣传珠峰旅游提供理论支持和实践参考，进而促进珠峰旅游的知名度和吸引力，推动珠峰旅游业的可持续发展。

关键词：　珠峰旅游　扩散模式　社会网络分析法

一　引言

随着互联网的普及与快速发展，网络社交媒体平台已经成为信息传播的重要渠道。其中，短视频逐渐崭露头角，成为网络社交媒体平台中备受欢迎的内容形式之一。这些平台为短视频提供了广阔的传播空间，使其能够迅速在大量用户之间传播。短视频也以其生动有趣的特点吸引了大量用户发布、分享和评论，这种互动性进一步推动了短视频的传

---

*　王筱莉，博士，上海工程技术大学管理学院副教授，主要研究方向为舆情管理；周沁，上海工程技术大学管理学院，主要研究方向为信息管理。

播，进而巩固了网络社交媒体平台的用户群体，形成一个繁荣的社交生态系统。

近年来，随着全球旅游业的迅速发展和社交媒体的普及，旅游类科普视频在网络传播中扮演着日益重要的角色。这些视频将旅游景点的风景、文化和历史知识融合在一起，为用户呈现了一种全新的旅游体验和认知方式。旅游类科普视频不仅吸引了用户的好奇心和求知欲，还丰富了用户的旅游体验，进而加深了他们对旅游目的地的了解和认识。视频分享平台如抖音、Bilibili、微博等也为旅游类科普视频的传播提供了广阔的舞台，使这些内容能够迅速传播到世界各地。旅游类科普视频通过生动的画面、有趣的叙述和丰富的知识内容，吸引了大量用户的关注，成为他们了解世界各地景点、文化遗产和自然奇迹的窗口。作为世界最高峰，珠峰拥有独特的地理环境和自然景观，吸引了无数旅游者和科学研究者的关注。然而，由于其高海拔和极端的气候条件，珠峰的旅游资源具有一定的限制性，只有少数人能够亲身体验和探索。因此，珠峰旅游科普类视频的出现为广大用户提供了了解和认识珠峰的机会。

本报告以"中国人为什么要爬珠峰"视频为例，运用社会网络分析法对该视频在抖音平台上的信息扩散模式进行研究，以探究珠峰旅游类科普视频的信息传播特点和影响。为了解网络社交媒体平台在珠峰旅游类科普视频传播过程中的作用和传播模式提供新的视角和理论支撑，进而为推动珠峰旅游业的可持续发展作出贡献。

二 研究现状

随着社交媒体的飞速发展和广泛普及，国内学者对于信息传播模式的研究已经取得了一系列重要的进步和突破。李明德等利用数据挖掘技术获取了 10 位科学家在新浪微博上发布的疫情信息内容以及相关的舆情数据，通过内容分析法和 SPSS 数据处理软件，对这些数据进行了处理和分析，再结合风险传播理论，对疫情科学信息在社交媒体中的传播进行了研究和

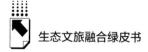
分析，以促进公众理性应对疫情和相关舆情。① 陈梓彦等基于在线社交网络中竞争信息的传播关系提出竞争信息扩散模型来描述社会网络中两类信息的传播过程，并研究了无病平衡点的局部稳定性和全局稳定性。② 程潇菡为适应新媒体给信息传播带来的新变化，对新媒体的传播特性进行了分析，并探究了当前信息传播在新媒体背景下的现状，在此基础上，提出了信息传播创新模式，旨在为相关行业从业者提供一定参考。③ 魏晓瑞分析了抖音平台关于"三农"短视频传播的问题，重点研究抖音如何通过独特的平台功能、用户群体及传播潜力促进"三农"短视频的传播，进而有效支持和推动乡村振兴战略。④ 万虹育等基于学术传播的发展历程和演进模式分析了社交媒体的信息传播特点和关键要素，并利用模拟技术仿真了学术信息在社交媒体环境下的传播模式和动力机制，旨在为学术信息在社交媒体环境下的传播提供理论支持和指导，以促进学术界与社会大众的交流和互动。⑤

就研究方法而言，顾远萍等通过采用社会网络分析法分析多元话语主体视角下的网络结构特征，并探究了不同话语主体在网络中的位置、传播内容和传播方式，旨在为相关部门的健康舆情管理工作提供有价值的参考。⑥ 黄艳等运用社会网络分析法研究高校共青团微博信息传播网络的结构特征，通过相关性分析检验了其社会网络中心性与信息传播指标之间的差异，旨在揭

① 李明德、张玥、张帆：《疫情科学信息传播内容特征、模式、回应策略及优化路径——基于 10 名科学家相关热门微博的内容分析》，《情报杂志》2022 年第 3 期。
② 陈梓彦、袁得嵛、程佳琳：《在线社交网络竞争信息传播研究与稳定性分析》，《情报理论与实践》2024 年第 8 期。
③ 程潇菡：《新媒体背景下新闻传播创新模式思考》，《西部广播电视》2021 年第 11 期。
④ 魏晓瑞：《乡村振兴战略下抖音平台的"三农"短视频传播研究》，《农业技术与装备》2024 年第 1 期。
⑤ 万虹育、赵纪东、刘文浩：《社交媒体视角下的学术信息传播模式研究》，《图书馆理论与实践》2020 年第 3 期。
⑥ 顾远萍、王文思：《多元话语主体视角下健康信息传播机制研究》，《情报科学》2023 年第 9 期。

示高校共青团微博社会网络的特点，为信息传播和社交影响力的研究提供思路。① 范昊等运用社会网络分析法对不同时间段的健康信息传播网络进行指标测量和可视化呈现，同时结合 LDA 和已有词表，对社区内健康信息进行主题识别和提取，以分析健康信息主题的分布和变化趋势。旨在探究其网络结构特征，进而深入了解健康信息传播网络的演化过程和信息内容特征。② 王炎龙等运用社会网络分析法，以新浪微博平台上的认证公益机构为研究对象构建公益机构间的关注关系。通过对网络密度、中心性和凝聚子群指标进行测量，深入了解这些机构在信息传播方面的关联程度和特点，进而探究公益机构信息传播的网络结构和特征。③ 洪巍等基于言语行为理论，将舆情信息内容作为研究对象，通过说话者言语信息和受话者言语信息，建立舆情信息传播风险影响因素特征集和风险类型的多标签标注体系。④ 刘子溪等基于病毒动力学模型，考虑到网民的失望情绪状态，构建了突发公共危机事件中负面网络谣言传播模型。⑤

由此可见，大多数学者在研究信息传播模式时会倾向运用社会网络分析法作为研究方法。该方法提供了一种系统化的视角，能够系统地观察信息在社会网络中的传播过程，并通过分析个体之间的关系和联系来揭示信息在网络中的传递、扩散和影响作用。以往的研究也主要集中在网络舆情传播的演化过程和关键特征，为学者们理解信息传播模式提供了良好基础。然而，目前关于珠峰旅游科普类视频在网络社交媒体平台上传播模式的研究还相对较少。因此，本报告运用社会网络分析法来探究"中国人为什么要爬珠峰"

① 黄艳、辛肇镇、李卫东：《新媒体时代高校共青团微博信息传播网络研究——基于社会网络分析的视角》，《中国青年社会科学》2021 年第 4 期。
② 范昊、张玉晨、吴川徽：《网络健康社区中健康信息传播网络及主题特征研究》，《情报科学》2021 年第 1 期。
③ 王炎龙、刘叶子：《基于社会网络分析的公益机构微博信息传播网络研究》，《新闻界》2019 年第 8 期。
④ 洪巍、虞珂、林强等：《食品安全网络舆情信息传播风险影响因素研究》，《情报杂志》2024 年第 6 期。
⑤ 刘子溪、朱学芳、李川：《失望情绪影响下突发公共危机事件的负面网络谣言传播研究》，《情报理论与实践》2024 年第 5 期。

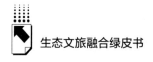
视频在抖音平台上的扩散模式，旨在为相关领域的学者和从业人员提供有价值的思路和研究方向。

三 研究设计

（一）平台概况

本报告将抖音平台作为研究珠峰旅游科普类视频传播模式的分析平台。抖音是国内知名的短视频分享平台，最初抖音以"音乐短视频"为主，用户可以在平台上拍摄 15 秒的音乐配音视频，并分享给其他用户。2017 年 9 月，字节跳动将其重新命名为"抖音"，并将其定位为一个更广泛的短视频社交平台，用户可以分享各种类型的短视频内容，不再局限于音乐。自此，抖音迅速获得了用户的喜爱和认可，用户数量迅速增长。通过推出各种创新功能，如挑战赛、热门话题、直播等，抖音的用户活跃度不断提升。同时，抖音还利用算法推荐系统，根据用户的兴趣和行为，为用户推荐个性化的内容，进一步提升了用户黏性。随着国内市场的饱和，抖音开始将目光转向国际市场。2018 年，字节跳动推出了国际版"TikTok"，在全球范围内获得了巨大成功，成为一款备受欢迎的社交媒体应用。近年来，抖音不断推出新的功能和服务，如短视频编辑工具、直播带货、小程序等，以满足用户多样化的需求。此外，抖音还加强了对内容的审核和管理，提升了平台的内容质量和用户体验。

《2023 抖音旅游行业白皮书》数据显示，2023 年第一季度，抖音平台"旅行"相关内容的发布人数占平台全行业人数的比重为第二位。随着抖音平台旅游内容的持续增长，吸引了许多细分领域的旅游企业入驻抖音平台，包括景点、酒店住宿、航空公司、在线旅行社等。截至 2023 年 3 月底，各类型旅游企业账号数量普遍呈现增长趋势，其中，酒店住宿、商旅票务代理和旅游景点账号数量增速最显著，同比分别增长 61.5%、46.0% 和 35.5%，各类型旅游企业的平均增速超过了 20%。这一增长趋势表明，抖音平台成为分享和探索旅行体验的重要渠道，特别是对珠峰这样的世界级景点，抖音上的旅游类视频展现了珠峰的壮丽景象和攀登者的挑战过程，吸引了许多用户的注意和兴趣，这不仅为用户提供了了解珠峰的机会，也为旅游企业提供了宣传和推广的渠道，促进了珠峰旅游业的发展，进一步推动了珠峰及其周边地区的经济社会发展。

此外，抖音平台具有传播速度快、传播规模大等特点，研究该平台信息传播模式能更好地了解用户群体对信息的接收和传播方式，从而把握信息在快速传播环境下的特点和规律。同时，抖音平台在国内社交媒体领域具有广泛的影响力和用户基础。选择抖音作为研究平台，可以对不同人群和不同内容形式的短视频信息传播进行深入探究，这不仅有助于更好地理解珠峰旅游科普类视频在网络社交媒体平台上的传播模式和效果，还可以揭示平台的用户行为、意见和态度，从而获取更全面的数据信息，进一步把握人群特点和平台特色，为年轻人关注和参与珠峰旅游提供重要的渠道和平台支持。

（二）视频选取

在选择研究对象时，视频内容的重要性和关注度是关键指标，选择具有广泛公众关注度和影响力的视频可以更好地探究社交媒体平台上的传播模式。此外，数据来源的充足性也至关重要，包括社交媒体平台上的用户动态、评论和分享等信息。数据的获取便捷程度也会直接影响后续的分析工作，因此需要确保数据来源的充足性和可靠性。从抖音平台上的视频来看，珠峰旅游类视频的重要性和关注度可以用抖音相关指标数据来计量，重要性体现在该视频的收藏、转发数据上，关注度体现在点赞、评论数据上。这些指标能够直观地反映出用户对视频内容的兴趣和参与程度，进而探究该视频在抖音平台上的影响力和传播效果。抖音平台上搜索热度前五的珠峰旅游类视频如表1所示。

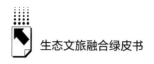

表1   抖音平台搜索热度前五的珠峰旅游类视频的发布者及视频指标数据

单位：万条

指标	直男财经	阿园的逃跑计划	左壑学长	野生老马	户外觉姐
点赞	36.6	29.2	21.3	6.2	3.3
评论	1.3	0.7	0.9	0.4	0.3
收藏	1.4	1.8	1.4	3.2	0.2
转发	1.7	3.6	5.2	1.8	0.2

各用户发布的珠峰旅游类视频在点赞、评论、收藏和转发数量上存在显著差异。在点赞数量方面，用户"直男财经"发布的视频点赞数量最多，高达36.6万条。其次是用户"阿园的逃跑计划"，发布的视频点赞数为29.2万条。排名第三的是用户"左壑学长"，发布的视频点赞数为21.3万条。其余用户发布的视频的点赞数均不超过6.5万条。在评论数量方面，用户"直男财经"发布的视频评论数量最多，高达1.3万条，其余用户发布的视频评论数量均不超过1万条。在收藏数量方面，用户"野生老马"发布的视频收藏数量最多，高达到3.2万条。用户"户外觉姐"发布的视频收藏数量最少，只有0.2万条。在转发数量方面，用户"左壑学长"发布的视频转发量最多，高达5.2万条。用户"户外觉姐"发布的视频转发量最少，仅为0.2万条。其他用户发布的视频转发量均在1.5万条以上。将这些数据进行纵向对比发现，各用户发布的视频点赞数远远超过了评论、收藏和转发数量，但评论、收藏和转发数量仍具有重要意义。评论可以提供更深入的观点和反馈，收藏意味着用户认为该内容具有长期的价值或者想要保存以便日后查看，转发则能够扩大内容的传播范围。因此，虽然点赞数量是一个重要的指标，但综合考虑其他指标对全面了解用户对珠峰旅游类视频的反应和参与程度尤为重要。

综上所述，本报告选择用户"直男财经"发布的"中国人为什么要爬珠峰"视频为研究对象。该视频内容具有较高的重要性和关注度，引发了广泛的讨论并在社交媒体平台上得到广泛传播，因此可以作为研究网络社交媒体平台传播模式的代表性案例。此外，该视频的数据可获取性相对较高，涉及较高流量的讨论和分享，有助于进行全面的研究分析。综上所述，选择"中国人为什么要爬珠峰"视频作为研究对象是基于其内容的重要性、关注度和数据可获取性的综合考量。

（三）数据获取与预处理

为准确了解"中国人为什么要爬珠峰"视频在抖音平台的传播模式，本报告选取了评论内容、评论时间和用户信息进行分析。由于抖音平台的转发信息并不公开，因此重点筛选了二级和三级评论进行深入研究。二级评论是对一级评论的深入讨论和补充，通常可以提供更多详细信息，引发广泛的讨论和观点交流。三级评论可以进一步分析二级评论中的特定观点、问题，或是对前两级评论的回应，使互动更加丰富和深入。通过分析二级和三级评论所涉及的话题和讨论重点，以及用户之间的互动方式和程度，可以深入揭示用户对该视频内容的理解、认同和反馈。从而能更全面地了解该视频在抖音平台上的传播效果和影响力，并进一步探究传播模式的细节和特征。此外，评论时间可以反映用户对该视频的实时反应和关注度，以及在什么时间段内用户更倾向于参与讨论和互动，从而揭示出用户在不同时间段对视频的情绪和观点变化，为制定更有效的内容发布策略提供参考。而用户信息则可以统计不同用户群体对视频的不同态度和观点，进一步揭示传播模式的特征，为深入了解传播模式提供更多维度的信息。

本研究运用 Python 爬虫技术收集了抖音平台 2023 年 5 月 24 日至 6 月 24 日期间"中国人为什么要爬珠峰"视频的评论数据，经过人工筛选无效数据后，总共获取了 3526 条评论。

四 抖音平台分析

（一）扩散图分析

本研究以"中国人为什么要爬珠峰"为研究对象，运用社会网络分析法，将评论关系作为边，参与评论的用户作为节点，在 Gephi 软件中用不同的布局制作扩散云图，具体如图 1 所示。通过观察节点的大小和颜色，可以判断不同用户的影响力和活跃程度。节点越大和颜色越深，表示该用户在网络中的影响力越大，活跃程度越高。可视化的方式也呈现了用户之间的互动关系，特别是分析这些节点之间的连接和关系，可以深入了解用户之间的互动模式，以及该视频在抖音平台上的传播路径和效果，进而展示新媒体环境下该视频在抖音平台上的传播情况。

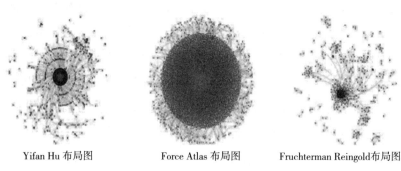

Yifan Hu 布局图   Force Atlas 布局图   Fruchterman Reingold布局图

图 1　视频在抖音平台的扩散

根据图 1 可知，"中国人为什么要爬珠峰"视频的发布者具有较强的凝聚力和影响力，在抖音平台上该视频明显呈现以视频发布者为核心的趋势。凝聚力体现在该视频能够吸引大量用户的关注和讨论，说明发布者在抖音平台上拥有一定的号召力。影响力则体现在该视频能够引起用户的共鸣和讨论，用户对该视频表达了浓厚的兴趣，进而形成了一定的讨论热点。发布者的凝聚力和影响力使得该视频成为用户关注的焦点，也为后续的传播奠定了基础。此外，该视频的传播路径长度相对较短，绝大多数评论者仅停留在一级位置，更倾向于聚焦发布者的观点并围绕其展开讨论。这一现象表明，虽然存在评论互动，但绝大多数用户并未深入展开对其他评论者观点的回应或讨论。这意味着用户在评论时更多地聚焦于视频本身，而非其他用户的评论，从而导致评论者之间的互动相对较少，传播路径相对简洁明了。且该视频在扩散过程中受到的干扰较低，传播范围也基本局限于较小范围，这可能是由于该视频内容具有一定的针对性，能吸引特定群体的关注和讨论。同时，抖音平台的算法可能会将类似内容推荐给相似的用户群体，从而形成传播范围的局限性。

（二）网络结构分析

本报告运用 Pajek 数据分析工具，将"中国人为什么要爬珠峰"视频的评论者作为节点，评论者之间的互动关系作为边来构建评论者的社会网络，每个评论者节点连接到其回复、提及或交互过的其他评论者节点。在一个有向网络中，点度中心度是一种衡量节点在网络中连接数量的指标，分为入度中心度和出度中心度，分别表示指向该节点的连接数和由该节点指向其他节点的连接数。节点的点度中心度越高，意味着它在网络中的影响力越大，在信息传播和网络连接方面的重要性也就越高。中间中心度是一种衡量节点在网络中的中间地位或重要性的指标，节点的中间中心度取决于其在网络中连接其他节点的路径数量和重要性，具有高中间中心度的节点通常处于网络中的关键位置，控制着不同部分之间的信息流动，成为信息传播和交流的关键中介者。接近中心度是一种衡量节点与其他节点之间距离的指标，即节点与其他节点之间的交流效率。接近中心度高的节点更容易获取信息并快速传播信息，因此被认为在网络中具有较高的影响力。抖音平台网络节点的点度中心度、中间中心度和接近中心度前 10 名用户如表 2 所示。

在抖音平台中，节点"直男财经"的点度中心度最高，为 3083，其他节点的点度中心度都较小，均不超过 25。因此，节点"直男财经"与其他节点间有较多的连接和交流，其信息传播范围更广，这也意味着该节点在社交网络中扮演着重要的角色，能够与更多节点建立联系和互动，在社交网络中具有较大的影响力，促进了信息的流动，从而产生广泛的影响。节点"巴扎黑"的中间中心度最高，为 0.0000043。其次是节点"邹忌"，中间中心度为 0.0000030。排名第三的是节点"海风"，中间中心度为 0.0000021。而其余节点的中间中心度均小于 0.000002。这些节点在网络中扮演着连接不同社交圈子或群体的重要角色，在信息传播、资源交换以及促进不同社群之间的互动方面起到关键作用，能够更快地将信息传递给其他节点，促使信息在网络中快速传播，有助于整个网络的连接和发展，从而增加社交网络的连通性和整体效益。节点"直男财经"的接近中心度最大，为 0.877。其他节点的接近中心度均小于 0.5，但相差较小。因此，节点"直男财经"可以更快地与其他节点进行直接联系和交流，在信息传播、资源交换和社交互动方面更有效率，从而在网络中具有较高的影响力和可及性，有助于促进信息流动和社交活动的发展。

表 2　视频网络节点的点度中心度、中间中心度和接近中心度前 10 名用户

点度中心度				中间中心度		接近中心度	
ID	入度	出度	度	ID	中间中心度	ID	接近中心度
直男财经	3083	0	3083	巴扎黑	0.0000043	直男财经	0.877
邹忌	20	1	21	邹忌	0.0000030	邹忌	0.465
2024. 5. 15	20	1	21	海风	0.0000021	2024. 5. 15	0.463
巴扎黑	15	2	17	2024. 5. 15	0.0000019	为了什么	0.463
海风	9	7	16	阿甫	0.0000016	发财树 51129	0.463
雨风	9	1	10	倦味	0.0000016	雨风	0.462
阴晴不定	9	1	10	雨风	0.0000013	潘帕斯雄鹰	0.462
raaaaa	7	3	10	PACO	0.0000011	神婆止芽	0.461
:）蓝海	0	10	10	神婆止芽	0.0000009	众生吉祥	0.461
发财树 51129	8	1	9	小混蛋(4.19 生日开播发红包)	0.0000009	壹钱袋子	0.461

（三）扩散速度及热度变化

为更直观地展现"中国人为什么要爬珠峰"视频在 2023 年 5 月 24 日至 6 月 24 日的扩散速度和热度变化情况，本报告首先对该视频在抖音平台上的评论数据进行了系统性的搜集、整理和汇总。通过 Python 爬虫技术抓取评论数据并进行数据清洗和处理，得到了该视频在不同时间段内的评论数据。再将这些数据进行可视化处理，利用折线图展示出评论数量随时间的变化趋势，从而更好地理解该视频在抖音平台上的传播动态。折线图的横轴表示时间，纵轴表示评论数量。观察这条曲线的走势，可以清晰地看到该视频在 2023 年 5 月 24 日到 6 月 24 日的扩散速度和热度变化情况。如果曲线呈现上升趋势，则表示该视频的传播速度和热度在逐渐增加；反之，如果曲线呈现下降趋势，则表示该视频的传播速度和热度在逐渐降低。通过对折线图的分析，可以进一步了解该视频在不同时间段内受到用户关注和参与的程度，以及其在抖音平台上的传播效果和影响力。这些数据为深入探究新媒体环境下珠峰旅游科普类视频传播的规律和特点提供了重要的数据支持和参考依据，也为评估和优化相关内容传播策略提供了有益的启示和指导。

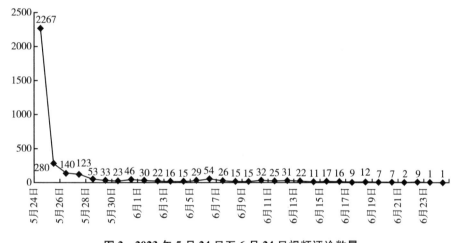

图 2　2023 年 5 月 24 日至 6 月 24 日视频评论数量

由图 2 可知，在抖音平台上，视频发布当日获得最多评论，高达 2267 条。但次日评论数量急剧下降，仅有 280 条。此后评论数量持续呈现下降趋势，从 5 月 28 日起评论数量均不超过 55 条。首先，视频发布当日评论数量暴增表明视频内容在初始阶段引发了强烈的讨论和分享，吸引了大量用户的注意。然而，随着时间流逝，用户对该视频内容的兴趣逐渐减弱，评论数量下降。这种现象可能与抖音平台上内容更新速度快、用户关注点易变等特点有关，用户对特定视频的关注和讨论往往持续时间较短。其次，评论数量持

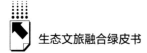

续下降的趋势可能还受到其他因素的影响，例如平台算法的调整、竞争内容的增加等。随着抖音平台上内容的不断涌现，用户的注意力被分散到更多的内容上，导致特定视频的热度难以持续。最后，平台算法的调整也可能导致某些视频的曝光度下降，进而影响到评论数量。尽管评论数量整体呈现下降趋势，但在某些时段仍然出现局部波动。这些波动可能是由特定事件、话题或用户群体参与引起的。例如，视频内容可能在某些特定时段再次引发了讨论热潮，或者吸引了新的用户群体的关注，从而导致评论数量出现暂时性增加。

综上所述，"中国人为什么要爬珠峰"视频在抖音平台上的传播热度呈现明显的快速衰减趋势。这种现象反映了抖音平台用户对内容的短暂关注和持续变化的兴趣，以及平台上内容竞争的激烈程度。

（四）评论内容分析

为分析抖音平台用户对该珠峰旅游科普类视频的态度和关注重点，本研究将该视频在抖音平台上的评论内容进行汇总，运用 BDP 软件分析提取热点词。词云图是一种图形化展示关键词频率的方式，通过调整关键词的大小和颜色反映其重要程度和出现频率。在词云图中，出现频率较高的词语将以较大的字体显示，从而突出显示用户对视频内容的情感和关注点。词云图提供了一种直观而有效的方式来展示抖音平台上用户对该视频的态度和关注重点。通过对评论内容的深入分析，可以更好地把握用户的需求和反馈意见，为后续的相关内容制作和推广提供有益参考。

由图 3 的词云图可知，首先，词云图中出现频率较高的词语包括"赞""玫瑰"等，这些词语表达了用户对视频内容的支持和认可。用户通过这些词语向视频发布者表示赞赏和鼓励，认可视频内容的质量和价值。这种积极的态度反映了用户对珠峰旅游科普类视频的喜爱和认同，同时也为视频内容的传播和推广提供了积极的反馈。其次，在词云图中还出现了"感谢""前辈""英雄""致敬""流泪"等词语，这些词语反映了用户对初代珠峰攀登者的敬佩和尊重，以及对视频内容所呈现情感的正面评价。通过这些词语

图3　视频评论内容热点词云图

表达了人们对为登顶珠峰作出贡献和牺牲的前辈攀登者的感激之情，同时也表达了对视频内容所传达的情感和价值的认同。这种正面的评价和情感表达为视频内容的传播增添了正能量，促进了用户对视频传播的积极参与和分享。

综上所述，通过对词云图的分析，可以看到在抖音平台上用户对该珠峰旅游科普类视频的态度普遍积极，表现为对视频内容的支持和认可，以及对珠峰攀登者的敬佩和尊重。这种正面的用户反馈为视频内容的传播和推广提供了有力支持，也为后续相关内容的制作和推广提供了有益参考。同时，也反映了用户对珠峰这一壮丽景观和挑战性旅游目的地的广泛关注和兴趣，为珠峰旅游的发展提供了积极的社会氛围和舆论基础。

五　对策建议

为研究抖音平台上珠峰旅游科普类视频的传播模式，本报告从扩散模式、网络结构、扩散范围、扩散速度、热度变化以及评论热点词这 6 个方面对其进行了总结和归纳，具体结果如表 3 所示。

表 3 抖音平台扩散模式

网络社交平台	扩散模式	网络结构	扩散范围	扩散速度	热度变化	评论热点词
抖音	短链主导	除视频发布者以外,意见领袖类节点较少	在小范围内传播	前期较快,后期一般	前期非常快,后期平稳	多为正面、积极类词语

由表 3 可知，在抖音平台上，该珠峰旅游科普类视频的传播路径相对较短，呈现中心集聚的特征，主要以短链方式进行传播，这意味着视频的传播主要聚焦在特定用户群体内部，而没有形成广泛的传播网络。其传播范围较为有限，主要集中在视频发布者的粉丝群体中，缺乏跨越性和扩展性。初期传播速度较快，后期热度持续降低，说明视频的吸引力和关注度在一定时期内没有得到有效维持和延续。热度变化迅速，但只在视频发布初期维持高水平。评论情感多以正面为主。抖音平台作为社交媒体主流平台，竞争激烈，各种内容争相呈现，因此该视频存在难以脱颖而出的可能性。且珠峰旅游科普类视频内容本身具有一定的针对性，抖音平台的推荐算法也更倾向于向用户推送与其兴趣相关、短期内引起高度互动的内容，这也是该视频在抖音平台上传播效果不佳的原因之一。

通过以上研究可知，为了推广和宣传珠峰旅游，可以从以下几方面着手。

1. 优化制作内容

在抖音平台上推广珠峰旅游，首先需要优化内容制作，确保视频能够吸引用户的注意力并激发他们的兴趣。这些视频应具备引人入胜的故事情节和精彩的视觉效果，让用户在短时间内产生共鸣和好奇心。珠峰是世界著名的登山胜地，珠峰旅游类视频可以通过展示其壮丽的自然风光、登山者的真实经历以及历史文化等方面，呈现珠峰独特的旅游魅力。此外，考虑到抖音用户偏好短视频的特点，建议将视频时长控制在1分钟以内，紧凑而精炼地展示珠峰的独特之处，提高用户的观看率和留存率。

2.积极合作与推广

除了优化内容制作，合作与推广也是在抖音平台上推广珠峰旅游的关键策略之一。首先，建议与平台上具有影响力的意见领袖合作。这些旅行博主、登山达人等可以通过发布珠峰旅游相关内容，向其粉丝群体推广珠峰的旅游魅力，扩大宣传范围和影响力。其次，可以结合线下活动进行推广，例如当地的珠峰旅游类账号可以在抖音上进行直播或发布珠峰旅游相关活动的短视频，吸引更多用户的参与和关注。通过线上线下结合，增加用户的互动和参与度，有效提升珠峰旅游的知名度和曝光度。最后，建议建立珠峰景区官方账号，持续发布珠峰旅游相关内容，与用户互动，增强用户的黏性和信任度，为推广珠峰旅游活动提供持续的推动力。

3.投放定向广告

针对抖音平台的特点和用户行为，精准定向投放广告也是推广珠峰旅游的有效策略之一。通过抖音的广告投放平台，选择与珠峰旅游相关的关键词和兴趣标签，将广告精准地投放给潜在用户群体。可以根据用户的地理位置进行定向投放，将珠峰旅游相关的广告推送给附近省份的用户，增加目标用户的关注度和参与度。另外，选择互动形式的广告，如抽奖活动、互动挑战等，增加用户的参与度和互动性，提高广告的点击率和转化率。通过定向投放广告，有效将珠峰旅游的信息传递给目标受众，提升推广效果和品牌曝光度，进而吸引更多用户了解和体验珠峰旅游。

六 结语

本报告采用社会网络分析法，以扩散模式、网络结构、扩散范围、扩散速度和热度变化等指标为基础，系统分析了"中国人为什么要爬珠峰"视频在抖音平台上的传播扩散模式，并探讨了形成此模式的深层次原因。研究结果不仅有助于深入理解珠峰旅游科普类视频在抖音平台上传播的规律和特

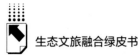

征，还为珠峰旅游的推广和发展提供方向，从而提高珠峰旅游的知名度和吸引力，促进该地区旅游业的可持续发展，为西藏地区经济繁荣作出贡献。同时也为其他旅游景区的宣传推广提供借鉴和参考，有助于推动全国范围内旅游业的发展。

参考文献

沈阳、冯杰：《两微一端重大事件信息扩散模式对比研究》，《现代传播（中国传媒大学学报）》2019 年第 2 期。

申云帆：《基于短视频的贵州文旅形象呈现分析》，《媒体融合新观察》2024 年第 1 期。

张可、许可、吴佳霖等：《网红短视频传播对消费者旅游态度的影响——以丁真走红现象为例》，《旅游学刊》2022 年第 2 期。

G.12

珠峰旅游目的地新媒体营销策略研究

仲建兰　刘　颖*

摘　要：　随着全球化和信息技术的快速发展，新媒体在旅游目的地营销中扮演了重要角色。珠峰是世界最高峰，当地旅游部门通过在社交网络平台（如微博和微信）发布高质量图片和视频吸引了广大游客，并利用博客和旅行论坛等传统网络开展营销策略。然而，这些策略在内容创新和互动体验方面仍有待改进。新媒体营销具有覆盖面广、互动性强、传播速度快、成本低廉等优势，特别适合珠峰这样的特殊旅游地。新媒体不仅能传播珠峰的自然与文化魅力，还能在灾害预警、安全教育、实时信息更新等方面发挥重要作用，并与游客建立更紧密的联系，提高参与度和满意度，促进旅游目的地的长远发展。因此，本报告在剖析珠峰旅游目的地新媒体营销现状的基础上，剖析新媒体营销方面存在的延续传统营销模式、缺乏专业运营团队、缺乏核心技术支持以及缺乏系统整合营销理念等问题，并提出构建新媒体营销矩阵、赋能打造珠峰超级 IP 以及组建专业运营团队等对策建议。

关键词：　新媒体营销　内容创新　珠峰超级 IP

一　引言

随着全球化进程的不断推进和信息技术的飞速发展，新媒体已经成为营销领域的一个重要分支，尤其是在旅游目的地营销中扮演着日益关键的角

---

* 仲建兰，博士，福建农林大学副教授，主要研究方向为旅游营销；刘颖，浙江旅游职业学院副教授，主要研究方向为旅游营销。

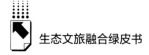
色。珠峰作为世界最高峰，拥有独特的地理位置和非凡的自然景观，是全球登山爱好者、户外探险者以及普通游客的向往之地。然而，当前珠峰旅游的新媒体营销主要依托社交网络平台的宣传，例如微博、微信等，通过发布高质量的图片和视频来吸引潜在游客的注意力。同时，也会使用博客、旅行论坛等传统网络营销手段进行宣传。这些策略虽然在一定程度上提升了珠峰的知名度，但在内容创新、互动体验等方面仍有较大提升空间。

新媒体营销具有覆盖面广、互动性强、传播速度快、成本相对低廉等优势，尤其适合用于旅游目的地的宣传与推广。对珠峰这样具有特殊意义的旅游地，新媒体不仅能够帮助传播其自然与文化的独特魅力，还能在灾害预警、安全教育、实时信息更新等方面发挥重要作用。此外，新媒体还能够帮助旅游目的地与游客建立更加紧密的联系，提高游客的参与度和满意度，从而促进旅游目的地的长远发展。

二 珠峰旅游目的地新媒体营销的现状

（一）旅游资源数据库平台

1. 旅游局官网

中国西藏旅游网自 1999 年起运营，前身是西藏自治区旅游局驻北京办事处网站，是西藏地区早期成立的旅游电子商务网站之一，拥有悠久的历史和深厚的行业背景。作为西藏旅游的官方门户，该网站专注于为全球游客提供权威、详尽的赴藏旅游资讯与服务，旨在全方位推广西藏旅游资源，增进外界对西藏的认知与了解。

其核心功能与服务内容包含以下几个方面。第一，旅游线路。网站提供多种精心策划的西藏旅游线路，包括经典线路、深度游、主题游等，覆盖拉萨、林芝、阿里、日喀则等地，满足不同游客的兴趣和需求。第二，进藏指南。发布详细的进藏须知、交通指引、气候信息、健康与安全提示、高原反应应对措施、当地法律法规等内容，帮助游客做好充分的行前准备。第三，酒店简介。收录西藏各地各类酒店、客栈、民宿的信息，包括位置、设施、价格、用户评价等，方便游客根据预算和个人喜好预订合适的住宿。第四，景点介绍。详尽解读西藏各大知名景点的历史背景、文化内涵、观赏亮点，以及开放时间、门票价格等实用信息，让游客深入了解每个景点的价值与魅力。第五，旅藏游记。分享来自世界各地游客的西藏旅行经历和感悟，配以生动的文字和图片，为计划前往西藏的游客提供真实、感性的旅行参考。第六，小包团租车。提供定制化的小型团队包车服务，包括车型选择、司机服务、行程规划等，使游客能够灵活、舒适地探索西藏各地。

2. 旅行社网站

西行川藏网是一个提供了西藏地区旅游信息、服务预订、旅行攻略等各类资源的线上平台。该网站致力于为计划前往西藏旅行的游客提供全方位的支持与帮助，包括以下几方面。第一，旅游咨询。发布最新的西藏旅游政策、景区开放情况、节庆活动等重要信息，帮助游客了解当前的旅游环境。第二，景点介绍。详尽介绍西藏各地的著名景点，如布达拉宫、大昭寺、纳木错、珠穆朗玛峰、羊卓雍措、林芝桃花沟等，包括其历史文化背景、自然风光特色以及参观注意事项等。第三，旅行线路。推荐多种西藏旅游线路，如拉萨市区游、西藏全景游、阿里大北线、川藏线自驾游等，满足不同游客的需求和时间安排。线路方案一般会包含行程天数、主要景点、交通方式、住宿标准等详细信息。第四，旅行攻略。提供实用的西藏旅游攻略，包括最佳旅行季节、高原反应应对、必备物品清单、当地风俗习惯、美食推荐、购物指南等，帮助游客做好行前准备。第五，服务预订。提供在线预订服务，如酒店预订、包车租车、导游服务、特色民俗体验、门票预订等，方便游客一站式规划和安排行程。第六，游记分享。分享其他游客在西藏的旅行经历和感受，通过真实的图文记录，给计划出行者提供参考和灵感。第七，互动交流。设有论坛或问答版块，供游客交流旅行经验、答疑解惑，形成一个互助共享的社区。

西藏中国青年旅行社（TCYTS Tibet）创建于 1988 年，是西藏自治区首批由原国家旅游局批准的国际旅行社。西藏中国青年旅行社拉萨分社网站建

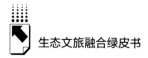
于 2007 年 6 月，是西藏最早的旅游电子商务网站之一。网站提供新闻、旅游线路、酒店预订、租车出游、西藏地图等多个栏目，是进藏旅游值得推荐的旅游网站。网站功能与服务亮点有以下几点。第一，新闻资讯。提供最新的西藏旅游行业动态、政策更新、活动预告、文化民俗介绍等信息，帮助游客及时掌握目的地情况，作出适时的旅行决策。第二，旅游线路。推出多样化的旅游路线产品，涵盖深度游 VIP 线路（如林芝—波密—米堆—然乌—日喀则—珠峰 9 晚 10 日游、拉萨—纳木错—林芝—巴松措—大峡谷—日喀则—珠峰 11 日游等）以及常规单线游（如西藏 4 日游日喀则+珠峰、西藏 5 日游布达拉宫+大昭寺+珠峰大本营等），满足不同游客的旅行偏好与时间安排需求。线路详情包括行程天数、价格区间、主要景点等信息，部分还附有详细的行程安排，方便游客深入了解并选择合适的旅游套餐。第三，酒店预订。整合西藏各地优质酒店资源，为游客提供便捷的在线预订服务，确保住宿无忧。用户可根据地理位置、价格、设施、评价等标准筛选心仪的住宿场所，实现一站式旅行安排。第四，租车出游。提供自驾游租车服务，让游客能够自由探索西藏的壮丽风光。网站上展示各类车型选项、租赁费用、保险服务等详细信息，协助游客轻松完成租车手续，享受灵活自主的旅行方式。第五，西藏地图。发布详尽的西藏地区地图资料，包括各大景区、城市交通、周边设施等，有助于游客提前了解目的地地理布局，合理规划行程路线，提升旅行效率。第六，个性化服务。强调"一对一"和"7×24 小时客服专享服务"，无论出行前的咨询、行程定制，还是出行后的服务支持，都能确保游客获得及时、专业的指导与帮助。此外，旅行社还承诺高达 90%的旅行产品可以根据客户需求进行定制，打破固定行程的束缚，充分满足个性化旅行需求。

西藏青年国际旅行社总社成立于 2016 年，简称西藏青旅或青年国旅，是目前西藏已知最早一批旅游电商团队和西藏当地优秀的大型品牌社，是西藏自治区旅发委批准的国际旅行社，也是西藏旅行社协会会员单位，依托"互联网+"组建强大的网络平台，致力于发展西藏旅游产业链，整体发展势头良好，多次获得政府领导及赴藏游客的好评。其主营业务与特色服务有以下几点。第一，旅游接待。面向散客与团队，提供全方位的接待服务，包括行程规划、导游陪同、景点门票预订等，确保游客在藏期间顺利游览。第二，包车旅行。为游客提供各类车辆租赁服务，适应不同规模团队与个性化出行需求，让游客能更自由、便捷地探索西藏的自然与人文景观。第三，会议接待。具备承办各类商务会议、学术研讨、企业团建等活动的能力，提供场地租赁、会务组织、餐饮住宿、观光考察等一体化解决方案。第四，定制旅行。针对客户需求设计个性化旅行方案，包括主题游、亲子游、摄影游等，确保旅行体验与游客兴趣、偏好高度契合。第五，特色旅游。开展一系列独具特色的旅游项目，如野奢旅行、青才夏令营、休闲度假、高山徒步、低空飞行等，丰富游客的旅行选择，提供独特而难忘的西藏旅游体验。第六，配套服务。为中外游客提供酒店预订，机票、火车票购买，外国人赴藏旅游相关政策咨询等一站式服务，确保旅行过程中游客的各项需求得到妥善解决。

西藏中旅国际旅行社旅游网站建于 2008 年，为广大游客提供以下核心服务。第一，西藏旅游线路与报价。发布多种类型的西藏旅游线路产品，包括跟团游、小包团等，每条线路均配以详细行程、景点介绍以及透明的报价信息，方便游客比较选择，根据预算和个人偏好规划旅行。第二，旅游包车服务。提供西藏境内各种车型的包车服务，满足游客自由行、深度游的交通需求，确保行程的灵活性与舒适度。第三，旅游景点介绍与路线规划。详尽介绍西藏境内的各大知名景点及特色景观，包括历史文化遗迹、自然风景名胜等，并提供实用的线路规划建议，帮助游客高效安排行程，不错过任何必游之地。第四，西藏旅游攻略。发布丰富的旅游攻略文章，涵盖旅行必备知识、风俗文化解读、最佳旅行季节、美食推荐、购物指南等内容，为首次或多次赴藏的游客提供实用的旅行参考。第五，外国人进藏旅游服务。网站特别关注外国游客的特殊需求，提供专属的进藏旅游咨询、签证申请协助、特定线路定制等服务，确保国际游客能够顺利、愉快地游览西藏。第六，西藏天气与交通指南。实时更新西藏各地的天气预报信息，以及进出西藏的航班、火车、公路交通资讯，确保游客对西藏各地的气候条件及交通状况有清晰了解，做好充分准备。

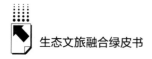

3. 其他信息网

中国西藏新闻网,作为西藏自治区党委宣传部主管、西藏日报社主办并经国务院批复成立的西藏首家省级重点新闻门户网站,自 2002 年 10 月 1 日开通以来,历经 20 多年的发展,已成为西藏自治区最具权威性、影响力最大的新闻门户,同时也是世界各地网民获取西藏资讯、深入了解西藏的权威网络资源。中国西藏新闻网全面汇聚西藏新闻,深度聚焦西藏政务,细致服务西藏人民,内容涵盖政治、经济、文化、社会、生态、旅游等多个领域,及时、准确地报道西藏的发展动态、政策走向及重大事件,成为外界透视西藏、理解西藏的核心窗口。

其中,旅游板块包括旅游·人文、咨询空间、触摸西藏、旅游伴侣、藏地生活、人文笔记、西藏艺术、高原视野、非物质文化遗产等子板块,具体内容如下。第一,旅游·人文。该板块紧密结合旅游与人文主题,深入挖掘西藏各地的自然风光、历史遗迹、民俗风情与地方特色,通过图文并茂的形式讲述西藏旅游背后的人文故事,引导游客在欣赏美景的同时,深刻体验藏文化的博大精深。第二,咨询空间。作为旅游信息交流的枢纽,咨询空间提供了实时的旅游咨询服务,发布最新的旅游政策、交通信息、天气预报、旅行提示等实用资讯,帮助游客规划行程、应对旅行中可能遇到的问题,确保旅途顺畅无忧。第三,触摸西藏。通过互动性强、体验感丰富的形式,如全景图片、短视频等,让无法亲临西藏的网友能够"身临其境"地感受西藏的壮美风光与独特风情,提升西藏旅游的吸引力与关注度。第四,旅游伴侣。专为赴藏旅行者设计,提供详尽的旅行攻略、行程规划建议、必备物品清单、安全须知等实用内容,犹如一位随行的智能导游,陪伴游客度过一段充实、愉快的西藏之旅。第五,藏地生活。揭示藏族人民日常生活的真实面貌,介绍藏地饮食、服饰、民居、节日庆典、日常习俗等,让游客深入了解藏族人民的生活哲学与精神世界,增进人们对西藏地方文化的亲近感与认同感。第六,人文笔记。以深度文章、学者访谈、专家解读等形式,对西藏的历史变迁、宗教信仰、艺术美学、民间传说等进行学术性与普及性兼具的剖析,为游客提供深层次的人文思考素材,提升旅行的文化内涵。第七,西藏艺术。专注于展示西藏艺术的独特魅力，包括唐卡绘画、雕塑、音乐、舞蹈、建筑艺术等，通过高清图片、视频展示、艺术家专访等方式，让游客领略藏族艺术的瑰宝，感受其无尽的艺术创造力与精神力量。第八，高原视野。通过航拍、卫星影像等先进技术手段，鸟瞰西藏的壮丽地貌、生态多样性、人文景观布局等，为游客提供全新的视觉体验，展现西藏在地球生态系统与人类文明格局中的重要地位。第九，非物质文化遗产。专门介绍西藏自治区的非物质文化遗产项目，如藏戏、唐卡绘制技艺、藏医药、格萨尔史诗等，通过传承人访谈、技艺演示、作品展示等，让游客了解这些宝贵的文化遗产及其保护现状，激发人们对藏族非物质文化遗产的尊重与保护意识。

（二）新媒体平台

在新媒体平台方面，珠峰旅游主要基于抖音社交媒体进行旅游目的地营销，虽然这种形式促进了珠峰旅游目的地的营销，但仍有改进和提升的空间。

在抖音平台上，珠峰旅游推广机构运用多元化策略，高效利用短视频、挑战赛、直播互动及 KOL 合作等手段，生动展现珠峰魅力，激发用户热情，有效提升品牌曝光度与影响力。首先，精心创作并发布高质量短视频，内容丰富多样，既展示珠峰的壮丽风光，讲述登山者挑战极限的个人故事，又传授实用的攀登技巧，揭秘营地生活的点滴细节，借助抖音平台强大的短视频传播力，迅速吸引广大用户的关注，引发热烈反响。其次，积极发起与珠峰主题紧密相关的挑战赛，鼓励用户积极参与创作，使用特定话题标签如"珠峰""登顶珠峰""珠峰梦"等，激起用户的内容共创热潮，这不仅丰富了平台上的珠峰相关内容，更有力地扩大了珠峰旅游品牌在抖音上的曝光度。再次，定期进行珠峰现场直播，无论是登山队伍的出征仪式，还是途中重要节点的实时报道，抑或由专业讲解员带来的珠峰知识科普，都能让用户仿佛亲临珠峰，沉浸式体验登山过程，极大地增强了用户对珠峰旅游的真实感与参与感。最后，借助知名登山家、户外探险博主、旅行网红等 KOL 的影响力，邀请他们发布与珠峰相关的精彩内容，借助其庞大的粉丝基础，将珠峰旅游的吸引力延伸至更广泛的用户群体，进一步扩大品牌的影响力。

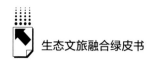

三 珠峰旅游目的地新媒体营销存在问题

（一）延续传统营销模式，重传播轻互动

尽管珠峰旅游目的地宣传营销已开始涉足新媒体领域，但其营销策略在很大程度上仍沿袭了传统直线型传播逻辑。这种模式倾向于单向传递信息，着重强化品牌曝光与直接利益诉求，构建的是信息与接收者间垂直、单一的联系。但是，在互联网与新媒体环境下，高效的营销更应注重品牌与用户的深度参与和渗透，鼓励受众积极参与讨论，自发分享，形成广泛的社会化传播效应。

然而，当前珠峰旅游目的地的部分新媒体营销在内容创新与用户互动方面存在明显不足。一方面，许多公众号或平台发布的文章、图片、视频等内容，虽能直观展现珠峰之美，但在深度挖掘、故事叙述、视觉呈现等方面缺乏创新意识，内容形式单一，难以激发游客深入了解珠峰、前往一探究竟的强烈意愿。另一方面，互动性方面存在较大短板，往往仅停留在信息单向传递的形式，缺乏与粉丝的有效交流与互动，如在线问答、话题讨论、用户投稿等，导致传播效果受限于短期曝光，游客参与度低，缺乏持久的影响力和用户黏性。

（二）缺乏专业运营团队，重形式轻实效

虽然珠峰旅游目的地在官方网站、微博、微信等平台上有所布局，但内容制作与运营往往停留在基本信息发布层面，如景区介绍、活动预告及新闻跟踪等，缺乏对目的地品牌内涵的深度挖掘与整合营销策划；部分营销内容依然停留在对珠峰美景的常规展示，缺乏对珠峰特有的地理、历史、文化内涵的深度挖掘，未能塑造独特的品牌形象。由于缺少专业运营团队的支撑，其线上平台的功能设计与内容呈现往往不够科学、实用，例如，旅游攻略与旅行分享的质量不高，缺乏专业指导，难以有效引导游客决策与行程规划。

另外，各新媒体平台间的资源整合与协同效应尚未充分发挥。各个账号的内容更新、活动策划缺乏统一规划与协调，可能导致信息重复、资源浪费，不利于形成品牌传播的合力。应建立跨平台的内容联动机制，通过数据分析优化投放策略，实现全网营销的精准化、高效化。

（三）缺乏核心技术支持，重投放轻需求

珠峰地区地理位置偏远，基础设施建设相对滞后，互联网信号覆盖不足，使得技术应用的难度和成本大大增加。尤其在数据采集、传输、处理等环节，技术瓶颈尤为突出，严重阻碍了珠峰旅游服务的智能化、个性化升级。另外，单纯追求形式上的新媒体应用，而忽视对用户旅游体验需求的洞察与满足，对目标客群需求的精细化分析不足，难以提供定制化、个性化的旅游产品与服务，导致营销信息在海量信息中被淹没，难以引发目标消费者的关注与共鸣。因此，珠峰旅游目的地在新媒体营销实践中，应充分依托互联网技术进行数据分析与市场洞察，始终坚持以用户需求为中心，确保营销策略与产品设计的针对性与实效性。

（四）缺乏系统整合营销理念，重时效轻长远

当前，珠峰当地旅游企业在新媒体营销的整体规划与执行中，尚未充分树立系统的整合营销理念。在微信公众号运营、微博互动以及网站维护等方面，未能形成持续、健康的运营机制，更未深入构建基于整合营销理念的品牌忠诚社群。整合营销倡导以受众为核心，针对多元化的客户群体采取差异化传播策略，旨在建立品牌与消费者之间长期、稳定、互惠的互动关系，以实际消费行为及企业盈利作为衡量营销成效的关键指标。对照这一标准，当前珠峰旅游目的地在新媒体技术应用中存在战略规划不足、营销行为缺乏连贯性与持久性等问题，亟待引入系统整合营销理念，以确保新媒体营销活动的前瞻性和可持续性。此外，部分旅游企业或管理部门在评估新媒体营销效果时，往往过度依赖短期指标，如关注数、点赞数、阅读量等，忽视了对品牌知名度提升、用户忠诚度培育、市场占有率变化等长期影响的考量；对投

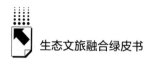

入产出比、用户行为分析、客户生命周期价值等深度评估方法的应用不足，导致其对营销活动的真实效益缺乏全面、深入的认识，难以据此做出精准的策略调整。

四　珠峰旅游目的地新媒体营销策略

（一）整合新媒体平台，构建"新媒体营销矩阵"

随着互联网技术的发展，新媒体平台如抖音、微博、微信、Bilibili 等革命性地改变了信息传播的方式。这些平台的特点包括迅速传播信息、鼓励用户积极参与、深度展示营销内容以及高效流量转化能力。为此，珠峰旅游相关企业和旅游部门应在主流社交媒体、专业旅行平台、短视频与直播平台以及行业特定媒体的宣传方面进行精心策划，以确保品牌能够触及潜在游客频繁访问的多个网络平台。例如，在社交平台如微信和微博上发布最新资讯、高质量图片和视频，利用这些平台的庞大用户基础和社交特性增加品牌的可见度；在专业旅行平台如马蜂窝和携程上，提供详尽的旅游产品信息和实用攻略，直接引导用户进行预订；在抖音和快手这样的短视频与直播平台上，通过直播珠峰的壮丽景观和特色活动，提供即时互动的体验，从而拉近与用户的距离；在户外运动类 App 和摄影论坛等垂直平台上，发布深入的报道和专业合作内容，以加强品牌的专业形象和行业影响力。

在内容策略层面，应注重品牌信息的统一性与内容输出的差异化。无论在哪个平台，都保持一致的品牌标识、口号与调性，确保品牌形象的连贯性。同时，根据各平台用户特性和内容偏好，定制化产出符合平台调性的内容，如在抖音上推送富有动感的登山短视频，在小红书上分享精美的旅行照片与个人体验，在专业旅行平台上发布详尽的攻略文章等，以满足不同用户群体的信息需求。在故事化内容营销方面，通过讲述珠峰相关的故事和人物，激发用户的情感共鸣和好奇心，提升内容的吸引力和影响力。例如，可以分享登山者的真实故事、登山向导的经验等。此外，通过跨平台的内容链接、互动转发与联合活动，实现用户资源在各平台间的有效流动与整合，增强整体营销效果。

在用户运营与转化方面，运用大数据与用户行为分析技术，刻画珠峰旅游目标用户的精准画像，包括年龄、性别、地域、兴趣爱好、消费习惯等，为精准营销提供数据支持。在此基础上，开展个性化的推送、互动与福利发放，如根据用户兴趣推送相关活动信息，及时回应用户评论与私信，针对用户提出的问题和建议进行回复和改进，建立良好的用户沟通和信任关系，提升用户参与度与满意度。设置清晰的线上预约、报名、购买等流程路径，引导用户从关注转化为实际行动，并通过建立会员制度、积分商城、专属服务等机制，增强用户黏性。

（二）厘清文化脉络，赋能打造珠峰超级 IP

厘清文化脉络、赋能打造珠峰超级 IP 是一项系统性工作，需要深入挖掘珠峰本身以及与之相关文化的独特价值和意义，通过创新和系统的策略将其转化为吸引全球关注的文化符号。首先，深入研究和展现珠峰文化。梳理珠峰地区的历史沿革，研究早期人类活动、民族迁徙、宗教传播、文化交流等历史事件，揭示珠峰在人类文明进程中的地位与影响。同时，开展民俗学调查，收集记录当地藏族及其他民族的神话传说、民间故事、节庆习俗、生活传统等，展现珠峰在民间文化中的象征意义与精神寄托。此外，解读佛教、苯教等宗教文献中关于珠峰的记载，探究其作为神山圣域的精神象征意义与宗教地位。其次，从地理环境与生态文化角度解析珠峰，向人们科普其地质成因、地貌特征、气候变化等自然科学知识，凸显其作为世界最高峰的自然奇观与科研价值。同时，介绍珠峰周边丰富的生物多样性，展示其在全球生物地理格局中的重要地位，以及与当地民族生活、信仰的紧密联系。探讨珠峰地区面临的环境问题与保护举措，弘扬人与自然和谐共生的理念，提升公众环保意识。最后，结合现代审美与传播趋势，提炼珠峰文化符号，打造具有辨识度的视觉标识、口号、故事等元素，构建珠峰超级 IP 体系。通过影视、文学、艺术、设计、游戏等多种形式，以及线上线下活动、文创

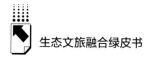

产品、旅游体验等多种载体，广泛传播珠峰文化，吸引全球观众关注与了解珠峰文化。同时，与地方政府、企业、非政府组织等多方合作，推动珠峰文化的传承与创新，助力当地经济社会发展，实现文化与旅游产业的深度融合。

（三）加大投入力度，组建专业运营团队

有效开展和实施新媒体营销，对旅游目的地在资金、人才和技术等多方面的投入都提出了要求。首先，各级政府与旅游管理部门应充分认识到新媒体营销对珠峰旅游推广的重要性，将其纳入珠峰旅游开发与振兴的战略蓝图，明确规定预算投入的规模与导向，确保组建专业团队的资金保障。同时，积极引导并吸引社会资本参与，设立专项基金，推行公私合作模式，拓宽融资渠道，为珠峰旅游的新媒体营销注入强大动能。其次，珠峰旅游目的地应着力构建一支精通策划、富于创意、掌握先进技术、擅长数据分析的全能型新媒体运营团队。可以通过深化校企合作、举办专业培训、广纳业界精英等多元途径，吸引并稳定一支致力于珠峰旅游推广的专业人才队伍。同时，建立健全公正、透明、激励性强的绩效评价与奖励机制，激发团队成员的创新精神与工作热情，确保珠峰旅游新媒体营销工作高效运转。再次，主动寻求与各大新媒体平台、旅游产业链上下游企业、行业协会等多方深度合作，共建共享资源，形成推动珠峰旅游发展的强大联盟。共同策划并实施线上线下相结合的大型宣传活动，借力各类平台优势与行业影响力，大幅提升珠峰旅游的知名度与吸引力。积极融入新媒体平台的各类营销活动，借势平台的庞大流量，显著增强珠峰旅游的品牌曝光度，精准吸引目标游客群体的关注。最后，始终保持对市场动态与用户反馈的高度敏感，持续迭代优化珠峰旅游的新媒体营销策略。运用大数据分析技术深入洞察用户需求、行为模式与偏好变化，为产品创新、服务升级提供精准的数据支撑。同时，着力塑造珠峰旅游独特且深入人心的品牌形象，强化品牌故事讲述，提升品牌价值感，增强用户对珠峰旅游的情感认同与忠诚度，有力驱动复游与口碑传播。

参考文献

李霞、李志勇：《旅游目的地新媒体营销策略研究——以山东淄博为例》，《旅游纵览》2023 年第 14 期。

李忠学：《以消费群体为导向的旅游目的地与新媒体整合营销模式分析》，《商业经济研究》2016 年第 13 期。

刘晨：《我国旅游业新媒体营销转型策略研究》，《中国市场》2024 年第 5 期。

卫宣伶、罗有为：《"互联网+"背景下企业新媒体营销策略研究》，《营销界》2021 年第 17 期。

G.13
珠峰生态文旅的精神内涵与实践演绎

张 强 刘呈艳*

摘 要： 珠峰精神作为生态文旅实践的深层内涵与赋能核心，其重要性和引领作用不言而喻。本报告归纳了既有各种对珠峰精神内涵的理解与主张，援用内涵建构一般理论范式，界定珠峰精神的核心属性，分析出生态文旅融合发展任务情境下珠峰精神的基本场域与实践情境分类，诠释典型实践情境下的珠峰精神内涵核心与外延，并就珠峰精神实践演绎提出对策建议。深入挖掘拓展珠峰精神内涵，推动珠峰生态文旅全面融合发展；不断优化调整珠峰生态文旅实践情境组合结构，形成跨情景资源调配与联动长效机制；珠峰精神引领主体行动，形成高质量协同发展合力；创新实践演绎模式，培育珠峰生态文旅融合发展新增长点。

关键词： 珠峰生态文旅 珠峰精神 实践演绎 精神—实践内涵体系

一 引言

当下，"珠峰旅游"正渐入大众视野，热度攀升之快前所未有。资讯的爆发让人们发现珠峰这一屹立于喜马拉雅万山之巅的世界第一高峰、世外秘境，从未像今天这样可亲可近。从《喜马拉雅天梯》到《无尽攀登》再到《珠峰队长》，这些以攀登珠峰为题材的电影作品制作精良，纪录片风格还原现实，让人心生对探索雪域圣境、挑战世界顶峰、超越自我的向往，以及

---

* 张强，博士，上海工程技术大学讲师，主要研究方向为组织制度与行为、情感制度主义；刘呈艳，西藏大学副教授，主要研究方向为旅游消费行为、乡村旅游。

对珠峰登山者的敬仰。小红书、抖音、Bilibili 等社交分享平台上海量的精美图文视频让人们身临其境，惊奇于珠峰旅游的广度和深度：镌刻地球沧桑的冰川，空灵清澈的高原湖水，生态多样、风光美丽的沟谷，古朴生动的藏地文化与民风民俗。

珠峰旅游之所以独一无二，是因为"珠峰就在那里"；珠峰旅游体验是属地的，不能脱离地理空间。珠峰所在的日喀则市，依托定日县等环珠峰五县的自然人文特色资源，打造了环珠峰生态文化旅游圈。发展珠峰旅游，自然生态环境保护的红线不可逾越，悠久独特的藏地文化与传统需要传承，提高居民收入和生活幸福感、富民兴县的发展愿景更不能丢。在整体发展目标制约之下，珠峰旅游只能走全域发展、融合发展之路，依托广域广义旅游资源，合理规划提前布局，探索珠峰旅游包括生态旅游、运动旅游、文化旅游、乡村旅游、研学旅游等多元要素在内的多维内涵架构，不断摸索优化其内容、模式与组织方式。

"全域融合"需要更高层次的资源整合、组织配置以及赋能机制。就目前存在的实际困难来看，旅游模式仍较为单一，过度依赖"珠峰大本营打卡""观珠峰拍照"，高原沟谷、生态景观、历史名迹、文化民俗等独特资源关注度不高。为更好地满足各类参与主体对珠峰旅游体验及其社会经济成果的期待，当地旅游业亟须更为全面、整体的发展思路与决策思维。

要真正解决上述"融合发展"问题，必须明确珠峰的"精神"。在全域融合发展珠峰生态文化旅游的任务情境下，珠峰的广义自然人文生态是客体、珠峰旅游的相关者是主体，主客体之间及主体之间的互动实践具有社会、经济、商业的属性，产生具有社会、经济、商业意义的结果。珠峰生态文化旅游融合发展是较为典型的"情感—认知"型制度建构任务情境，这使得该任务情境下的珠峰精神较难被既有的各种珠峰文化语境所覆盖，与既有的珠峰精神维度关系错综复杂，因此需要采用更为切实有效的理论范式，建立更科学全面的结构层次、内涵内容与实践演绎分析框架。

二 珠峰精神的核心属性与多样构成

（一）珠峰精神的核心属性

从广义的文化构成视角来看，主体（个体或群体）与所有和"珠峰"有关的、为人类所能够认知、感受的客体集之间的相互关系，构成了庞杂繁复的珠峰内涵体系。而处于内涵体系深层作为内核存在的，即珠峰精神。珠峰精神与文化价值观、信仰等概念有共性，即相对于行为、认同等文化内涵体系的表层要素而言，都是核心的存在，但也有区别。人们倾向于使用"精神"而非"逻辑"抑或其他类似用词来称谓珠峰内涵体系内核，根本上来说是基于人类的典型核心珠峰实践（攀登、考察、膜拜、敬畏等）中"情感成分"的存在及其显著作用。

珠峰精神具有如下的核心属性。第一，矛盾性。珠峰精神作为其他更深层的人类精神在"珠穆朗玛"上的映射，其底层精神往往是多元且相互竞争的。第二，多域性。珠峰精神表征、投射于诸多人类生活场域，形成了多样的"珠峰"实践规则、规范以及行为方式。第三，可变性。珠峰精神是漫长历史进程中人与珠峰关系与互动的记忆，因此具有历史传承与演化前进的属性。第四，主体性。珠峰精神的塑造与演变是主体能动性推动的结果，因此可以被运筹、组织与管理，也因此必须符合相关主体的价值期望。

上述珠峰精神核心属性是珠峰内涵体系动力学的核心机理，能够帮助决策者预测、模拟与诠释各种具体场域内珠峰精神的异质性及其实践的形式多样性。因此，取决于研究者、决策者所关注的焦点场域"毗邻场域"的层次与内涵特性（比如由"攀登珠峰"延展到"珠峰地域的生产建设、企业经营"），珠峰精神内涵的构成要素与结构特征各不相同。简单而言，珠峰精神内涵构成具有显著的场域特异性。现有文献所陈述的珠峰精神构成尽管多种多样，却未必对珠峰精神核心属性与场域特异性有全面和深入的思考。

（二）珠峰精神的多样构成

从克拉克洪和斯乔贝克的六大价值取向理论视角来看，珠峰精神是对更深层次、泛场域的内涵基础维度（对人性的看法、对自身—自然环境关系的看法、对自身—他人关系的看法、活动导向、空间观念、时间观念）上基底精神的反映，并在处于珠峰内涵体系表层的各类规则、范式、行为与组织模式中获得体现。珠峰精神的这一"基底精神—珠峰精神—表层实践"层次结构，可以用来对比归类、剖析评价现有文献所报告的珠峰精神内涵维度与具体内容。

1. 珠峰登山精神

现有的珠峰精神定义多侧重于"登山"，"珠峰精神"常常被局限为"珠峰登山精神"。这一认知有其历史现实的背景和合理之处。自 1921 年乔治·马洛里首次尝试攀登珠峰以来，"攀登"是人类与珠穆朗玛峰互动的主旋律，环珠峰生态文化旅游只是新生事物。1960 年 5 月 25 日，王富洲、贡布、屈银华三位中国登山队队员从珠峰北坡成功登顶。这一人类历史上首次从北坡登上地球之巅的伟大壮举，点燃了中国人对攀登珠峰的热情，为后续的珠峰攀登活动奠定了基础。"珠峰攀登"弘扬中华民族自豪感、让中华民族屹立于世界之巅，将珠穆朗玛以以往所未曾有的豪迈话语融入世界的视野，彰显中国人民"敢教日月换新天"的豪情壮志与革命建设的大无畏精神。登山队员们的壮举完美诠释了中国人民不畏艰险、勇于挑战，团结协作、勇攀高峰的伟大精神，在迈向民族伟大复兴的新征程中，"珠峰精神"的价值意蕴体现在铭刻国家记忆、增强文化认同和弘扬民族精神等方面，为中华民族强国复兴凝聚力量、筑牢共识，从胜利走向新的胜利。[①]

2. 珠峰管理者的观点

2017 年，旅游卫视《文明中华行》栏目播出《西藏绝美·浸在珠穆朗

---

① 裴蓓、杨梅：《"珠峰精神"的生成逻辑、内涵建构和价值意蕴》，《武汉体育学院学报》2023 年第 6 期。

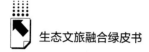
玛》系列节目，时任日喀则市定日县委副书记、县长王坤在访谈中梳理了珠峰所在地区行政管理部门决策领导层对珠峰精神的认识。他强调"珠穆朗玛"是比"珠峰"更大的概念，"珠穆朗玛"不仅指地域，更指代珠峰地域的文化；从"珠穆朗玛文化"提炼出"珠穆朗玛精神"，习惯上称为"珠峰精神"；两者在内涵上基本一致，即坚韧不拔，巍峨不屈（自然隐喻），感恩向上（人与自然），敢为人先（个人拼搏）。在同一时期，日喀则全市掀起了学习研讨珠峰登山精神，形成培育、践行珠峰精神的热潮，突出对珠峰精神内涵的延展；强调珠峰精神的文化沉淀、自然铸就、精神传承本质；明确地域性—全局性、时代性—自身特点的统一；突出实践精神引领和价值导向作用；强调珠峰精神的内涵要义需要从人文特点、历史渊源等多个方面进行理解把握，要融入人民群众生活，要将其内涵内化为价值认同和精神追求；珠峰精神体现着不畏艰苦、自力更生、艰苦奋斗的优良作风，不屈不挠、勇往直前的精神状态，勇争一流的锐气胆识，敢闯敢试的创业活力。[1]

定日县政府围绕"珠峰精神"，更为具体地指出"作为世界最高峰，珠峰吸引着来自全球的登山者，形成了独特的登山文化，体现了登山者对自然的敬畏、团队合作精神和个人奋斗精神"，珠峰精神的主要维度包括挑战和奋斗精神、团队合作与互助精神、尊重和敬畏自然、文化交流与多样性、成就和个人挑战。[2]

3. 珠峰攀登者的观点

珠峰登山者与作为管理者的政府部门不同的是，登山者对于珠峰精神的诠释虽然也以"登山"为内涵基石，强调坚守历史使命与社会责任，但更注重主体能动性、内在价值的获得感、"登山后"的生活与精神状态等"珠峰精神"的微观层面要素。2021年10月，在"首届中国珠峰山友大会"上，来自全国的一百余位珠峰登顶者共同宣读了《珠峰精神宣言》：

① 《日喀则市召开培育和践行"珠峰精神"座谈会》，https://www.xizang.gov.cn/xwzx_406/dsdt/201812/t20181216_22994.html，2017年1月5日。
② 陈明祥、扎西顿珠：《2020~2023年珠峰文化旅游发展形势》，载《珠峰生态文旅融合发展研究报告（2023）》，北京：社会科学文献出版社，2023。

满怀赤诚，奔赴万山之尊。并不想成为谁的珠峰英雄，但我是一名攀登者，活着，就必须选择攀登，唯有攀登，方能向上。危险所在之处，也生长着信念。无畏前行，是征服险阻，探索未知；是直面自我，免于恐惧。判天地之美，析万物之理，扬中国自信，做社会担当。力所能及，直到世界之巅；心所能及，永葆珠峰精神！①

从内涵结构来看，当下的主流观点趋向于强调珠峰主客体关系的"攀登"侧面，视其为体现不畏艰险、勇于挑战等广域精神的典型场域，而"珠峰精神"则成为这一演绎进程的情境化精神和价值要素，为更为具体的基层实践行动提供指引。珠峰地区的政府对于珠峰精神的理解整体上亦以"攀登"为主线，但更为突出"珠穆朗玛"的自然属性，从而唤起"珠峰折射对人性的看法"这一并不常被提及的基础维度。而作为"攀登"的直接践行主体，登山者群体更强调"珠峰"对于"自我认同—社会认同"的塑造，突出个体因登顶珠峰而获得的主体能动意识与能力的提升。

（三）珠峰生态文旅融合发展的任务情境

总的来看，主流观点对珠峰精神的描述涵盖了六大价值取向的基本维度，整体取向积极，情感状态高昂，即对人性的看法（巍然屹立、坚韧不拔），对自身—自然环境关系的看法（征服高山、敬畏自然），对自身—他人关系的看法（团结协作、社会责任），活动导向（积极行动、敢为人先），空间观念（磅礴大气、气势非凡），时间观念（百年征程、只争朝夕）。但由于主体、客体以及主客体关系的设定均锚定于"珠峰攀登"，使得其难以适用于"珠峰生态文旅融合发展"这一复杂任务情境。

在珠峰生态文旅融合发展的任务情境下，"珠峰精神"一方面应赋能"珠峰生态文旅实践"，另一方面需要借助后者得以演绎，产生具有广泛社

---

① 《100名山友在阿坝喊响"珠峰精神宣言"！》，http：//www.sc.chinanews.com.cn/bwbd/2021-10-29/157690.html，2021年10月29日。

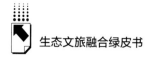

会、经济、商业意义的结果。一般而言，相应的分析决策应包括如下三个核心步骤。第一，对"珠峰生态文旅实践"的基础场域与情境进行类型化。第二，在情境类型化基础上，对具体情境下的珠峰精神进行立体化描述。第三，识别基础场域内外的约束条件，在选定的实践情境组合框架下确定演绎路径及具体策略，最终形成珠峰精神内涵体系。在本报告第三部分中，首先明确珠峰生态文旅融合发展的基础场域、实践情境分类，并就典型实践情境下的珠峰精神核心内涵进行诠释。

三　珠峰生态文旅融合发展的
基础场域与精神——实践体系

（一）基础场域与实践情境分类

珠峰生态文旅融合发展以珠峰自然环境为根本依托，包括主次两个基本场域："人—自然"场域（主）、"人—社会"场域（次）。如图1所示，"人"既可以是个体也可以是群体，但一般而言指群体。群体的"人"的基本行为取向特征是"积极"（倾向于对旅游客体对象积极施加影响）抑或"消极"（倾向于对旅游客体对象采取顺应姿态），进一步进行度量、分类。这一操作的现实意义在于其捕捉了参与珠峰生态文旅融合发展的多方个体/群体所具有的多样"心理—行为"取向，以及由此产生的群体内复杂的互动关系与相互影响。

在"人—自然"主场域内，对旅游对象按其自然生态基本属性，测量其"固有"（作为传统登山旅游对象的峰顶）和"新兴"（作为扩大旅游对象的环珠峰）的程度，探究其内容，进行相应分类。在"人—社会"次场域内，旅游对象按其社会文化基本属性，测量其"固有"（本地已有的社会文化）和"新兴"（外来的社会文化）的程度，探究其内容，进行相应分类。

上述类型是理想化的，涵盖了珠峰生态文旅融合发展的所有可能空间。

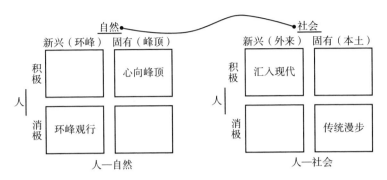

图1　珠峰生态文旅的基础场域与实践情境

但应该注意的是，在场域内主客体现实特性和外部条件的约束之下，并不是所有的实践情境都具有显著的实践意义。当下，相对显著地具有实践演绎意义、为大众所熟悉的典型情境包括："人—自然"场域内的"积极—固有（心向峰顶）""消极—新兴（环峰观行）"；"人—社会"场域内的"消极—固有（传统漫步）""积极—新兴（汇入现代）"。但这并不意味着其他非典型情境就不需要被纳入考虑。实践情境的分析是系统性的分析，对任何特定情境进行分析，都需要同时考虑它与其他情境之间的相互影响。比如，如果决策者聚焦在"积极—固有（心向峰顶）"情境，那么势必就需要同时考虑"消极—固有"情境：对登峰持消极倾向的个人/群体虽然可能在当下的群体中处于从属地位，但与"积极—固有（心向峰顶）"在精神层面上的潜在冲突仍有可能发生，具体而言，这种冲突常见于外来游客与当地居民之间。

（二）典型实践情境下的珠峰精神内涵

"珠峰精神"不应当被简单界定为"对珠峰精神的描述"。在珠峰生态文旅融合发展任务情境下，"珠峰精神"需要全面立体地予以界定，既包括其内核、泛化精神基础，也包括其向实践的外延。因此，广义的珠峰精神内涵至少涉及对象客体、主体身份认同、实践行为、精神构成、整体评价等方面。

1. "人—自然"场域

（1）心向峰顶

对象客体：在此情境中，作为客体对象的是珠峰及周边区域内其他可攀登挑战的高峰（如洛子峰、马卡鲁峰、卓奥友峰、希夏邦马峰等），以及附属性旅游资源设施（如珠峰大本营、登山训练设施、观景台等），着重于其"值得挑战"的品质属性。

主体身份认同：作为焦点群体的是具有强烈攀登者身份认同、积极心理状态的登山者群体，以及向往这一身份、认可珠峰登山精神的游客、管理者及相关从业者等关联群体。

实践行为：典型的例子包括珠峰攀登、珠峰科考、攀登域内其他高山、登山训练、大本营打卡等直接体现上述"攀登者"身份认同的行动，以及相关的基础设施建设、服务与管理行为。

精神构成：包含坚韧不拔、不畏艰险、勇于挑战，团结协作、积极行动、敢为人先，磅礴大气、气势非凡，百年征程、只争朝夕等珠峰登山精神的核心要素。

整体评价："心向峰顶"是当下最为"成熟"的珠峰旅游情境设定。它以深入人心、广为大众所接受的珠峰登山精神为基底，在商业转化上易于实施。然而毕竟珠峰登顶作为旅游产品具有费用贵、耗时长、危险系数大以及隐性成本高（如为取得登峰资格和许可所必须承担的各项成本）等特点，因此"减配、大众化、分散化"，精确细分人群，积极培育大众可及、梯度可行的登山运动旅游项目是其后续发展的大趋势，以缓解"景仰登峰，去珠峰大本营打卡，一睹珠峰壮丽雄姿"单一叙事泛滥所带来的负面影响。

（2）环峰观行

对象客体：环珠峰区域内的山峰山体、冰川沟谷、湖泊溪流、地貌气候、自然生态等具有"神圣，宜远观，不可及"核心品质的自然景观，具有类似或从属性品质的人工建造景观及附属物（如景观内公路、地理标识与指引牌等）。

主体身份认同：能够接纳人与自然和谐观、具有环保生态意识且有意将之践行于珠峰的广泛人群，无论此类认同更为深层的精神基础来源于何处。

实践行为：徒步运动、自然观光、研学旅行、生态保护、科学考察等直接或间接体现上述"顺应自然"认同的行为，以及相关的基础设施营造、服务与管理行为。

精神构成：包含敬畏自然、亲近自然、顺应自然，源自自然而内化于心、"可远观而不可亵玩焉"的品格修养，平静自然、超脱达观。

整体评价："珠峰观行"情境以"人与自然的和谐"这一古朴而又现代的世界观为基底。这使得它有极为广泛的认同基础，无论是来自参与者的自我领悟，对宗教和文化传统的信仰，还是对自然生态系统可持续的科学理解。它以"在最小限度对自然生态施加影响的前提下，创造人类福祉"为自然生态、社会文化、旅游产业的融合发展提供指引，因此极为契合珠峰生态文旅融合发展这一任务情境。但也正因如此，相关旅游项目的开发面临着苛刻的生态环境保护底线的制约，需要更"发自内心"地塑造珠峰精神的相关要素并外化为可行的实施策略。

2. "人—社会"场域

如果说在"人—自然"场域内，实践情境的设定更多的是着眼于自然作为外部条件所带来的制约，那么"人—社会"场域内的实践则更注重国家发展理念的贯彻与核心文化价值观的弘扬，以及在此基础上推进区域社会经济、人民生活水平与幸福感的整体提升。简而言之，"人—社会"场域内的实践更多地将生态、文化、旅游视为社会系统的重要构成，强调其均衡发展、相互渗透、统一协调。

（1）传统漫步

对象客体：作为区域社会文化系统的重要构成，具有显著"传统—固有—本土"特性的社会文化要素，包含藏地文化、藏传佛教、高原民俗、历史古迹、节庆祭祀、传统工艺品、传统农业等。"传统性主导"被认为是该类实践情境的首要特征。上述传统社会文化要素在其他区域社会文化系统中也可能存在，彼此共有基础属性，并通过"属地性"来相互区别（比如珠峰地区和其他藏区的藏戏在服装服饰、表现形式上的区别）。

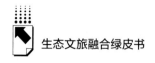

主体身份认同：在该情境中，占据主导地位的是身份认同——接纳珠峰区域社会文化的传统性特质，对其改变持相对"消极顺应"的态度。

实践行为：从"尊重传统"的认同出发，主要是以文化观光、文化研学、文化体验等具有"顺应性"的方式接近对象客体的旅游行为，以及相关的基础设施建造、服务与管理行为。

精神构成：对珠峰区域社会文化传统性高度认同，对珠峰区域社会文化与自然环境的相互关系、历史过程及变迁的求知和探索精神，对区域社会文化的现代性—传统性冲突较为关注。

整体评价："传统漫步"以社会文化的传统侧面为落脚点，但也面临一些无法回避的突出问题，例如，区域内传统文化要素缺少独特性，与区域外的"竞品"对象缺少区分度；要素地理分布零散，缺乏打动人心的故事串联主线；受自然环境、交通条件等制约，符合身份认同条件的细分人群难以参与或参与动机不足。面对这些问题，应着重考虑借用"珠峰自然"的品牌拉动效应，综合运用嵌入、混合、场景借用等方式来营造和强化"珠峰的氛围感"。

（2）汇入现代

对象客体：具有显著"现代—新兴—外来"特性的社会文化要素，包含景区信息化、5G 通信、都市生活、城镇现代化、现代农牧业等。"现代性并重"显然是该类实践情境的首要设定。上述现代社会文化要素在其他区域的社会文化系统中可能同样存在且更为鲜明，但让珠峰现代性与众不同的是珠峰属地的独特自然属性与社会文化传统特质。

主体身份认同：在该情境中，占据主导地位的个体/群体倾向于秉持务实的认同观，即在尊重珠峰区域社会文化的传统性特质的同时，对社会文化系统整体的现代化趋势持更为积极进取的态度。

实践行为：从"务实现代"认同出发且强调现代性（如对科技便利的强调）的各类旅游行为（如虚拟游览、现代产业旅游、现代农牧业观光、购物旅游等），以及相关的基础设施建设、服务与管理行为。

精神构成：包含富国强民、奉献社会，务实进取、兼收并蓄，尊重传统、拥抱现代,现代性与传统性有机融合的珠峰文化信仰。

整体评价:相比较其他实践情境,"汇入现代"更强调接纳先进思想、先进科技、先进模式等现代性要素,并将之运用于社会文化、商业经济以及旅游休闲的服务品质提升,推动提升区域整体建设水平。与"传统漫步"相比较,"汇入现代"更注重对"传统—固有—本土"与"现代—新兴—外来"的统一而非对立,对区域现代化进程的预期更乐观,对新兴旅游形态的纳入和传统旅游形态的改造升级更积极。当然也必须意识到,"汇入现代"实践往往耗费资源较多,因此需要与其他实践情景模式的发展均衡协调,做到整体风险可控。

四 珠峰精神的生态文旅融合发展实践演绎

在珠峰生态文旅融合发展的任务情境下,为加速形成珠峰精神内涵体系、提升珠峰精神赋能水平,应不断摸索实践演绎的路径选择与策略制定,明确过程的核心机理,形成健全高效的决策与推进机制。

(一)深入挖掘拓展珠峰精神内涵,推动珠峰生态文旅全面融合发展

当下对珠峰精神的主流研究和观点仍以"珠峰攀登"为唯一核心情境,与珠峰生态文旅融合发展这一任务要求不相匹配。为此,应聚焦融合发展这一大趋势,在深入剖析珠峰生态文旅典型实践情境的基础上,在对珠峰精神的核心内涵进行挖掘的同时,不断对其外延进行拓展。一个潜在的拓展对象是企业家精神。从内涵构成来看,珠峰精神与企业家精神颇有共通之处,比如都体现了面对困难和挑战时人的积极态度、行动取向和精神风貌。就其现实基础来看,自 2003 年万科集团创始人王石登顶珠峰以来,国内商业登山运动的氛围日盛,民间登山人士成为珠峰登顶的重要力量。而在这些珠峰山友中,占比最高的是来自各行各业的企业家和企业高管。将企业家精神纳入,将有利于扩大珠峰精神的应用场域,更紧密地贴合商业和经济实际,加

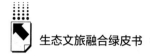

速各类外部资源的引进。与此同时，应积极利用各种沟通传播手段，将"珠峰精神—生态文旅"内涵扩散到受众群体中去，提升各界各方对"珠峰精神—生态文旅"内涵的认同。

（二）不断深化调整实践情境组合结构，形成跨情境资源调配与联动长效机制

针对多元组合的生态文旅融合发展实践情境，要强调珠峰精神内涵的跨情境一致性，以此为整体协调发展的前提。在此基础上，突出优势实践情境的核心地位，为其他尚处于发展前期的实践情境提供资源支持和策略参照。比如，作为当前"人—社会"基础场域主要情境的"传统漫步"，面临着实践客体构成要素与区域外"竞品"区别度不高、旅游要素储备相对单薄、单独"造血"功能不足等困难。此时，可考虑将"传统漫步"的"点"嵌入有相对优势地位的"环峰观行"的"线"中，即在自然观光、户外徒步等线路中巧妙地编入传统文化体验等文化旅游环节。简而言之，要进行情境层面的协同创新，提升资源的跨情境调动效率。

（三）珠峰精神引领主体行动，形成高质量协同发展合力

当前珠峰生态文旅融合发展的一个突出短板是缺少高质量的服务提供主体，比如高知名度的星级酒店、具有地方特色的家庭旅馆、拥有"一条龙"旅游资源开发能力的大中型旅游企业等。基本的解决思路是借助推介会、商业洽谈合作等方式，招商引入具有相关战略资源、符合区域整体发展思路的"绩优"合作伙伴。例如，携程集团的引入有效推动了"珠峰小镇"的高规格、快速建设，借助举办首届"世界之巅·攀登者论坛"系列活动，拓展了珠峰登山运动的内涵，丰富了"心向峰顶"核心情境下的实践模式，借助携程集团的线上平台造流聚流优势，有效宣传推广了珠峰环线精华文化、旅游资源和环珠峰旅游线路。参与各方对环珠峰生态文旅融合发展理念在精神层面上的共识推动了合力的有效形成。

（四）创新实践演绎模式，培育珠峰生态文旅融合发展新增长点

珠峰精神之所以能够引领主体实践，在于其内在的情感调动机理。演绎的模式是否新颖、是否可以推陈出新，很大程度上决定了这种情感赋能机理能否获得高效的调动。在这方面，并无固定的套路可循，需要保持演绎策略的弹性、演绎模式的创新。突出情感交流的"自然性与真实性"是情绪价值形成的必要因素。以此为指引和检验的标准，积极借鉴当下其他地域、其他旅游发展主题下融合发展的先行经验，如借鉴理塘丁真模式打造超级 IP，培育引导各类 KOL 产生优质内容，讲好珠峰旅游故事，及时发现热点，加强融媒体一体化整合传播通路，营造珠峰旅游的真实氛围感。通过连续的模式创新，推进演绎模式可持续整体迭代。

参考文献

操慧、宋巧丽：《近代媒介视野中的"珠穆朗玛"：作为边疆镜像的想象与竞争——基于藏文典籍、〈泰晤士报〉与我国近代报刊的对照审思》，《民族学刊》2022 年第6 期。

付晶、高峻、李杰等：《珠穆朗玛峰保护地生态系统文化服务空间分布及评价》，《生态学报》2021 年第 3 期。

王丽丽、张天星：《基于国土空间规划视角的自然保护区生态旅游空间布局研究——以西藏珠穆朗玛峰国家级自然保护区为例》，《林业调查规划》2022 年第 5 期。

张晓丽：《我国登山冒险题材电影的"形、情、意"——以取景珠穆朗玛峰影片为例》，《科技传播》2023 年第 17 期。

Russell J. A. , "Core Affect and the Psychological Construction of Emotion," *Psychological Review* , 2003.

Voronov M. , Weber K. , "The Heart of Institutions: Emotional Competence and Institutional Actorhood," *Academy of Management Review* , 2016.

创新实践篇

G.14
国家公园视域下定日珠峰体育
旅游嵌入模式及其发展研究

姜付高*

摘 要： 体育旅游产业作为体育产业和旅游产业深度融合的新业态和新领域，正在成为优化目的地产业结构、带动劳动力就业的重要抓手。本报告基于国家公园视角，利用文献资料法、实地调研法和逻辑分析法等研究方法深入探讨了珠峰体育旅游融合的理论溯源，从产业融合理论、价值共创理论、共生理论和可持续发展理论探究了珠峰、体育、旅游三要素融合的理论逻辑。从珠峰国家公园建设实际出发，分析了体育旅游嵌入的生态环境、文化遗产、休闲娱乐三方面的价值意蕴。从定日县珠峰体育旅游融合实际出发，剖析了珠峰体育旅游发展的园地共建嵌入、文化赋能嵌入、产业融合嵌入、生态修复嵌入、数字驱动嵌入五种模式。最后提出珠峰体育旅游融合发展需要统一规划共建珠峰体育旅游新格局、深度挖掘共绘珠峰体育旅游新体验、资源聚合共塑珠峰体育旅游新生态、绿色发展共守珠峰体育旅游新家园和智

* 姜付高，博士，曲阜师范大学教授，主要研究方向为体育旅游、体育赛事、体育产业规划。

慧引领共建珠峰体育旅游新模式五种创新路径。

关键词： 国家公园 珠峰体育旅游 嵌入模式

习近平主席在《生物多样性公约》第十五次缔约方大会领导人峰会上提出"为加强生物多样性保护，中国正加快构建以国家公园为主体的自然保护地体系，逐步把自然生态系统最重要、自然景观最独特、自然遗产最精华、生物多样性最富集的区域纳入国家公园体系"。设立国家公园、建立国家公园体制，是以习近平同志为核心的党中央站在实现中华民族永续发展的战略高度作出的重大决策，也是我国推进自然生态保护、建设美丽中国、促进人与自然和谐共生的一项重要举措。[1] 从党的十八届三中全会首次提出建立国家公园体制，到 2015 年启动并陆续建立了三江源、大熊猫、东北虎豹、湖北神农架、钱江源、南山、武夷山、长城、普达措和祁连山等 10 个国家公园体制试点，再到 2021 年正式设立三江源、东北虎豹、大熊猫、武夷山、海南热带雨林等 5 个国家公园，标志着我国生态文明领域又一重大制度创新落地生根，也标志着国家公园由试点转向建设新阶段。[2]

随着社会经济的发展和人民生活水平的提高，体育旅游作为一种强调参与性、体验性和健康性的新兴产物，符合现代人对高品质生活方式的追求，正在成为推动经济发展和消费升级的新引擎。近年来，我国体育旅游产业在国家政策的有力指引和支持下蓬勃发展。《2016 年全民健身计划（2016—2020 年）》、《"一带一路"体育旅游发展行动方案》和《"十四五"体育发展规划》等政策文件的出台，为体育旅游产业的创新和高质量发展提供

---

① 《国家公园体系建设取得新进展新成效》，https：//www.gov.cn/yaowen/liebiao/202405/content_6948983.htm，2024 年 6 月 14 日。
② 《首批国家公园保护面积达 23 万平方公里——重要生态区域实现整体保护》，https：//www.gov.cn/xinwen/2021-10/22/content_5644181.htm，2024 年 6 月 14 日。

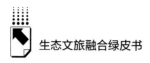

了明确的方向和具体的实施路径。①

国家公园拥有独特的自然景观、丰富的生物多样性，以及广阔的户外空间，具备发展体育旅游的巨大潜力和独特优势。珠穆朗玛峰作为世界最高峰，北坡以及峰顶位于我国西藏自治区定日县，1988 年 11 月，珠峰自然保护区正式设立，1994 年被国务院批准为国家级自然保护区。作为我国自然保护地体系中的重要一环，其独特的自然风光、极端的地理环境和深厚的文化底蕴，为体育旅游提供了无限的发展空间。定日县县域的 95.94%位于珠峰国家级自然保护区，拥有发展体育旅游的独特优势。然而，如何在保护珠峰脆弱生态、尊重当地特色民族文化的同时，科学合理地开发体育旅游资源，以推动经济增长与旅游产业高质量发展，并进一步丰富和完善我国国家公园体制成为当前亟待解决的问题。因此，本报告以国家公园建设为背景，深入探讨珠峰体育旅游融合发展的理论支撑点、价值指向点、嵌入模式点和发展路径，为推动珠峰国家公园建设和体育旅游产业高质量发展提供参考借鉴。

一　珠峰体育旅游融合发展的理论溯源

（一）产业融合理论

高质量发展背景下的体育旅游融合是体育产业与旅游产业在资源利用上的生态位重叠，二者具有较高的相遇频率和协调耦合度。体育产业作为一种绿色且充满生机的朝阳产业，不仅拥有推动我国经济持续增长的优势条件和巨大潜力，而且在与其他产业的交叉融合中展现了独特的互动效应。体育产业与旅游产业的融合尤为突出，二者的深度融合不仅催生了新的业态形式，更为这一新业态注入了强劲的发展动力，彰显了

---

① 杨铭：《黄河下游地区体育旅游产业高质量发展：逻辑、困境与纾解》，《体育与科学》2024 年第 1 期。

其巨大的市场潜力和广阔的发展前景。其中，产业融合是指当两种产业之间的经济关联度较高时，可以通过资源、市场和技术等方面的相互渗透、交叉和重组，不断打破产业边界限制，进而形成新业态的过程。[①] 一方面，产业融合作为一种创新的产业发展策略，其独特之处在于能够催生全新的业态，同时优化现有的产业结构。在体育旅游产业中，通过催生体育主题旅游、赛事旅游等新业态，优化现有产业结构，推动产业升级。同时，利用现代科技手段和创新的管理营销策略，提升体育旅游的体验和产业竞争力。因此，这种融合不仅提升了体育旅游技术创新和制度革新的效率，更为参与其中的产业带来了全新的增长契机，从而推动了产业融合的协同进步与共同发展。[②] 另一方面，体育产业和旅游产业作为极具增长潜力的产业，在高质量发展的背景下，推动二者融合发展可以充分实现优势互鉴和短板互补的优质供给模式，为体育产业与旅游产业的"破圈"融合发展提供广阔前景和实践环境。虽然体育与旅游分属不同的产业领域，但二者在内容和服务上有较强的同质性、兼容性和互补性。同时，体育产业作为一种绿色的朝阳产业，具备推动我国经济发展的条件和潜能，且在与其他产业互动融合的过程中，与旅游产业的融合效果最为显著，这使得两者融合所产生的新业态展现出强劲的发展活力。因此，产业融合对丰富体育与旅游融合产品体系、拓展体育与旅游融合消费空间、促进体育与旅游产业转型升级、推动体育与旅游产业融合发展和提质增效具有重大价值。

（二）价值共创理论

价值共创是在产品或服务的设计、生产、消费等过程中，生产者和消费者通过互动合作，共同创造价值。这里的消费者已经完成了身份的转变，成

---

① 张奇男、董芹芹：《乡村振兴战略下体旅融合发展：理论基础、现状及举措》，《体育文化导刊》2023 年第 11 期。
② 杜鹏、邓万金：《资深马拉松跑者重复参赛意愿的影响路径——基于赛事依恋的中介效应分析》，《体育学研究》2020 年第 6 期。

为"操纵性资源"的拥有者。① 实际上，价值共创思想的萌芽来自共同生产，消费者在生产的每个阶段都会与生产者进行互动，交流互动是其核心。Normann 和 Ramirez 是首先创造性提出价值共创概念的学者，明确指出创造价值的源泉来源于消费者和供应商之间的合作沟通。② 根据其所提出的逻辑思想总体概括为消费者参与和企业主动开展共创活动共同作用形成价值共创。在珠峰体育旅游产业发展中，价值共创理论提供了一种全新的视角和思考方式，体育旅游消费者和体育旅游企业之间并不是单纯的买卖关系，而是合作共赢的伙伴。传统体育旅游企业的产品制造往往基于本身的制造能力去生产固定版式的产品和服务，未考虑到消费者多元化个性化需求，从而造成体育旅游供给端和需求端的匹配失衡，体育旅游市场低迷和发展态势下滑。所以在利用价值共创理论指导珠峰体育旅游融合发展的过程中，需要建立企业与消费者之间的密切联系，从而实现以需求为导向、供给为牵引的双方共赢。在这一过程中，应鼓励相关企业着力发展体育旅游内容创新和方式创新，从而进一步提升体育旅游产业的核心价值，通过增加体育旅游的辅助内容来整体提升体育旅游产品的附加价值。一方面，在珠峰体育旅游产业发展价值研究中，各方之间的合作和互动至关重要。随着珠峰旅游业的发展，游客对珠峰特色产品的需求增加，珠峰对当地文化产业发展的推动作用显而易见。通过运用价值共创理论，更好地理解各方之间的利益关系，促进各方之间的合作，充分实现珠峰体育旅游产业的发展价值；另一方面，在当前快速发展的时代，珠峰体育旅游产业需要不断创新发展模式，提高服务质量，以满足公众的需求，实现珠峰体育旅游产业的共享价值。最后，不同地区的创新能力不同，珠峰体育旅游产业需要强大的研发能力，应加强内外合作，积极与相关领域建立合作关系，将各方面的创新资源整合起来，建立公共的创新平台，推动创新资源的共享和互惠，促进珠峰体育旅游产业各方的共同发展。

---

① 潘玮、沈克印：《数字经济助推体育产业高质量发展的理论基础、动力机制与实施路径》，《体育学刊》2022 年第 3 期。
② 王朝辉：《产业融合拓展旅游发展空间的路径与策略》，《旅游学刊》2011 年第 6 期。

（三）共生理论

"共生"一词最早见于生物学领域，"共生"是一种不同生物间共同发展、协同促进的关系，共生理论体系包含共生单元、共生模式和共生环境三大要素，三大要素共同形成一个不可分割的系统。共生理论于 20 世纪末被引入国内经济学领域，自此在产业领域开启了较好的发展。① 体育旅游产业作为具备体育和旅游双重属性的复合产业，具有互利共进、协调共生的良好发展条件与发展优势，从共生三要素角度来讲，体育旅游是体育和旅游之间的互融共生，二者既相互影响，又互为共生主体。珠峰体育旅游产业的发展既是以体育旅游促发展、推进共同富裕的过程，亦是共生理论深度发展形成共生效应的实践表征。其中，多元共生主体形成了珠峰当地居民、当地政府、相关企业及外来游客四大共生单元，当地政府通过政策引导和利益协调，为珠峰体育旅游产业的发展提供了外部条件；当地居民通过参与体育旅游产业，实现了经济和文化的共生；相关企业通过投资和市场开拓，推动了体育旅游产业的创新发展；外来游客则通过旅游体验和反馈，促进了体育旅游产业的可持续发展。这些主体之间的相互作用和依存关系，共同构成了体育旅游产业的共生体系。各主体充分互动融合，形成共生模式，在此过程中，珠峰本地的经济水平、政府提供的制度保障与当地丰沛的生态资源基础等要素共同构成了发展基础的共生环境，作为文化基底、经济基础、资源保障与政策助力共同推动珠峰体育旅游业的高质量发展。

（四）可持续发展理论

"可持续发展"一词缘起于生态学领域，该理论强调经济增长需以可持续发展为核心要义，以环境保护为基础，最终实现人类生活质量提高的目标。我国于 1994 年发表《中国 21 世纪议程——中国 21 世纪人口、资源、

---

① 宋晓娟：《共生理论视角下的中国城市社区治理研究——基于对城市社区网格化管理的审视》，博士学位论文，吉林大学，2021。

环境与发展白皮书》，首次将可持续发展纳入国家战略中。可持续发展理论既包含公平原则、可持续性原则及共同性原则，又包含经济、社会、生态三方整体协调发展的目标。[①] 在珠峰地区体育旅游产业发展的过程中，可持续发展理论既是实践原则，也是发展的总目标。公平原则下，体育旅游的发展过程应确保经济利益的公平分配，确保当地居民、游客和企业多方获益，并尊重和保护当地文化，关注弱势群体的需求。可持续性原则强调在规划和举办体育旅游活动时，必须重视对自然环境的保护，避免对旅游资源造成破坏，同时注重长期经济效益，通过产业融合、市场开拓和品牌建设等手段，推动体育旅游产业的创新发展。共同性原则涉及资源共享和利益共生，体育旅游的发展需要各方资源共享，实现资源优化配置，而利益主体之间需要建立利益共生关系，通过合作实现互利共赢。这些原则共同推动了体育旅游产业的高质量发展和可持续发展。经济可持续目标条件体现在体育旅游产业优化升级，全面兼顾资源开发、保护环境、社会效能，实现有机结合。社会可持续目标条件突出协调，即体育旅游产业在整体稳定发展的情况下，解决游客、当地居民、企业与环境间的矛盾问题。生态可持续则要求在保证珠峰原有生态环境总体完整的前提下，适量适度进行资源的利用。总之，应在可持续发展的理论指导下，实现珠峰整个地区的社会进步，实现经济、社会、生态整体协调和全面可持续发展。

二　珠峰体育旅游融合发展的价值意蕴

（一）发挥珠峰自然生态环境保护功能

《珠穆朗玛峰国家级自然保护区管理办法》强调了保护珠峰的生态自然环境，要通过一系列的规定和措施，确保珠峰地区生态系统的稳定与完整。以保护为主，建设、合理利用相结合，妥善处理好生态环境保护与经济

---

① 张建萍：《生态旅游理论与实践》，北京：中国旅游出版社，2001。

社会发展之间的关系。要做好旅游和登山活动中的生态保护工作，保护好珠峰这一珍贵自然遗产。珠穆朗玛峰自然保护区具有丰富的水能、光能和风能资源，以及由独特的生物地理特征、奇特的自然景观和历史遗迹构成的重要旅游资源。

随着体育旅游的蓬勃兴起，珠峰作为世界之巅，其独特的自然景观和丰富的生态资源吸引了越来越多的登山爱好者、户外运动者和游客，促进了当地经济的快速发展。然而，随着大量体育旅游者的涌入，珠峰的自然生态环境也面临着前所未有的挑战。冰川消融、植被破坏、野生动物栖息地减少等问题日益凸显。因此，在珠峰体育旅游融合发展的过程中，必须将生态环境保护置于首要地位。这不仅是对珠峰自然生态环境的尊重和保护，也是实现体育旅游产业可持续发展的必然要求。

首先，提升环保意识。在珠峰体育旅游融合进程中，当地政府和相关部门通过定期举办研讨会、培训课程和宣传活动，提高了公众对环保的认识和参与度，加强了对登山者和游客的环境保护知识宣传和教育，使其对珠峰地区的生态脆弱性和生态保护的重要性有了更深刻的理解。其次，完善垃圾清理工作。制定并执行严格的垃圾处理、废水排放、野生动物保护等规定，妥善处理产生的垃圾，例如，在珠峰大本营等关键区域设置垃圾回收站点，鼓励使用可重复利用的水瓶和食品容器，减少一次性塑料制品的使用。同时，利用各种先进技术确保垃圾能够得到及时有效地处理，最大程度地减少对珠峰自然环境的负面影响。再次，限制人类活动。在动植物保护区以及生态环境脆弱的地区周围，制定严格的登山管理制度，对登山者的资质、装备、行进路线等进行限制和监管，以减少生态系统的压力，维护生态平衡和生物多样性。最后，推进全球环保进程。通过举办文化交流活动，增进国内外公众对珠峰自然生态环境的了解和认识，共同制定和执行环保标准，分享环保经验和技术，提高全球公众对生态环境保护的意识，形成全球环保的共识和行动。

体育旅游作为一种新业态，既有绿色经济、低碳经济和循环经济的特点，又有休闲娱乐、健身康养的效能，是一种能够与生态环境友好协调共处的旅游资源。① 珠峰这样的世界级自然遗产地,在与体育旅游融合发展的过程中,必须始终坚持生态优先、绿色发展的原则,强调"尊重自然、保护自然"的价值观,在体育旅游活动中充分发挥珠峰自然生态环境保护功能,实现旅游与环保的和谐共存。

(二)发挥珠峰国家公园文化遗产传承功能

近年来,随着国家政策支持力度不断加大和珠峰旅游热度不断增长,以珠峰国家公园为载体充分发挥自然文化遗产的传承功能的意义不言而喻。定日县既是举世闻名的珠穆朗玛峰的"老家"和珠峰旅游的核心地,全县大部分面积在珠穆朗玛峰国家级自然保护区范围内,也是日喀则市"一心两核三带五板块"旅游发展布局的一部分。此外,定日县拥有丰富的人文资源,是我国多元文化和藏传佛教文化发展的典型地区,具有深厚的文化底蕴,同时随着登山运动的兴起,登山文化逐渐步入大众化的视野,其蕴含的团结一致、敬畏自然、挑战自我等价值理念具有积极的社会效应。定日县得天独厚的自然与人文资源,以及其在地理位置上的独特性,为珠峰国家公园在自然文化遗产传承方面提供了坚实的基础。

在珠峰国家公园建设背景下,体育旅游嵌入过程对自然文化遗产的传承主要体现在以下几个方面。在生态保护方面,应建立完善的保护区管理机制,严格监控并保护其生态环境;同时控制游客流量,确保生态平衡和生物多样性。在文旅融合方面,加快文化传承与旅游深度融合,挖掘和传承珠峰的文化内涵,通过举办文化活动让游客深入感受其魅力;发展特色旅游产品,提供多元化旅游体验,并注重生态农业和旅居项目,使游客更贴近自然。在社会支持方面,政府、企业和社会公众应共同参与,加大投入,制定政策,引导发展,注重环保和可持续发展,提升公众环保意识。在数智科教方面,开展科学研究,普及自然和文化知识,增强公众保护意识;利用现代

---

① 《国家公园体系建设取得新进展新成效》,https://www.gov.cn/yaowen/liebiao/202405/content_6948983.htm,2024年5月3日。

科技手段，如数字化技术和新媒体，促进遗产的展示和传播，并建立信息系统提高管理效率。此外，加强国际交流与合作，共同推动珠峰自然与文化遗产的保护和传承，学习国际先进经验，提升保护水平。这些措施的实施将确保珠峰国家公园自然文化遗产得到有效传承，实现可持续发展，为后代留下宝贵的自然与文化财富。

（三）发挥珠峰文化体育旅游产业休闲娱乐功能

珠峰作为连接自然奇观与人文魅力的桥梁，其独特的地理位置和文化底蕴为珠峰文化体育旅游产业的发展提供了得天独厚的条件。更融合了丰富的藏族文化和养生度假元素，为游客提供了一场集文化、运动、养生于一体的全方位休闲娱乐体验。

珠峰体育旅游具有文化展示功能。《日喀则市国民经济和社会发展第十四个五年规划和二〇三五年远景目标纲要》指出要发展"文化+旅游"。举办"珠峰文化旅游节"等文化旅游活动，发展文化演艺旅游，以节庆旅游激活地域文化的灵魂。定日县拥有丰富的文化体育旅游资源，不仅是珠峰旅游的核心区域，也是日喀则市旅游发展的重要支撑。不仅有国家级非物质文化遗产"定日洛谐"，还有藏族文化的深厚底蕴，游客可以体验地道的藏族文化，包括传统服饰、佛教信仰、唐卡绘画等。结合当地藏族文化，举办文化展览、民俗表演、手工艺制作等文化活动。让游客在欣赏美景的同时，深入了解当地的文化和历史，增强体育旅游的文化内涵和吸引力。同时，通过文化交流活动，促进不同文化之间的了解和融合。

珠峰体育旅游具有运动休闲功能。依托珠峰独特的自然景观和登山文化，开发了以体育旅游为主题的特色产品。开展了多项重大体育旅游活动，大力宣传"圣地徒步、户外天堂"品牌，推出登山体验、攀岩训练、户外徒步等旅游产品，满足游客多元化的需求。此外，当地政府在具备条件的高山户外徒步地建设步道、营地、餐饮和住宿服务站等设施，引导和鼓励当地企业和居民运营提供服务，使体育旅游与藏区农牧民群众增收致富结合起来，开发高山探险、高山救援等一系列衍生项目，实现登山运动

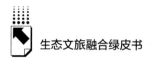

与市场经济的全面接轨。

珠峰体育旅游具有养生度假功能。西藏日喀则市结合当地丰富的自然地理资源,打造"旅游+健康医疗"的发展模式,重点开发藏医药健康旅游、温泉养生旅游、康体旅游,设立日喀则珠峰文化旅游创意产业园区。集文化旅游、商业贸易、综合服务、珠峰体验、养生度假、田园休闲等功能于一体,积极申报西藏自治区康养旅游示范基地。以藏医药生态种植园为核心,布局藏医药养生度假产业,打造一个集休闲度假、养生产业研发、生态旅居于一体的藏式度假养生区。

三 珠峰体育旅游嵌入式融合发展模式

珠峰自然保护区总面积为33819平方公里,功能区划为三分区划分,其中核心区面积为10094.42平方公里,占保护区总面积的29.85%;缓冲区面积为5928.39平方公里,占保护区总面积的17.53%;实验区面积为17796.19平方公里,占保护区总面积的52.62%。根据《中华人民共和国自然保护区条例》和《珠穆朗玛峰国家自然保护区管理办法》,珠峰自然保护区核心区包含脱隆沟核心区、珠穆朗玛核心区、绒辖核心区、雪布岗核心区、贡当核心区、江村核心区、希夏邦马核心区、佩枯错核心区8个区,主要保护喜马拉雅南翼湿润山地和森林以及喜马拉雅北翼干旱高原灌丛、草原两大生态系统,结合保护区冰川、雪山和湿地。珠峰自然保护区缓冲区包括陈塘缓冲区、帕卓—卡达缓冲区、聂拉木缓冲区、吉隆缓冲区、贡当缓冲区5个区,其主要功能是恢复区内受损生态系统并采取各种有效的保护措施,使原始自然生态系统面积不断扩大,从而减少人类活动对核心区的压力,防止核心区受到外界的影响和破坏,起到缓冲作用。珠峰自然保护区实验区则处于核心区和缓冲区外围,主要分布于喜马拉雅北翼的腹心地区,是保护区内人口相对密集、人为活动频繁、生态系统受干扰较大又暂时难以迅速恢复的区域,其主要功能是发挥该区域内的自然与文化资源优势,开展资源的可持续利用,平衡保护与发展之间的关系,使当地经济社会得到快速发展。珠峰大本营位于实验区，可以从事科学实验、教学实习、参观考察和旅游等商业活动。因此，在探讨珠峰体育旅游融合嵌入模式关系中，应从定日县人文历史、自然生态、民俗文化等角度出发，结合产业融合理论、价值共创理论、共生理论和可持续发展理论内涵出发，分析定日珠峰体育旅游融合嵌入模式理论到实践的应用形态。

从理论上来看，资源禀赋兼容是二者深度融合的前提，从"量"转变为"质"是二者融合的长期动态作用结果，体育与旅游的融合实现了资源的共享与互补，社会与自然资源的有机结合，为社会经济可持续发展奠定了基础。从旅游需求发展的趋势分析来看，注重精神和文化的个性化体验旅游的需求越来越多，游客已经不满足于传统的观光旅游而是更多地把目光投向休闲旅游、体验旅游和生态旅游等，所以提升珠峰旅游产品文化内涵和品质成为珠峰旅游产品开发的现实需要。相应地，体育产业将运动的参与性与变化性融入具体的项目中，能为消费者提供具有体验性和趣味性的旅游产品，为构建珠峰体育旅游产业的良性循环创造有利条件。因此，体育旅游产业作为一种新兴的业态形式，在定日珠峰独特地理资源场景下，其参与性、挑战性、刺激性和专业性等特点在很大程度上满足了珠峰旅游者的体验式感受的需求。而且以体育旅游游客需求为导向，着力开发珠峰体育旅游产品，拓展和提升体育旅游产业链、价值链和创新链，能够实现珠峰体育旅游目的地经济和居民增收固收的价值共创。本部分针对当前珠峰自然保护区地理区位划分、项目实际开展情况、地域资源特色、理论科学指导和未来发展趋势探析定日珠峰体育旅游融合嵌入发展模式。

（一）园地共建嵌入

德国植物学家德巴里于 1879 年首次提出生物学上的共生概念，用于描述不同种属生物因资源或生存需要而形成相互依存、共同发展关系的现象。共生不仅是一种自然状态，也是一种可塑状态；不仅是一种生物识别机制，也是一种社会科学方法。基于共生理论的一般逻辑，园地共建嵌入模式是一种跨界共生的逻辑形态。体育旅游、国家公园和地方政府共建的关系，是在两个及以上因素点的框架下运行的，是一种在地方政府系统内部结构及外部结构相互耦合连接的参照系下实施的体育旅游行为。园地共建嵌入结合国家公园的生态保护功能与地方政府的发展策略，为体育旅游发展提供有力的支撑和保障，是推动体育旅游与国家公园和地方政府共建的重要手段。园地共建嵌入是推动定日珠峰体育旅游发展的关键，能够提供更为丰富和多样的旅游资源，提升定日珠峰体育旅游吸引力和竞争力，促进定日珠峰体育旅游可持续发展，为区域经济繁荣与生态保护提供有效协同路径。

在中国国家公园的建设实践中，大熊猫国家公园和三江源国家公园等案例，为国家公园与地方政府共建提供成功示范。大熊猫国家公园地跨四川、陕西、甘肃三省，纵横岷山、邛崃山、大小相岭和秦岭山系，是我国重要生态安全屏障的关键区域。依托国家林草局与四川、陕西、甘肃三省林草局合作，保护生物多样性，推动生态旅游和社区发展，同时提供生态公益性岗位促进当地社区的参与和受益。三江源国家公园位于青海南部，地处青藏高原腹地，平均海拔 4000 米以上，涵盖长江、黄河、澜沧江三大河流的源头，是国家重要的生态安全屏障。针对定日珠峰地区的特点和现状，建立定日珠峰园地共建嵌入机制，通过共同投资基础设施建设完善、合作推广定日珠峰体育旅游资源、协同制定体育旅游发展战略规划，形成统一管理体系，建立特许经营机制，与当地居民、外部机构合作，建立共建共享的生态旅游模式，实现区域经济的繁荣和生态保护的双赢，促进定日珠峰地区长期的可持续发展。

园地共建嵌入模式如图 1 所示。

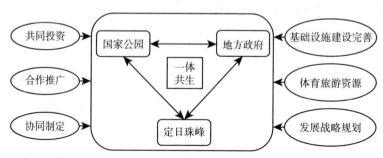

图 1　园地共建嵌入模式

（二）文化赋能嵌入

从产业集聚理论视角来看，产业集聚是由生产内容相近的企业根据生产要素投入成本、资源禀赋属性而自主集聚的现象。这一集聚产生缘由往往还由集聚地的文化品牌效应、成熟资源驱动因素组成。珠峰体育文化资源极为丰富，以传统体育项目为代表的射箭、摔跤、狩猎等少数民族民俗文化活动促进了民族团结、交流与互鉴。以现代体育项目为代表的登山、攀岩、马拉松等项目也进一步加深了定日珠峰体育旅游文化交融、开放与丰富。继1960年5月25日实现中国人首次登顶珠峰的伟大壮举之后，英勇的中国登山队在一次次国家任务中勇挑重担，继承发扬登山精神。登山运动薪火相传，珠峰精神也激励着一代又一代登山人不断探索，不断创新，以适应时代的发展，为世界登山运动发展和我国全民健身战略推进贡献珠峰力量。

具体来看，在文化赋能嵌入实践过程中，文化体育会展、民俗体育展演、体育人文景观等是定日珠峰文化传承和体育多元化发展的重要载体。

在文化体育会展方面，2023年6月18日，西藏日喀则珠峰文化旅游创意产业园区举办的"第18届珠峰文化旅游节"以"珠峰故里·吉祥日喀则"为主题，包含了"古韵新声·珠峰天籁"第四届藏戏唱腔大赛、"相约珠峰·千人弦音"大型非遗舞蹈展演活动、"峰·彩"日喀则精品书画摄影作品展、"珠峰首作·秘境之礼"非物质文化遗产展示展销展演等活动。推动了日喀则市与自治区区内市场、全国大市场乃至南亚周边国际市场实现产业融合、要素相聚，助推了经济高质量发展。以搭建体育民俗、文化旅游、体育艺术互动互助融合发展的新平台，全面展示了西藏文化体育旅游的发展成就和创新成果，进一步促进了定日珠峰体育旅游文化产业的发展。

在民俗体育展演方面，定日县通过开展协格尔镇群众赛马文化节、抱沙袋、藏族望果节、珠峰文化旅游节等节庆活动和民族主题赛事吸引了国内外的体育旅游爱好者。通过汇聚体育相关行业，发挥集聚效应，打造特色鲜明的文化体育产业集聚区，构建体育文化旅游圈。另外，定日县拥有定日洛谐、定日协格尔甲谐等丰富独特的民俗体育舞蹈形式，呈现鲜明的地域风

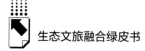

格，以其鲜明的竞技性、娱乐性吸引着中外游客的目光。

在体育人文景观方面，利用定日县悠久的历史古建筑文化，如协格尔曲德寺、朗果荡芭寺、绒布寺、查古拉普寺等，不仅可以吸引游客欣赏到精美的佛像、壁画和唐卡等艺术品，了解藏传佛教的文化和历史，还能为当地带来巨大的经济效益。

整体上来看，在文化赋能嵌入模式下，通过从宏观制度上保护珠峰民俗文化、传统体育项目等，保持区域内定日珠峰旅游原真性，促进定日珠峰民族文化传承。同时，通过旅游活动的举办和推广，有利于实现定日珠峰文化体育旅游观光型产业价值创造。

文化赋能嵌入模式如图2所示。

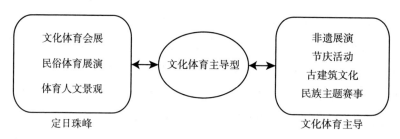

图2　文化赋能嵌入模式

（三）产业融合嵌入

产业融合理论认为，不同产业或同一产业不同行业相互渗透、相互交叉，最终融合为一体，这是逐步形成新产业的动态发展过程。在体育旅游产业中，通过催生珠峰体育赛事旅游等新业态，优化现有产业结构，推动定日珠峰当地居民收入增长。具体而言，定日珠峰以登山运动项目、珠峰大本营国家5A级旅游景区为引领，形成了登山运动带动定日珠峰徒步、马拉松、露营等户外休闲运动的延展，珠峰大本营景区带动定日绒辖、嘎玛等森林景区的辐射。一方面，定日珠峰依靠珠穆朗玛峰登山运动这一独有资源为项目核心轴，每年吸引着许多登山爱好者前往。同时也带动开展了定日珠峰滑雪、登山、马拉松、自行车赛、低空飞行、滑翔等衍生体育赛事，以举办重大体育赛事来推动定日县体育旅游产业融合整体嵌入。另一方面，以定日珠峰大本营这一知名品牌为景区核心轴，将赛事规划纳入旅游区域品牌整体建设，通过赛事组织、设计、宣传吸引广大体育参与者与旅游观光者前往珠峰大本营、绒布寺、嘎玛沟等进行赛事体验，结合旅游旺季，把赛事宣传与旅游宣传相结合，赛事纪念品与旅游纪念品相结合，为休闲旅游及体育赛事提供广阔平台。

产业融合型嵌入实践过程主要体现在以下几个方面。在休闲健身方面，珠峰休闲健身项目的规划与开发应充分依托珠峰大本营资源，因地制宜开展山地越野、登山活动、徒步大会、摔跤、沿湖垂钓等活动，突出地域特色，增强旅游业的吸引力。例如，在定日县嘎玛沟景区举办的珠穆朗玛徒步大会，以"西藏绝美·浸在定日"为主题，倡导健康生活方式和生态环保理念，打造"珠峰东坡"旅游品牌，助力了西藏世界旅游目的地品牌建设，也进一步通过户外探险、体育旅游等项目助推了当地居民脱贫、增收，实现了良好的社会效益和经济效益。2023 年，定日县全县实现地区生产总值 14.5 亿元，同比增长 9.0%，农村居民人均可支配收入达 15249 元，同比增长 10.3%，[1] 体育旅游产业作出了重要贡献。在体育景观、训练基地、体育用品生产方面，定日县以珠峰登山运动为牵引，将西藏日喀则国家高海拔登山训练基地、珠峰国际登山产业运营服务中心等著名体育场馆以及体育用品生产线纳入旅游专线，不仅满足了游客的好奇心，而且也有利于体育设施的再利用。

因此，在体育旅游产业融合嵌入主导下，定日珠峰体育旅游产业融合发展将充分与市场广泛需求对接，更具备发展活力。在前端，定日珠峰体育旅游开发企业能够对体育旅游产品和服务进行重构，使广大体育旅游爱好者前往定日珠峰沉浸式体验体育旅游内容。在这一过程中，体育旅游企业根据定日珠峰实际，合理充分利用自然生态环境、人文历史资源、民族传统文化等特色本土资源，深刻践行了"绿水青山就是金山银山"的科学内涵。在后端，多元主体参与带来了更复杂和更先进的开发理念，丰富了体育旅游开发

---

① 定日县人民政府。

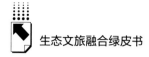

模式，由传统观光型向深度参与型体育旅游模式逐渐转向。

产业融合嵌入模式如图 3 所示。

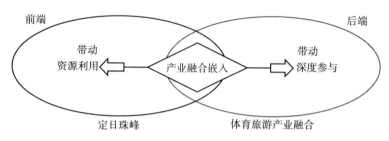

前端　　　　　　　　　　　　　　　　后端

带动　　　　　　　　　　　　带动
资源利用　←　产业融合嵌入　→　深度参与

定日珠峰　　　　　体育旅游产业融合

图 3　产业融合嵌入模式

（四）生态修复嵌入

自联合国组织起草世界环境与发展大会主要文件《21 世纪议程》以来，可持续发展作为一种全新的发展观已成为全人类的共识，旅游业被称为"无烟工业"，是可持续发展理论的有效践行。随着中国生态文明建设进程进一步深化，中国政府符合时代需求，适时提出了要坚持保障旅游生态安全和旅游目的地绿色发展。"绿水青山就是金山银山"理论应运而生。珠峰作为全球海拔最高的山峰，以壮丽的景色和丰富的生态旅游资源闻名，珠峰生态旅游的可持续发展已成为全球关注的问题，体育旅游绿色发展更将是我国"可持续发展理论"和"两山理论"实践的重要示范模板。由于特殊地理环境制约，区域生态环境整体退化趋势尚未根本遏制，草地退化、土地沙化和荒漠化、水土流失、冰雪消融等问题依然十分突出。因此要合理调整定日县体育旅游开发路径，按照生态保护、经济效益和社会效益相统一的原则规划定日县体育旅游发展尤为重要。

定日县以形成生态环境保护与经济发展需求相协调的体育旅游空间开发格局为目标，让体育旅游成为居民增收致富的重要"转化器"。目前定日县垃圾无害化处理站、污水处理厂建设有序推进，下一步应逐步形成完整的生态修复嵌入模式（如图 4）。

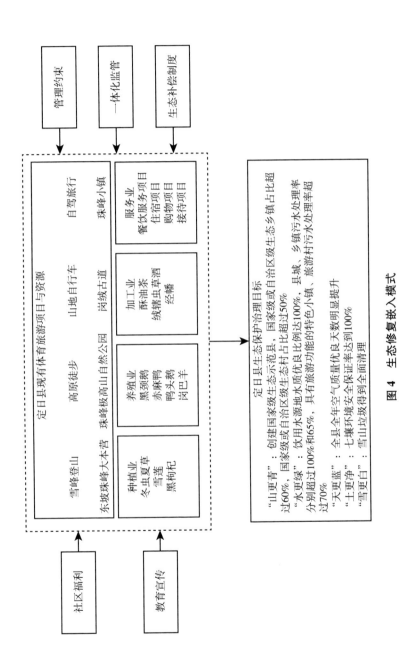

图 4 生态修复嵌入模式

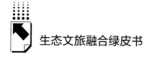

1. 社区福利方面

目前定日县探索扶贫开发与生态保护共赢的"生态+贫困人口"扶贫机制来改善当地居民的生活条件，下一步应鼓励社区居民参与珠峰生态旅游可持续发展，通过生态岗位脱贫，让贫困户就近实现就业增收，发挥生态旅游对当地居民增收的地缘优势。

2. 教育宣传方面

完善生态文明教育体系，丰富生态文明宣传形式，推动低碳环保旅游理念普及，让当地居民与游客明白自身行为对环境的影响，增强生产生活和旅游过程中人们的低碳环保意识。

3. 管理约束方面

管理规范能够约束游客行为，避免游客破坏环境。

4. 一体化监管

建立覆盖城乡的环境监测网络，对游客人数、旅游行为和生产生活进行实时监控，建设环保数据中心，定期公布空气、水源等生态数据。

5. 建立生态补偿制度

采取一系列政策和措施对受损生态进行修复和补偿，对破坏环境的行为进行经济处罚，对生态改善地区给予财政资金奖励。

（五）数字驱动嵌入

产业融合是指不同产业边界模糊化，通过资源共享、技术渗透、市场拓展等方式实现产业间的相互渗透和支持。在以数字技术为代表的新一轮技术革命和产业革命浪潮的推动下，数据成为各行各业的关键生产要素，数字孪生、人机交互、混合现实、全息影像等新兴技术不断冲击产业内容、模糊产业边界、重建产业结构。因此，在定日县珠峰体育旅游融合制度嵌入过程中，需要深度对接新的技术应用。一方面，数字技术在定日珠峰的环境监测和数据方面具有优势，将数字技术应用贯穿于珠峰国家公园生态保护的调查、监测、评估、预警和修复全过程，有利于提高国家公园建设的效率和效果；另一方面，数字技术依托数据这一关键生产要素，具有共享性、无边界性特点，通过打破行业壁垒，有利于构建定日珠峰体育、旅游、生态、文化信息服务平台，加速了基层政府，体育、旅游、文化相关企业和社会协会，体育类高校，科研机构等不同多元主体的高效合作，形成定日珠峰政、产、学、研、用创新协同发展。

具体来看，当前数字驱动嵌入的具体应用形态主要包含在以下几个方面（见图 5）。

第一，利用数字技术可以精确绘制珠峰国家公园森林资源图、土地现状图、行政区划图、动植物资源分布图等基础图件，为推进国家公园的绿色发展规划奠定基础。

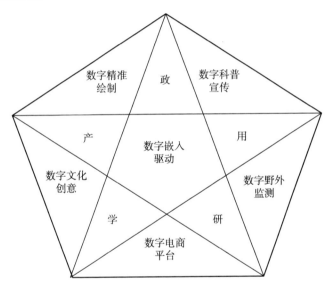

图 5　数字驱动嵌入模式

第二，"天地空"一体化监测系统为东北虎豹国家公园开展生态体验、自然教育、野外观测、科普宣传等活动提供丰富的数据资源，也为当地绿色产业发展提供强大支撑。

第三，三江源国家公园用"千里眼"监控和"顺风耳"传令，大幅提升了生态管护员巡山巡护、野外监测、环境整治的监管效能和精准度，同时也让当地牧民"华丽转身"，成为生态保护的受益者。

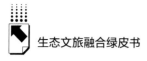

第四，大熊猫国家公园通过建设美丽智慧熊猫家园，带动了以自然教育、文化创意和特色农产品等为代表的绿色产业的发展，让区域各族人民过上了美好生活。

第五，武夷山国家公园利用"合作社+茶农+互联网"的运作模式，使茶产业成为支柱产业，让绿色富民之路越走越宽广。

四　珠峰体育旅游嵌入发展的创新路径

（一）协同治理：统一规划共建珠峰体育旅游新格局

1. 健全法律法规体系，完善协同治理与行业规范

建立健全包括法律法规、规章等的全方位的法律法规体系保障，制定一般管理计划、战略计划、实施计划、公园年度绩效报告等多层次的公园管理计划，形成立法权威、条款清晰、内容详细、指导明确的法规体系，为推进珠峰体育旅游协同发展营造良好的法律环境，促使法律监管部门有法可依。具体而言，制定相关法规以明确资源保护、威胁防范与设施建设要求；确立相关遗产登录标准、提名过程及管理规划；减少法律法规模糊化，促进法律治理与多元协同合作的规范化，推进法律问题源头治理；积极促进成立行业协会，加强行业标准与服务规范推广，切实推进行业自律；充分强化社会监督，推进法律监管、行业监管与公众监管相协调，完善协同治理与行业规范。

2. 明确珠峰体育旅游治理主体协同发展利益诉求

珠峰作为世界最高峰，具有独特的生态环境和旅游价值。过度开发体育旅游将对珠峰的生态环境造成不可逆破坏，而开发不够则难以发挥"世界级旅游目的地"的价值。政府的角色是掌舵者，相关利益者则是划船者，协调利益诉求、加强产业融合协同治理将对定日珠峰体育旅游产业可持续发展起到重要作用（见表1）。

表1 定日珠峰体育旅游产业融合协同治理结构下利益相关者利益诉求

利益诉求	政府	旅游企业	居民	游客
利益诉求一	发展定日县地方经济	经营权	就业机会增多	优质旅游服务
利益诉求二	增加定日县财政收入	可观利润	获得参与管理权	社区功能完善
利益诉求三	珠峰资源持续运用	企业形象	人居环境改善	价格适中
利益诉求四	改善定日县民生	资源可持续发展利用	经济收益成果共享	深度体育旅游

在定日珠峰体育旅游协同治理中，政府、旅游企业等主体应紧紧围绕通过旅游资源合理利用与保护，带动经济发展，改善民生这一主线，立足全县资源特色、珠峰独特价值等优势，紧扣国家发展战略，以定日县实现供给国际化、高端化、品质化旅游产品为管理目标。

3.构建珠峰体育旅游治理主体协同发展模式

基于生态完整性、多元主体性、可持续发展性等治理原则，构建政府管理、旅游企业市场管理和社区参与管理的多元主体治理结构模式（见图6）。鼓励当地居民、体育旅游参与者及非政府管理的自然保护组织参与国家公园治理，共同致力于国家公园的保护和管理，加强各方主体对国家公园治理的责任感、归属感和认同感。

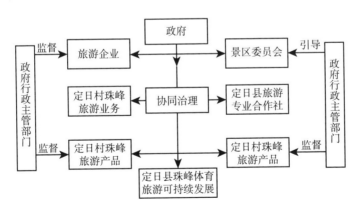

图6 定日珠峰体育旅游产业融合协同治理结构

定日县政府部门、旅游机构、文化机构、社区等多部门应协作制定综合规划，将珠峰旅游设施、交通网络、整体布局、体育旅游资源的开发与保护

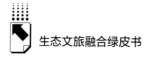
等进行统筹考虑，统一管理和监管，确保旅游资源的开发和运营符合规划要求和相关标准，防止出现无序开发现象和低质量产品。具体来看，定日县政府与旅游企业协同治理主要体现在以下几方面。政府放开部分区域和资源，允许旅游企业获取经营管理权限，企业向政府作出承诺，保护生态环境、遵守行业规范、改善社区民生；政府向旅游企业做出保障，包括经营的长期性、政策措施的放宽、公共投入的加大。同时，政府可以出台税收优惠、减免环保费用、简化审批手续等支持政策；当地居民鼓励旅游企业规范经营。政府与社区居民协同治理主要体现在政府加大基础设施建设，提升社区整体生活水平，成立景区委员会等，一方面提供更多的就业机会，另一方面将定日县原来的社区散户经营模式集中起来，便于管理；促进居民积极参与到旅游行业中，为相关个人提供融资优惠政策；为当地提供技术支持，不断提高旅游服务和管理水平。形成良好的旅游市场竞争局面，形成利益者相互关联的格局，促使利益者共同监督，为定日珠峰体育旅游产业可持续发展保驾护航。

4. 加强人才培养机制建设和多元主体协同合作

实施"人才强体旅、科教兴体旅"区域战略，通过系统化高级管理人员培训、导游人员分级管理和分类培训，建立健全人才激励机制，吸引和培养行业领军人才，构建多渠道、多层面的定日珠峰体育旅游人才培训体系，全面提升从业人员服务技能和专业水平，确保人才供应链连续性、多样性。加强产学研合作，与高校、科研院所、企业等建立紧密合作关系，共同培养具有实践能力和创新精神的体育旅游人才，促进研究成果转化为实际应用，为珠峰体育旅游产业的创新融合发展蓄积动能。

（二）文脉深植：深度挖掘共绘珠峰体育旅游新体验

1. 平台赋能是挖掘体育旅游文化新体验的重要载体

以综合性的服务平台为依托，通过整合各类资源，为定日珠峰体育旅游文化产业提供全方位的支持和服务，从而推动产业的深度融合和高质量发展。该方式有助于优化资源配置，提高产业效率，促进产业创新和升级。在线下布局领域，应秉持规范提质与创新发展并重的原则，基于定日珠峰独特的区位优势和文化资源特色，深入挖掘赛事 IP、健身场馆、体育商贸旅游、体育旅游会展等核心资源要素。同时，融合医疗、信息、商业与农业等多行业的先进运营理念，为体育旅游产业线上数字平台的搭建和运营提供充实的内容和决策参考。在线上运营领域，应坚守"智慧体旅"这一核心导向，精心调配定日珠峰市场运营、技术研发以及场景应用等关键资源，旨在打造功能丰富且实用的珠峰体育旅游文化产业数字平台。这类平台不仅能满足不同用户的个性化需求，还能为体育旅游文化产业的持续、健康发展注入强劲动力。

2.社会资本参与是推动体育旅游文化传承的融资渠道

定日县虽拥有优美的自然环境和丰富的文化旅游生态资源，极具产业发展潜力，但自身经济实力欠缺，市场经营能力与自我造血能力不足，因此应择优引入社会资本投资主体。按照公平、公正、公开原则，择优引入社会资本，依法依规确定参与模式、投资回报方式及标准等，优化体育旅游文化领域资金投入使用方式，多渠道构建体育旅游项目回报机制，进一步调动社会资本的积极性，确保社会资本进得去、退得出、有收益。

3.数据信息与新技术应用是推动体育旅游文化消费的核心要素

数据信息作为数字经济的基础配置，定日珠峰体育旅游数字化转型在上游资源端从传统的设计研发模式，逐步转型至注重文化 IP 创意、创新技术整合以及制定行业标准。中游开发端在体育旅游服务与产品加工过程中，应更深入地运用和分析消费者数据，通过服务外包、智能制造和价值共创等手段，确保体育旅游文化的有形产品和无形服务更贴近消费者的实际需求与偏好。下游运营端则应从供给单纯的产品转向关注体育旅游文化产品服务的需求、营销、智能传播以及个性化消费等，从而提升消费者的感知价值和整体体验；采用数字技术增强珠峰体育旅游文化用户消费端的数据信息提取能力，揭示消费者的潜在需求，按照统一标准对这些数据进行分类与存储，着手构建体育旅游文化产品与服务的消费需求数据库。利用人工智能和自然语言处理算法等技术，对收集到的需求信息进行深度解析和转化，旨在为体育

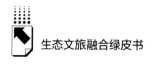

旅游文化产业的各个环节提供精准的市场信息和决策支持，实现供给侧与需求侧的动态匹配，从而推动珠峰体育旅游文化产业的深度融合与发展。

（三）全域拓展：资源聚合共塑珠峰体育旅游新生态

1. 数字基建是塑造体育旅游新生态的先前条件

鉴于定日珠峰体育旅游产业数字基础设施建设的全面性和复杂性，在体育旅游产业数字基础设施建设的全过程中，要紧密契合定日珠峰体育旅游产业深度融合的核心需求，从规划到实施再到后续维护，都要以明确的原则和目标作为指导，确保建设内容的精准性、可行性和实用性。同时，既要充分考量如何有效衔接和升级体育旅游产业的传统基础设施，也要确保新建数字化基础设施能够顺应并引领体旅产业未来的发展趋势。

2. 普惠金融融入是塑造体育旅游新生态的风险抵御

应发挥财政引导与带动作用，统筹用好现有资金渠道，发挥县域服务乡村振兴领军银行优势，加大体育旅游领域金融支持力度，鼓励商业银行加大信贷投放力度，用好商业性金融的市场化优势。同时增强金融普惠性，鼓励定日县体育旅游经营主体利用优惠金融政策发展生产并开展合作经营，积极发放定日县"惠农 e 贷·乡旅贷"等多种惠民惠农贷款，全力满足当地体育旅游经营主体信贷融资需求，缓解产业发展过程中面临的资金流动性约束，推动珠峰脚下体育旅游高质量发展。

3. 人才建设是塑造体育旅游新生态的后备保障

坚持开放与合作的原则。一方面，积极引进国际先进理念和技术，引进国内外优秀人才，邀请行业领军人物参与教学与研究，提升本土人才培养的国际化水平；另一方面，鼓励定日珠峰体育旅游人才走出国门，参与国际研讨和培训，深入了解行业动态，拓宽视野，提升综合素质，促进人才专业能力的国际化转型，同时将宝贵经验和技术带回定日县，服务于定日县体育旅游产业的融合发展。实现生态、经济与社会价值的和谐共生，为定日珠峰地区的可持续发展和全球体育旅游事业的繁荣作出贡献。

（四）生态守护：绿色发展共守珠峰体育旅游新家园

1. 生态保护意识是守护体育旅游新家园的行为责任

定日珠峰的生态脆弱性要求从业人员以可持续发展理念为指导，具备专业技能和生态保护意识。一方面，制定国家公园环境教育目标，培育体育旅游参与者、从业人员等各方主体的社会责任感和生态保护意识素养；另一方面，通过参与定日珠峰地区的生态保护项目与社会服务项目，引导人才将可持续发展观念融入职业生涯，成为推动珠峰体育旅游绿色发展的行动者。

2. 全方位人才是守护体育旅游新家园的持续力量

定日珠峰独特的自然景观和丰富的文化资源为体育旅游产业发展提供了得天独厚的条件，为推动珠峰体育旅游产业深度融合与高质量发展、构建多元化人才培养体系至关重要。应以定日珠峰产业为依托，以市场需求为导向，确立"体旅相容、理实互促、全人发展"的培养理念，培养一批专业的科学研究型人才从事科学研究，强调理论知识与实践技能相结合，注重全人教育和综合素养共同提升，培养懂体育、懂旅游、懂管理、懂生态"四懂"理念的高层次专业复合型人才。

3. 科普研学是守护体育旅游新家园的有力牵引

在珠峰地区，体育科普研学能够促进环境保护意识的普及，助力珠峰区域的生态系统保护，同时也为当地创造新的经济增长点，带动了就业。体育旅游以其独特的体验性和参与性吸引着大量游客，而体育科普研学则为这种体验增添了知识性与教育价值，使得旅游活动不再停留于表层的观赏，而是深入到文化、科学、环保等多维度的理解与探索。首先，政府应出台相应政策，为体育科普研学项目提供财政补贴、税收减免等激励措施，鼓励私营部门和非营利组织参与投资与运营。其次，建立教育、科研机构与旅游企业的合作框架，促进资源共享、信息互通，共同研发教育性强、趣味性足的体育科普研学产品。最后，社区参与和利益共享。鼓励当地社区参与项目开发与管理，提供就业机会，同时通过分红、技能培训等方式，确保社区能从体育科普研学旅游中获得直接收益，实现经济、社会、环境的和谐共生。

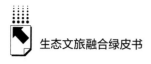

4. 基金平台是守护体育旅游新家园的发展合力

应充分协调好各渠道财政资金，积极推进定日县体育旅游生态发展基金平台建设，助力全域体育旅游生态招商引资，精准对接定日县体育旅游领域重点需求，引导社会资本投向当地体育旅游生态发展的薄弱环节和重点领域。加快推进珠峰自然保护区垃圾清运、濒危动物保护、水资源综合治理等多个定日珠峰生态资源保护项目顺利开展，通过市场化方式有效统筹资源，积极扩建重点项目库，积极帮助政府及企业拓宽融资渠道，为助力定日珠峰生态文明建设工作与体育旅游业高质量发展持续发力。

（五）科创驱动：智慧引领共建珠峰体育旅游新模式

1. 数字技术赋能为共建珠峰体育旅游新模式提质增效

以数字技术加持的技术融合升级能够有力催生定日县珠峰体育旅游产业线上运营模式，采用 VR 交互式体验、小程序线上预约门票、抖音等 App 宣传产品特色为主流的消费模式能够有效填补市场需求空白。利用大数据分析刻画定日县体育旅游消费用户画像，使得行业主体决策者能够把握市场动态信息，对产业未来发展内容快速决策，提升行业组织管理效率，实现定日珠峰体育旅游产业的价值创造。利用 AI 算法对定日珠峰体育旅游企业内部业务内容、运营水平和服务质量进行评价，实现企业组织平台的高效运转。利用互联网和社交媒体平台进行数字营销，推广定日县的体育旅游资源。

2. 市场主体需求为共建珠峰体育旅游新模式增添活力

定日县珠峰国家公园体育旅游开发企业能够依据大数据技术刻画消费群体用户画像，从而对体育旅游产品和服务进行重构，推动广大体育旅游爱好者前往珠峰国家公园沉浸式体验体育旅游产业内容。在这一过程中，体育旅游企业根据珠峰国家公园实际，对其自然生态环境、人文历史资源、民族传统文化等特色本土资源合理充分利用，深刻践行了"绿水青山就是金山银山"的科学内涵。

3. 数字基础设施建设为共建珠峰体育旅游新模式转型升级

定日珠峰的生态脆弱性要求把控商业活动和硬件设施建设，在数字经济时代，数字基础设施建设通过数字化技术对定日珠峰体育旅游各个领域进行全方位的升级和改造，主要包括网络基础设施建设，数据中心建设，云计算、人工智能、大数据等技术和设施的建设和应用，既能秉持保护优先的原则，又能尽可能满足体育旅游参与者的要求，丰富体育旅游参与者体验，为珠峰体育旅游融合高质量发展提供新动能。

G.15
珠峰景区传统手工业发展研究
——以文旅赋能乡村振兴的路径分析

卓玛　欧珠　次仁央宗*

摘　要： 传统手工业作为西藏自治区乡村振兴战略的重要抓手，积极对标高质量发展要求，不断提质增效，助力西藏乡村振兴开新局。本报告通过问卷调查、实地访谈等方式对西藏传统手工业发展状况和珠峰景区传统手工业合作社发展状况进行分析和研究，提出打造"珠峰工坊"品牌整体思路；应着力进行手作技能人才培育、绿色产品创新开发培育等重点内容培育；建立珠峰工坊"共创运营模式"和珠峰绿色工坊"五绿模型"。

关键词： 传统手工业　"珠峰工坊"　乡村振兴

党的二十大明确提出"传承中华优秀传统文化，满足人民日益增长的精神文化需求""不断提升国家文化软实力和中华文化影响力"。传统手工艺品是中华民族悠久历史文化的物质化体现，随着人民群众的生活质量提升，人们越来越追求兼具文化内涵寓意和高品质的生活用品，传统手工艺品富含文化属性的特征一定程度上满足了人民群众的精神文化需求。"文旅+产业"是推进乡村振兴战略的重要抓手，传统手工业与文旅业的结合是实现乡村产业振兴的重要举措。本报告通过问卷调查、实地访谈等方式概述西藏传统手工业发展状况，并研究定日县扎果乡"珠峰工坊"案例成功经验，

---

* 卓玛，政协第十二届西藏自治区常务委员、西藏自治区总工会兼职副主席、西藏他喜管理咨询有限责任公司首席咨询师；欧珠，西藏他喜管理咨询有限责任公司咨询师；次仁央宗，西藏他喜管理咨询有限责任公司咨询师。

分析定日县传统手工业高质量发展模式，总结乡村产业全产业链在地化、群众带动最大化的文旅赋能乡村振兴的发展模式。

一 西藏传统手工业发展情况

西藏传统手工业地域特色突出，文化内涵丰富，是藏族传统文化延续和传播的重要载体。传统手工业作为西藏三大传统劳动密集型产业之一，在满足广大农牧民生产生活需求，拓宽就业渠道，保护、弘扬和繁荣民族文化，推动旅游业发展，维护社会稳定，促进西藏经济社会发展等方面发挥着重要作用，对实现富民兴藏和长治久安具有重要意义。改革开放以来，西藏传统手工业在工艺传承、产品生产、企业发展、人才培养等方面取得了长足的进步，已呈现品种丰富、区域特色突出、行业效益稳步提升的发展态势。然而，作为西藏地区经济发展的特色优势产业，传统手工业在产品创新、规模化发展、品牌建设、文化资源开发等方面依然任重道远。

（一）西藏传统手工业类别与分布情况

西藏传统手工业具有悠久的历史，许多手工艺品历经近千年的发展，形成了自己独特的工艺特色和民族风格，在国内外享有一定声誉。同时，西藏富饶的矿产资源和野生动植物资源为传统手工业发展提供了丰富的原料，也为品种繁多的民族手工艺品生产奠定了基础。据不完全统计，西藏民族手工艺品花色品种有 2000 余种，主要有唐卡、藏香、邦典、氆氇、藏毯、卡垫、挂毯、民族家具、民族服饰和鞋帽、金银铜木铁石器皿、藏刀及其他工艺美术品、旅游纪念品等。

西藏传统手工业除呈现地域性的产品差异外，生产的集中程度也具有较明显的地域特征。如拉萨市主要生产地毯、唐卡、金银铜器、藏香、藏纸、藏锁、木雕、土陶器、金银铜木铁石器皿、藏戏面具、家具、室内装饰品等；山南市盛产邦典、氆氇、竹制品、木碗、玉器、陶器等；昌都市盛产唐卡、马鞍、铜雕等；日喀则市主要生产卡垫、藏鞋、藏刀、藏香、围裙、陶

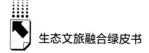
器等；那曲市盛产氆氇、帐篷、乌多等毛纺织品；林芝市盛产藏刀、藏香、工布服饰、珞巴服饰、竹编、响箭、木制品等；阿里地区则主要生产毛织品、山羊绒制品、木碗、藏香等民族手工艺品。许多民族手工艺已列入非物质文化遗产。

（二）西藏传统手工业发展状况

1. 整体情况

2023 年，西藏传统手工业注册并存续经营的经营主体达到 2500 余家，实现工业总产值 15 亿元，其中，规上企业有 6 家，实现规上工业产值 9000 万元，从业者有 3.4 万余人。[①]

截至 2023 年底，西藏有 5 位中国工艺美术大师，65 位自治区级工艺美术大师，126 位地（市）级工艺美术大师；共有 90 人获得首批西藏自治区工艺美术系列专业技术职称。[②]

传统手工业不仅是藏族传统文化延续和传播的重要载体，而且在满足生产生活需求、拓宽就业渠道、保护和弘扬民族文化、推动旅游业发展、维护社会稳定等方面发挥着重要作用。

2. 非遗工坊建设情况[③]

近年来，西藏自治区文化和旅游厅积极推进建设基于技艺类非物质文化遗产的"非遗工坊"，据相关公布的信息显示，截至 2023 年底，已登记在册的"非遗工坊"共计 172 家，其中，合作社制属性的"非遗工坊"共计 79 家，占比 46%，公司制属性的"非遗工坊"共计 83 家，占比 48%，个体户制的"非遗工坊"共计 10 家，占比 6%（见图 1）。

截至 2023 年底，西藏自治区"非遗工坊"平均带动就业人数为 28 人，合作社制"非遗工坊"平均带动就业人数为 26 人，公司制"非遗工坊"平

[①] 《西藏传统手工业持续健康发展　打造幸福生活》，http：//www.tibet.cn/cn/bwsp/202309/t20230923_7492592.html，2023 年 9 月 23 日。

[②] 西藏自治区文化和旅游厅。

[③] 本部分数据均来源于西藏自治区文化和旅游厅。

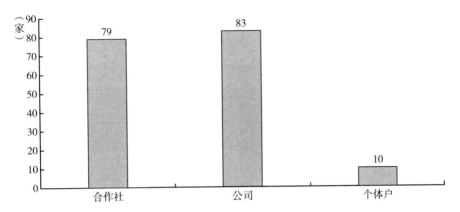

图 1　截至 2023 年底西藏自治区"非遗工坊"类别数量

均带动就业人数为 30 人，个体户制"非遗工坊"平均带动就业人数为 21 人（见图 2）。

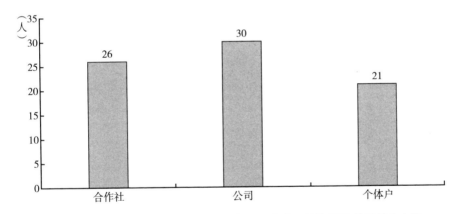

图 2　截至 2023 年底西藏自治区不同类别"非遗工坊"平均带动就业人数

2023 年，西藏自治区"非遗工坊"员工年均收入为 3.8 万元，其中合作社制"非遗工坊"员工年均收入为 3.46 万元，公司制"非遗工坊"员工年均收入为 4.23 万元，个体户制"非遗工坊"员工年均收入为 2.98 万元。

年均收入 1.5 万元及以下的员工人数占比 9%，年均收入 1.5 万~3 万元（含）的员工人数占比 19%，年均收入 3 万~4.5 万元（含）的员工人数占比 42%，年均收入 4.5 万元以上的员工人数占比 30%（见图 3）。2023 年西藏自治区不同类别"非遗工坊"员工年均收入分布如图 4 所示。

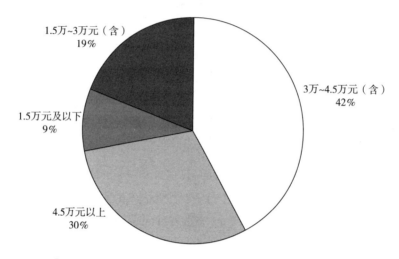

图 3 2023 年西藏自治区"非遗工坊"员工年均收入结构

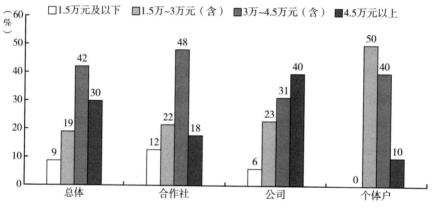

图 4 2023 年西藏自治区不同类别"非遗工坊"员工年均收入分布

（三）西藏传统手工业发展的问题

1.产业总体规模偏小，企业"散、小、弱"居多

总体来看，西藏传统手工业仍处于低层次、小规模发展阶段。大量的传

统手工业者仍然采用家庭作坊式生产模式，市场主体呈现散、小、弱、乱、参差不齐等特点，独立企业法人机构群体小，没有形成真正的现代市场主体群落，产业规模效应难以体现。

2. 设计制作生产工艺落后，生产效率低

目前，西藏传统手工业以手工制作为主要生产加工方式，企业较为分散，产业集聚优势不明显，未能形成具有竞争优势的产业集群。使用现代机具的企业较少，有的企业甚至未通电。以氆氇架为例，编制氆氇、邦典、藏被所用的木质器械与300年前的结构及用法相似。类似生产设备落后、工艺简单、生产规模小的现象非常普遍。从业者基本保持着传统生产方式。即使个别产品品类开始步入产业化发展之路，但产业规模较小，竞争力薄弱，新产品和特色产品的研发能力严重不足。

3. 市场定位过窄，缺乏品牌和商标意识，营销理念滞后

西藏文化融合独特的加工技艺所产生的西藏民族手工艺品具有较高的辨识度和差异性。然而，对全区地（市）、县级主要传统手工业企业生产的产品进行调研显示，目前西藏80%的传统手工艺品仍为民族特需品，九成以上的乡村家庭手工作坊产品为民族特需品。产品过于注重实用性，独特性、美观性、艺术性和文化内涵体现不足，难以适应现代消费市场的多元化需求。

当前，民族手工艺品总体技术附加值不高，工艺相对简单，款式较为单一，导致区内市场上存在着大量内地或邻国借鉴西藏工艺开发生产、具有藏式风格的工艺品。西藏民族手工艺品的易模仿性也直接导致了传统手工业企业创新动力不足，部分传统手工业企业在产品和技术研发上投入较少，主要依靠师傅传帮带研发产品，可能会形成西藏本土民族手工艺品创新品种匮乏、市场竞争力较弱的局面。

同时，西藏传统手工业从业者品牌意识淡薄，未能培育出国际国内知名品牌。虽然有一些西藏民族手工艺品在国内外享有盛名，但大多数企业不注重产品商标注册和产品包装，不注重宣传推广。一些极具西藏特色的产品没有形成自主品牌，传统手工业原产地标识的设计认证工作滞后。

在营销渠道上，民族手工艺品大多仍采用传统的营销方式。网上销售、

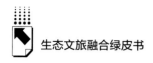
电子商务等新型互联网销售模式在行业内应用非常少。

4. 人才缺乏，技艺传承后继乏人

西藏传统手工业从业人员文化素质不高，年龄普遍较大，对外来文化和新技术的接受能力不强，年轻人大多不愿意从事手工劳作，加之传统制作工艺主要依靠师傅传帮带的传承方式，不可避免会出现技艺散失问题，甚至面临手艺失传风险。此外，由于生产环境普遍较差，从业人员收入偏低，导致传承传统手工业的人数逐年递减，技艺人才青黄不接。

同时，大多数传统手工业企业都是从家庭作坊逐步发展而来的，内部缺乏经营所需的管理、技术、研发和销售人员，企业带头人也普遍缺乏现代经营理念和市场意识。由于企业内部缺乏相应的培训渠道，外部引进又面临企业成本增加、人才容易流失和留住人才难等顾虑。因此，人才缺乏已成为制约传统手工业发展的重要瓶颈之一。

二　珠峰景区传统手工业合作社经营情况

截至 2023 年 8 月底，根据定日县农业农村局提供的最新合作社数据，全县共计 173 个合作社，均在工商部门登记备案。合作社产业分布既有常规的种植、养殖、农副产品加工类，也有其他农机租赁、劳务派遣、旅游服务、特色产品加工类。其中，在合作社位置分布方面，盘古乡有 1 家、尼辖乡有 4 家、克玛乡有 15 家、措果乡有 20 家、岗嘎镇有 19 家、加措乡有 7 家、曲当乡有 14 家、曲洛乡有 10 家、长所乡有 12 家、扎果乡有 7 家、绒辖乡有 4 家、协格尔镇有 27 家、扎西宗乡有 33 家。以合作社集聚最多的扎西宗乡为例，33 家合作社注册资金共计 2618.884 万元。社员总户数为 687 户，共有 8065 人，经营性资产达 1315.16 万元。

（一）珠峰景区传统手工合作社发展情况

1. 整体情况

本报告对珠峰景区沿线 22 个村庄入村调研，共涉及 1706 户 8116 人，带动贫困户近 800 户。大多数合作社在村委会的牵头下于 2019 年注册，当时每村注册合作社不少于 1 家。截至 2023 年 6 月底，部分合作社因经营不善等原因清理和注销了一批。从前期的调研情况来看，合作社年收入 10 万元及以上的共有 10 家，20 万元及以上的有 1 家，50 万元及以上的有 1 家。

2. 运营管理情况

从合作社的运营模式来看，主要为"合作社+农户"的形式，这些合作社尚处于起步阶段。少部分"合作社+农户"与基地或者政府合作。在运营思路、带动性上处于试点和探索阶段。

合作社负责人全部为男性，平均年龄为 40 岁左右，85% 以上学历为小学和初中学历，极个别为高中或中专学历。平均年龄和受教育层次比较低。被选为合作社负责人的主要原因是过往有经商或者创办企业的经历，或在资金和技能上有专长，或是村里较为德高望重的村委会领导。

在合作社的管理当中，仅少部分合作社有商标版权意识，并进行了注册；61% 的合作社从未参与产品展销，产品仅限于本村、本乡售卖。9% 的合作社较少参与展销，一方面因为这些合作社的经营管理者自身有展销意识，另一方面因为生产产品产量尚可，需要多渠道售卖。合作社的发展、经营模式信息获取更多来自合作社之间的内部交流或者政府技术推广组织的培训，一部分通过自学或其他渠道获取信息。

合作社内部财务管理为最基础的记账方式，多数为乡村专干完成，无专职的会计。在销售渠道上，各渠道都有分布，主要以自有销售点为主。

在政府支持上，技术和财政补贴列在重要的支持内容上，其次是人才培训和税收相关的优惠政策。群众对合作社的相关政策、市场信息、技术等方面都有需求。但是，合作社发展在珠峰地区属于初始阶段，在宣传力度和品牌带动方面比较缺乏。

（二）珠峰景区传统手工合作社存在的问题

1. 发展不平衡

珠峰景区整体上表现为规模小、实力弱、竞争力不强，普遍存在起点

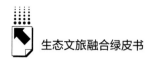

低、不完善、不规范、层次不高、生产力和市场竞争力不强等问题。

合作社布局不合理，产业发展要素不齐全，文化资源的挖掘和开发利用相对欠缺，发展盲目无序，合作社产品的市场影响力、吸引力和市场规模严重不足，文化资源潜力尚未转化为经济实力，合作社转型发展的空间大。

合作社与旅游、科技、休闲等关联产业的融合发展不足。知名的特色民族手工业新项目与新产品少，与之相关的装饰、服饰、纪念品、饮食、影音、书画、娱乐等产品服务链生产、经营活动的文化内涵发掘利用不足。

2. 经营型专业人才缺乏

合作社中懂技术、善经营、会管理的优秀带头人较少，社员普遍年龄偏大、文化程度多数为小学文化。以切村为例，合作社经营管理人员有 4 人，1 人年龄 60 岁以上，2 人年龄 40 岁以上，均为小学文化水平；1 人年龄 28 岁以上，中学毕业；仅有 1 人能用汉语交流。

3. 规范管理和机制建设薄弱

目前很多合作社管理机制不够健全，经营方式粗放，管理随意性大，财务管理不够规范，长期运营容易造成经营混乱的局面。同时，由于欠缺规范的章程及专业合理的操作制度，合作社在日常决策、财务支出、利益分配、合作发展等环节容易受到人为因素左右，给合作社良好的发展态势带来一定阻碍。此外，对于合作社的盈利机制的设计和理解深度不够，因此农牧民群众对自身如何受益、怎么受益、如何增加收益不清楚，某一层面上也阻碍了合作社的有效发展。

4. 合作社设计制作生产工艺落后，生产效率低

长期以来农牧区的剩余劳动力转移到手工业就业，资金投入不足使得多数以农牧民合作社为组织形式的手工艺品生产主体难以使用现代机具和工艺。另外，生产设备落后、工艺简单、生产规模小的现象非常普遍，从业者基本保持着传统生产方式。即使个别产品品类开始步入产业化发展之路，但产业规模较小，竞争力薄弱，新产品和特色产品的研发能力严重不足。

（三）小结

合作社负责人的合作意识、市场观念以及对合作组织未来的发展思路、

创新思路不足。

辅导培训机制不健全。大部分专业合作组织运行不够规范，活力不足，缺乏专业、有效的辅导和培训机制。

利益联结机制设计能力不足。缺乏懂经营、懂管理的专业人才指导，缺少对定日当地特色的合作模式和利益联结机制的创新探讨和思考。

大学生参与合作社经营意愿不强烈。目前合作社收入和效益不固定，缺乏有效的机制吸引有知识、有能力的大学生参与到合作社的经营中。

三　珠峰景区传统手工业发展建议

（一）打造"珠峰工坊"品牌整体思路

为了推动定日县合作社的提档升级，融入珠峰周边文旅业态，带动乡村技艺劳动力，创新在地非遗，实现定日县珠峰沿线村落的可持续绿色发展、富民共创共益的目标，引入在地第三方文化创意赋能公司与周边重点乡村合作社合作，共同打造"珠峰工坊"品牌；开展在地文化创意赋能培育行动计划，从在地文化资源开发、劳动技能盘点赋能、绿色产品创意开发、生产订单下单、文化营销、文化品牌传播、非遗展览展示、绿色环保宣教、生产工艺改良升级以及管理机制赋能等方面进行深耕；坚持村落之间产品差异化发展布局理念，实现"一村一品一标"等一系列在地全生命周期深耕培育共创工作。

（二）珠峰工坊重点培育内容

1. 珠峰工坊手作技能人才培育

通过结合在地非遗等技艺，重点针对定日乡村手艺人、乡村妇女群体，以村为单位，结合村落特色进行老手艺的再赋能以及新技艺的培训，从而建立起"珠峰工坊"的人才队伍。

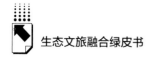

2. 珠峰工坊绿色产品创新开发培育

集结全国的设计资源，通过成立设计者联盟，开展设计志愿者行动或珠峰设计大赛等，汇集设计资源，围绕定日特色和珠峰资源，根据"一村一品"及生态环保理念设计各类绿色产品系列，丰富珠峰旅游产品的开发。

3. 珠峰绿色工坊生态环保宣教

作为常设在珠峰生态保护区内的机构，为了符合珠峰生态要求，同时实现生态旅游的目标，针对工坊从业人员进行长期定期的生态环保、碳中和等环保生产的培训，树立绿色理念，并确保实现绿色生产。

4. 珠峰工坊现代管理建设

为了实现珠峰工坊的高质量发展，现代管理机制是必备的要素，结合西藏乡村特点，引入第三方专业机构进行现代化管理的初探和长期指导，从合作社管理者到生产者进行人财物等方面的转型升级，优化内部组织结构，为珠峰工坊的长效健康发展提供有力保障。

5. 珠峰工坊工序工艺标准建设

"一村一品"强村富民工程作为国家对乡村振兴的重要定位之一，为了能更好生产优质在地特色产品、消费者喜爱和认可的村落好产品，必须实现产品生产标准化建设、工序流程的优化升级、设备改良等，从而使珠峰工坊产品实现村落特色差异手工理念，同时实现同一品类产品的质量保障，解决村落产品过往同质化、粗糙化等问题。

（三）建立珠峰工坊"共创运营模式"

为了贯彻落实定日县"强力推进乡村振兴攻坚突破，筑牢农村美农民富的主阵地"的发展思路，在定日县珠峰旅游路线规划沿线，引入在地深耕第三方团队落户定日县，围绕重点村落实现"一村一品一标"的常年发展，实现区域差异化、错位发展的目标，制定"2023～2025年实行三年珠峰工坊打造计划"，打造共创培育模式。手工艺资源挖掘、产品赋能的首要条件是群众能够在地参与生产，通过以市场导向定位和开发产品、配套赋能计划以及后期市场营销等方式，解决在地农牧民的直接增收问题。

（四）建立珠峰绿色工坊"五绿模型"

围绕国家绿色生态环保的发展理念，结合西藏特色产业中绿色工业的规划要求，珠峰工坊将"绿色"作为发展的重要理念。通过从工坊产品设计、材质选择、生产工序、组织管理、人员教育、产品销售等各环节进行初探、改进、再践行的循序渐进的方式，逐步实现"绿色产品、绿色供应链、绿色教育、绿色管理、绿色关系"的五绿模型，积极践行生态文明的国家战略。

参考文献

《定日县 2023 年政府工作报告》。

《西藏传统手工业持续健康发展　打造幸福生活》，http：//www. tibet. cn/cn/bwsp/202309/t20230923_7492592. html，2023 年 9 月 23 日。

许子婵：《乡村振兴背景下农村传统手工工坊发展路径—基于对山西霍州年馍的分析》，《晋中学院学报》2022 年第 6 期。

《西藏自治区"十四五"时期旅游综合发展规划》。

《定日县全域旅游发展规划（2021—2030 年）》。

《定日县机场-珠峰北大门-珠峰大本营旅游环线沿线村落群开发及旅游线路规划报告》。

G.16
珠峰文旅新业态培育
及可持续发展研究

史玉丁　卓丽娜*

摘　要： 珠峰旅游特色明显、辐射广泛、纵深广阔，在国内外享有盛誉，是我国旅游发展的重要组成部分。珠峰旅游资源丰富，文化旅游资源尤其具有吸引力，但当前珠峰文旅业态相对陈旧，对珠峰旅游产业的带动作用不明显，没有形成具有珠峰特色的旅游产业链、价值链和技术链。鉴于此，本研究通过案例比较和实证分析研究珠峰旅游新业态培育对生态可持续发展、文化保护与传承、当地居民可持续生计的必要性，进而从政府主导优化珠峰旅游新业态培育的战略设计、多方协同确定珠峰旅游新业态培育的具体内容、数智介入搭建珠峰旅游新业态培育的业务平台、多维考量提高珠峰旅游新业态培育的评价效果等方面提出推动珠峰文旅新业态培育及可持续发展的路径建议。

关键词： 珠峰文旅　新业态培育　可持续发展

文旅融合是推动文化保护传承、旅游产业繁荣的重要路径，培育文旅融合新业态是地方文旅产业高质量发展和特色化发展的必要举措。党的二十大报告强调，要坚持以文塑旅、以旅彰文，推进文化和旅游深度融合发展。2024年全国文化和旅游产业发展工作会议进一步落实党的二十大精神，提出激发文化和旅游消费潜能，发展数字文化和旅游业态。珠峰旅游资源独

---

* 史玉丁，博士，山东女子学院旅游学院副教授，主要研究方向为旅游管理；卓丽娜，山东女子学院旅游学院讲师，主要研究方向为旅游规划与乡村旅游。

特、旅游文化底蕴深厚、旅游体验差异明显，具备文旅融合发展的基础条件。在此基础上，应该通过技术链重构、价值链拓展和产业链整合，培育珠峰文旅新业态，以推动珠峰文旅产业可持续发展。

国内外学者在旅游新业态培育和发展领域已经形成了一定的研究基础。在中国式现代化背景下进行旅游业态发展研究，应是旅游创新研究的主动选择。① 旅游新业态是产品形态、组织形态和经营形态的融合与重组，②③ 应注重创新驱动与结构优化，保证产业运行"高效、稳定、开放、协调"。④ 旅游新业态需要根据自身实际状况，完善旅游经济结构的合理性，从供给侧结构性改革和制度创新等方面发力，⑤ 通过打造具有吸引力的旅游产品，提高旅游经济质量水平，发挥旅游对地方系统发展的多功能作用。⑥

国内外学者在乡村旅游多主体协调方面产生了系列研究成果，为本研究提供了重要的研究基础，但仍存在以下不足。第一，缺乏以新业态培育主要环节为载体，对新业态进行描述、量化和映射的研究，即现有成果还不足以科学呈现旅游新业态培育和发展的客观事实。第二，缺乏典型案例的比较研究和影响因素的数据量化分析，即现有研究还没有总结出旅游新业态培育的关键影响因素及其作用路径。第三，缺乏对不同类型旅游新业态培育的专门研究，即现有成果还难以较好发挥对旅游新业态培育的实践应用价值。鉴于此，本研究通过案例比较、实证分析，识别影响珠峰文旅新业态发展的核心

---

① 李柏文、郭凌：《中国式现代化情境下的旅游高质量发展理论研究》，《旅游学刊》2024 年第 1 期。

② 郭为、秦宇、黄卫东等：《旅游产业融合、新业态与非正规就业增长：一个基于经验与概念模型的实证分析》，《旅游学刊》2017 年第 6 期。

③ 杜书云、牛文涛：《"双循环"格局下旅游新业态的培育逻辑》，《贵州社会科学》2022 年第 3 期。

④ 王兆峰、谢佳亮、吴卫：《环长株潭城市群旅游业高质量发展水平变化及其影响因素》，《经济地理》2022 年第 3 期。

⑤ 刘英基、韩元军：《要素结构变动、制度环境与旅游经济高质量发展》，《旅游学刊》2020 第 3 期。

⑥ 孙晓、刘力钢、演克武等：《旅游产业高质量发展水平测度和区域差异分析》，《统计与决策》2022 年第 19 期。

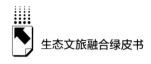
影响因素，构建珠峰文旅新业态培育的多主体协调机制，提出珠峰文旅新业态可持续发展的对策建议。

一 珠峰文旅资源及文旅业态现状

（一）珠峰文旅资源

珠峰地处我国西藏自治区与尼泊尔的交界处，主要涉及定日、吉隆、聂拉木、定结四县。珠峰地区的主要文化旅游资源有历史文化遗迹旅游资源和民族文化旅游资源，其中历史文化遗迹旅游资源主要是古寺庙、摩崖石刻、古建筑群等，民族文化旅游资源主要是大型宗教活动、民族艺术、民族服饰等。

1. 历史文化遗迹旅游资源

古寺庙。珠峰最具代表性的寺庙是绒布寺，全称"拉堆查绒布冬阿曲林寺"，位于海拔 4980 米的度母山顶处，是海拔最高的寺庙，不仅是藏传佛教信仰的寺庙，也是当地与百姓日常生活交融最频繁的寺庙。底蕴深厚的古寺庙与珠峰壮观的自然景色融为一体，极具旅游观赏价值和深度体验价值，是珠峰文旅发展的重要资源支撑。

摩崖石刻。当前在西藏发现的摩崖石刻主要分布在吉隆县的蕃尼古道上，这些摩崖石刻距离主要交通道路较近，具有一定的旅游观赏价值，但是目前开发程度不够，尤其是摩崖石刻的历史纵深的体现度不高，没有形成独具特色的文化旅游资源。

古建筑群。定结宗遗址位于定结县定结乡定结村的地理几何中心，距今已有 300 多年的历史。定结宗遗址位于一片绿荫湿地上，较为显眼且历史悠久。贡塘王城遗址位于吉隆县东南角，是一座古代城堡。贡塘王朝最早建立于 11 世纪前后，约在 15 世纪覆灭。① 此外，珠峰自然保护区内还有芒亚村古墓群、苏热地古墓群等多个古墓群。

---

① 丹珠昂奔、周润年、莫福山、李双剑主编《藏族大辞典》，兰州：甘肃人民出版社，2003。

2. 民族文化旅游资源

大型宗教活动。珠峰地区为藏传佛教信仰盛行的区域，具有举行大型宗教活动的基础条件和历史传统。珠峰藏传佛教区域在一年内有很多固定的传统宗教节日。定日县境内最大的寺庙协格尔曲德寺每年藏历 12 月 29 日举行一次最隆重的藏传佛教跳神活动。藏历 4 月 7~15 日萨嘎达瓦节期间举行较隆重的跳神活动、供奉"朵玛"即供奉给神食品以及举行颂赞仪式等。

民族艺术。珠峰地区民族艺术是基于藏传佛教而诞生和传承发展的，其中最具代表性的是宗教壁画和唐卡。珠峰地区的壁画和唐卡基于本地的人文地理文化，同时吸收了汉族文化、印度文化和相关绘画技艺，形成了独具特色的珠峰壁画和唐卡艺术，是重要的可移动、可开发的珠峰文旅资源。

民族服饰。珠峰地区藏族传统服饰极具特色，例如，藏袍、双层条纹裙、"格马"装饰、蓝松石耳饰、银币制成的项链、小圆帽和雀毛组成的头饰等。珠峰藏传佛教的服饰比较容易被游客接受，可以结合游客偏好、游客群体差异进行特色服饰深度开发。

（二）珠峰文旅业态现状

当前珠峰文旅业态主要为民俗风情旅游、宗族文化旅游、边境文化旅游和摄影体验旅游。其中，前两类为基础性旅游业态，后两类为特色衍生类旅游业态。

1. 民俗风情旅游

民俗风情旅游是当前珠峰旅游的主要业态，基于珠峰丰富的民俗旅游资源，民俗风情旅游成为珠峰地区极具特色的旅游业态。当前，珠峰民俗风情旅游的主要支撑是民族服饰、民族建筑和民族饮食。珠峰民俗风情旅游主要通过动静结合的方式向游客立体呈现珠峰民俗风情。在静的方面，珠峰民俗风情旅游主要向游客展示民族村寨的历史发展进程，穿插当地的宗教信仰、文化习俗和民间文化宣传等，地点主要在博物馆、文化馆、当地居民家等，例如，吉隆乡和陈塘分别设立了生态博物馆，整体呈现珠峰当地的民俗文化。在动的方面，珠峰民俗风情旅游主要向游客提供民俗体验项目，如民俗景观实体与餐饮、民宿等的结合，游客可以全身心投入民俗生活的衣食住行各方面，也可以全身心体验民俗节庆的各项活动。珠峰民俗风情旅游中，游客喜欢穿上当地特色的民俗风情服饰，体验民俗风情歌舞，了解珠峰当地居民的历史过往，还有的游客直接参与到民俗饮食、民俗服饰等的制作过程，甚至一起设计排练民俗歌舞。

2. 宗教文化旅游

宗教文化旅游是当前珠峰最有特色的旅游业态，主要基于当地民族宗教信仰和民族宗教实物而形成的系列特色文化旅游产品。珠峰区域是我国藏传佛教色彩最浓郁的区域之一，地区自带宗教文化色彩，吸引游客前往旅游体验。游客游览宗教寺院、参加宗教活动是主要的旅游内容。

3. 边境文化旅游

珠峰南坡位于尼泊尔，所以珠峰旅游具备天然的边境旅游优势。目前，珠峰地区主要通过樟木和吉隆两个边境口岸与尼泊尔进行旅游交往。虽然珠峰旅游直接关联的是尼泊尔，但是旅游线路可纵深直至南亚地区。依托藏文化的区域影响，珠峰区域与南亚地区形成了稳定的旅游文化基础。当前，珠峰区域开展了"中尼边境观光与边贸旅游"和"夏尔巴民俗之旅"项目。珠峰区域边境文化旅游主要体现在以下三方面。第一，边境城镇风貌建设，以藏族文化和佛教文化为特色，边境主要城镇形成独具特色的建筑风格，并与当地主要的观光景点有效结合，形成自然人文相呼应的综合旅游景观。第二，边境特色民族村建设，以当地居民传统的生产生活方式为基础，通过旅游示范村建设，彰显地方民族文化特色。第三，边境旅游文化产品开发和商贸往来。

4. 摄影体验旅游

摄影体验是珠峰发展最迅速的旅游业态。珠峰地区凭借极具特色的自然风光和文化风情对游客产生极大的吸引力。无论是深度体验的游客还是"特种部队式"旅游的游客都喜欢通过摄影留存旅游中的新发现。珠峰地区创新性地设计了摄影文化节、摄影比赛等旅游衍生活动，通过提供摄影服务等方式丰富当地旅游内容，提高游客对珠峰旅游的满意度和获得感，珠峰摄影体验旅游未来的市场前景将更加广阔。

二 珠峰文旅业态优劣势及新业态培育的必要性

（一）珠峰文旅业态的优劣势

1. 优势

世界范围内极具特色的自然地理风貌。珠峰因其独特的自然地理风貌，在旅游发展的道路上自成名片。因亿万年的地壳运动，珠峰地区形成了雄壮的高山、神秘的河流，拥有多种珍稀动植物，具有独特的自然景观，也改变了当地的气候特点，形成极具特色的珠峰自然气候，为旅游产业发展奠定了良好的资源基础。珠峰独特的自然地理风貌，也使其成为开展高山旅游、探险旅游、冰雪旅游的重要旅游目的地。值得注意的是，珠峰旅游区域面积广大，有极强的旅游纵深、巨大的旅游发展空间和旅游创新潜质，也具备旅游产品开发、旅游多功能发展的重要自然基础。按照海拔，珠峰自然地理环境可以营造多类型、体系化的旅游业态和特色旅游产品。

未被干扰的地域特色区域文化。在广大游客心目中，珠峰本身就是一张独特靓丽的文化名片。珠峰文化蕴含着圣洁、高雅、坚不可破、勇敢强劲的精神内涵，也彰显着国家情怀、民族情怀的独特价值。每位游客心中都有属于自己的一座珠峰，并随着自身的成长而不断丰富并改变着珠峰的文化内涵。同时，珠峰的自然条件也对当地文化形成了天然的保护屏障，使得当地的特色文化得以长久传承。珠峰地区有较多的非物质文化遗产，既包括传统的民族文化项目，也包括传统手工艺品等，并且与其他地方的非物质文化遗产相比，极具区域特点。珠峰地区的非物质文化遗产均来自当地居民的日常生产生活，大部分非物质文化遗产至今依然是当地居民生产生活的重要组成部分，这使得这些非物质文化遗产极具现实价值和传承效果。所以，珠峰未被干扰的地域特色区域文化成为当地发展旅游产业的独特优势。

2. 劣势

珠峰区域存在生态脆弱性问题，这给当地旅游产业发展带来挑战，也是

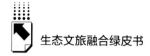

处理旅游产业发展与生态环境保护关系的重要现实问题。珠峰地区本身具有高寒缺氧、大风干旱的自然生态特点，对旅游产业发展形成天然威胁，影响旅游物资供给、旅游安全保障等，这是其他地区旅游产业发展较少面临的问题。珠峰的自然生态气候也为旅游者提出现实挑战，珠峰地区滑坡、泥石流等自然灾害较为频繁，为旅游产业的可持续发展提出新的挑战。值得注意的是，珠峰生态一旦受到破坏，将难以修复，不但影响旅游产业的可持续发展，还可能诱发珠峰地区甚至更大范围的自然生态危机。

珠峰区域藏传佛教宗教文化与当地高山生产生活文化交融形成独特的珠峰文化，表现为语言、行为、生活习俗、生产习惯等各方面。在珠峰文旅产业发展过程中，旅游经营者在进行旅游产品设计、旅游线路规划时，应特别注意外来游客与当地居民之间的关系处理问题。游客与当地居民在文化方面的差异，对旅游经营者提出更高的要求，也考验着珠峰地区相关部门的公共治理水平。

旅游产业链条相对单薄且不完整。旅游产业涉及食、住、行、游、购、娱，传统旅游产业主要以传统的、线下的方式呈现单一的旅游功能。在当前数智化逐渐普及、旅游新业态加速更迭的背景下，旅游产业链条的系统性和立体性成为地方旅游发展的重要方向。珠峰极具特色的自然景观和色彩浓郁的民俗文化是珠峰旅游产业发展的基础和支柱，但是也容易出现固守优势，不积极开拓创新旅游新业态、挖掘旅游新资源、推动旅游数智化发展等问题。当前，珠峰旅游产业链条碎片化、单一化现象明显，对游客类型要求较高，例如身体条件、生活习惯等。目前，珠峰旅游产业形成了多个吸引力较强的旅游目的地和旅游景点，以及将这些景点进行多方式串联的旅游线路，但是线路的旅游感受度、旅游目的地和旅游景点的多方位呈现度不高，游客在旅游前、旅游中、旅游后的获得感难以达到快速提升的效果。

（二）珠峰文旅新业态培育的必要性分析

2024年中央一号文件《中共中央 国务院关于学习运用"千村示范、万村整治"工程经验有力有效推进乡村全面振兴的意见》强调培育生态旅游、森林康养等乡村旅游新业态。旅游新业态既是推动旅游产业高质量发展的必然路径，也是实现旅游目的地经济社会可持续发展的必然选择。旅游新业态是旅游技术链重构、价值链拓展和产业链整合催生的新型组织形态。培育旅游新业态是畅通城乡要素流动、拓宽旅游目的地居民增收致富渠道、建设宜居宜业和美乡村的重要举措。

1. 珠峰文旅新业态培育是实现生态可持续发展的必由之路

生态问题一直是旅游目的地可持续发展的重要问题，也是旅游目的地经济社会发展的基本底线和不能逾越的红线，对生态环境脆弱的旅游目的地而言更是如此。生态问题是珠峰旅游发展过程中最应考虑的危机性问题。高山雪地、草甸湿地、山岗峡谷是珠峰旅游最常见的生态特征，这也是生态环境最容易被破坏且难以修复的薄弱环节。当前，珠峰旅游采取以游客自觉性维护环境、旅游工作人员常态化保护环境为主要措施的生态环境保护方式，这更多是道德层面和工作责任层面的约束，约束力不强、常态化不稳的现象明显。珠峰文旅新业态首先以生态保护为设计风险点，将生态保护融合到旅游新业态培育与发展过程中，将生态保护与旅游经营者收益、旅游消费者进入紧密结合，提高生态保护在新业态培育中的基础性地位。珠峰文旅新业态培育和发展程度与生态可持续发展程度具有高度相关性，这是珠峰文旅新业态培育的重要指标。

2. 珠峰文旅新业态培育是推动文化保护与传承的重要路径

中华优秀传统文化博大精深，由各个区域、各个民族的优秀传统文化组合而成，在中华民族伟大复兴的正确道路上文化复兴要求各区域、各民族优秀文化不能掉队、不能失传。珠峰区域藏传佛教文化、藏族传统文化、高山文化、雪峰文化保留完整、特色明显，是珠峰旅游发展的重要基础性文化资源。值得注意的是，文化特色鲜明的旅游目的地在进行文化旅游展示和文旅产品开发时，对文化呈现方式、呈现节奏、呈现真实性的把握直接关系到当地文化保护和传承的效果。这需要培育文旅新业态，将珠峰文化保护与传承融入新业态培育以及可持续发展过程中，以提高珠峰文化保护与传承的常态化水平。文旅新业态注重精巧性和系统性，讲究文化生态性和延续性，倾向

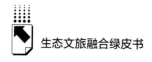

于通过创新技术链的方式推动文化体验与文化保护之间的平衡，所以，珠峰文旅新业态培育可以有效规避旅游过程中珠峰文化过度保护和过度呈现的极端现象，是推动文化保护与传承的重要路径。

3.珠峰文旅新业态培育是实现当地居民可持续生计的重要选项

相对于其他产业而言，旅游产业具有不可移动性，更需要依托当地自然和人文旅游资源实现可持续发展，更需要保护旅游目的地当地居民的利益和可持续生计问题。同时，旅游产业发展需要大量的前期资本投入，外来资本与当地居民之间的利益关系是地方政府、学术专家需要关注的核心问题。珠峰旅游开发涉及外来资本、地方政府、当地居民、游客、旅游从业人员等多方主体，需要明确他们之间的权责关系，以提高旅游产业发展效率。珠峰传统文旅业态中，单一资本经营单一旅游业态，资本的效率性和对当地居民的排他性共存。文旅新业态培育包括价值链重构，一方面，关注文旅产业的多功能价值，例如经济价值、生态价值、社会价值、文化价值等；另一方面，关注文旅产业链中所有利益相关者的多元价值追求，其中当地居民的可持续生计问题是重点。可见，珠峰文旅新业态培育是推动当地居民可持续生计的重要选项。

三　珠峰文旅新业态培育及可持续发展的现实路径

珠峰文旅新业态培育需要紧紧坚守生态保护和文化保护的红线，充分释放当地旅游资源的多功能价值，打造系统性、稳定性的产业链条集合，并构建多主体利益联结机制，从而提高珠峰文旅新业态培育的效率和可持续性。本研究按照"战略设计—业务平台—利益分配—效果评价"的流程提出珠峰文旅新业态培育及可持续发展的实现路径。

（一）政府主导优化珠峰旅游新业态培育的战略设计

新业态培育需要战略规划，以保证培育的效果和发展的可持续性。珠峰文旅新业态培育既需要坚守当地特色，也需要参考其他优秀案例经验，在这一过程中，地方政府应该发挥主导作用，保证新业态培育的科学性。首先，地方政府联同高山旅游专家学者对世界范围内高山旅游典型案例进行系统研究，充分对比自身的优劣势，筛选可供珠峰培育的文旅新业态，从战略定位的角度确定要培育的文旅新业态，提高战略设计的稳定性和持续性。其次，结合珠峰文旅产业发展现状以及当前珠峰文旅资源的客观情况、文旅发展的客观条件，确定珠峰文旅新业态培育的关键目标定位，包括经济目标、文化目标、生态目标、社会目标等。最后，确定珠峰文旅新业态培育的参与主体，在地方政府和当地居民作为主体的基础上，科学判断是否需要资本介入，如果需要外来资本介入，应明确介入方式，并明确资本介入后多主体的权责关系，尤其是要追求经济、社会、文化、生态等系统发展角度的权责平衡。

（二）多方协同确定珠峰旅游新业态培育的具体内容

国家发展和改革委员会发布了《产业结构调整指导目录（2024 年本）》，其中与珠峰旅游高度相关的有旅游装备设备方面的休闲、登山、滑雪、探险等各类户外活动用品开发与营销服务，旅游新业态方面的文化旅游、康养旅游、乡村旅游、生态旅游、湿地旅游、冰雪旅游、体育旅游等，游乐及其他旅游资源综合开发、旅游基础设施建设和运营、旅游信息等服务，以及智慧旅游、科技旅游、休闲度假旅游、自驾游服务体系建设。

在以上新业态选择的基础上，确定新业态培育内容。以发掘珠峰旅游原动力、提升珠峰文旅资源联动力、激活珠峰文旅产业内生力、拓展珠峰文旅品牌扩张力为重点，积极探索活态化融合模式，即通过提升珠峰自然旅游资源价值、创新珠峰文化演艺等方式激活珠峰文旅资源。拓展功能化融合模式，即通过将珠峰自然资源和珠峰文化资源融入旅游产业发展过程，催生富有珠峰特色的自然观光体验、文化主题餐饮、文化主题住宿、文化主题娱乐等新业态，延伸珠峰文旅主题产业链。创新生活化融合模式，使文化生活化、旅游体验化，助力珠峰文旅新业态培育效率提升。

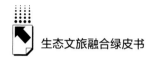
（三）数智介入搭建珠峰旅游新业态培育的业务平台

珠峰旅游业态零散、经营分散，需要通过平台化的方式将珠峰旅游的旅游资源、旅游产品、旅游经营活动等串联起来，提高珠峰旅游新业态培育的可视化程度和培育效率。首先，在数据采集与整合方面，对珠峰旅游进行多源数据采集，包括景区、酒店、交通、线上预订、社交媒体等，形成多维度的游客画像；在数据整合与共享方面，整合珠峰旅游中各类机构和企业的数据，建立珠峰全域旅游数据共享机制。其次，在珠峰旅游数据治理方面，通过大数据平台化建设推动数据建设的标准化，制定统一的数据标准，确保数据格式一致性；在数据隐私与安全方面，确保数据合规管理，保障游客个人信息安全。最后，在珠峰旅游基础数据设施方面，提高珠峰旅游云计算与存储能力，利用云计算平台进行数据存储与处理，确保数据中心的弹性和扩展性；推动珠峰数据分析与机器学习，引入机器学习和人工智能技术，提高数据分析的准确性和效率。另外，需要资本主体、关联居民、地方政府等多主体协同构建数智化业务平台，重构珠峰旅游技术链，进而带动价值链拓展和产业链整合，实现珠峰旅游新业态培育过程中多主体协同发展。

（四）多维考量提高珠峰旅游新业态培育的评价效果

新业态培育效果需要通过科学评价才能有效指导新业态的可持续发展。珠峰旅游新业态发展需要结合新业态培育的多重责任和多功能特征，通过经济效益、环境保护、社会功能等多维度评价珠峰旅游新业态培育效果。在经济效益方面，按照经济投入产出的数据变化，判断珠峰旅游新业态培育的效果，其中投入数据既包括资本投入，也应包括当地居民房屋、土地、劳动力等成本投入，以及相关资源旅游化后的机会成本投入。在环境保护方面，按照《生态环境状况评价规范》重新将生态环境状况指数的计算方法修改为"$EI = 0.35 \times$ 生物丰度指数 $+ 0.25 \times$ 植被覆盖指数 $+ 0.15 \times$ 水网密度指数 $+ 0.15 \times (100 - $ 土地退化指数$) + 0.10 \times (100 - $ 污染负荷指数$) + $ 环境限制指数"。在社会功能方面，主要通过对农户可持续生计的影响分析，对当地文化保护与传承程度进行评价。

参考文献

曹文萍、许春晓：《基于旅游价值链模型的旅游业态团化进程及模式探究——以华侨城为例》，《旅游学刊》2024 年第 4 期。

陈曦、白长虹、陈晔等：《数字治理与高质量旅游目的地服务供给——基于 31 座中国城市的综合案例研究》，《管理世界》2023 年第 10 期。

田洪刚、杨蕙馨、王翎宇：《"两业"融合与新业态演化》，《南开经济研究》2023 年第 11 期。

王兆峰、谢佳亮、吴卫：《环长株潭城市群旅游业高质量发展水平变化及其影响因素》，《经济地理》2022 年第 3 期。

G.17
高质量发展视角下珠峰旅游
综合评价及优化路径研究

贾凡 王雨洁*

摘　要： 党的二十大报告指出，"高质量发展是全面建设社会主义现代化国家的首要任务"，旅游业在推动国民经济高质量发展、提高人民生活质量等方面具有重要赋能作用。珠峰地区旅游资源丰富，文化底蕴深厚，构建高质量发展格局成为重要任务。本报告以旅游高质量发展为视角，深入探讨珠峰旅游高质量发展影响因素，从创新、协调、绿色、开放、共享5个维度出发，构建了由5个一级指标、23个二级指标组成的珠峰旅游高质量发展评价指标体系，通过定量与定性相结合的方法，构建基于云模型的珠峰旅游高质量发展评价模型；针对珠峰旅游在一级指标维度上的具体表现，分别从创新推动旅游供给侧改革与智慧旅游发展、统筹协调全域旅游发展、推动旅游绿色低碳转型、深化共建旅游合作机制、强化旅游共享发展机制等五个维度，提出珠峰旅游高质量发展优化路径，以期为推动珠峰旅游高质量发展提供参考与借鉴。

关键词： 高质量发展　珠峰旅游　新发展理念

一　引言

党的二十大报告指出，"高质量发展是全面建设社会主义现代化国家的

---

* 贾凡，山东财经大学管理科学与工程学院副教授，主要研究方向为品牌管理、数据挖掘与知识发现、决策理论与方法。王雨洁，山东财经大学管理科学与工程学院，主要研究方向为品牌管理。

首要任务"，习近平总书记进一步强调要以推动高质量发展为主题，加快构建新发展格局，促进符合时代特征、具有中国特色的小康社会的全面建设。旅游业与经济发展之间联系紧密，旅游业的繁荣不仅可以带来相关产业的发展，更能够创造就业，促进国家的税收增加。因此，旅游业的高质量发展对我国经济平稳向好发展具有不可估量的推动作用。近年来，随着国家对旅游业发展的高度重视，一系列政策法规的出台为旅游高质量发展提供了有力支持。《2018 年全国旅游工作报告》明确指出，要推动旅游业从高速增长向优质发展转变，提升旅游服务质量和游客满意度。这一政策导向为旅游的高质量发展指明了方向。历经三年疫情的挑战，旅游市场的结构、游客的消费习惯以及旅游产品的供应都经历了深刻的变革，随着旅游业的强劲复苏，人们的消费能力显著提升，对高品质旅游体验的追求越发明显，旅游需求正逐步从发展型转变为享受型。因此，为了深入研究旅游业的发展，必须准确把握当前的发展特征，深刻理解旅游业高质量发展的实质，并科学探寻实现旅游业高质量发展的核心路径，从而洞察并顺应新的发展趋势。

作为世界最高峰，珠穆朗玛峰一直以其壮丽的自然风光吸引着全球游客。近年来，珠峰旅游呈现蓬勃的发展态势，随着交通和基础设施的不断完善，越来越多的游客选择前往珠峰探险和观光。2023 年，珠峰旅游景区接待游客 46.4 万人次，同比增长 340%，收入 1.1 亿元，首次突破亿元大关，[①] 在这一背景下，推动珠峰旅游高质量发展意义重大。作为生态环境的宝贵遗产，珠峰地区的生态环境保护和可持续发展至关重要。推动珠峰旅游高质量发展，能够更好地保护这一独特生态，减少对环境的破坏，确保生态平衡，为后代留下这片自然奇观。随着旅游市场的日益繁荣，游客对于高品质旅游体验的追求也日益增长，高质量发展珠峰旅游意味着提升服务质量和游客体验，满足游客对高品质、个性化需求，进一步增强珠峰作为旅游目的地的吸引力。同时，珠峰旅游对于地方经济的带动作用显著，通过旅游业高质量发展策略，

---

① 《珠峰旅游热度持续攀升》，http://www.xizang.gov.cn/xwzx_406/bmkx/202402/t20240209_403487.html，2024 年 2 月 9 日。

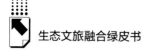

可以进一步激发旅游业的潜力，为当地居民创造更多就业机会，提高收入水平，助力地方经济腾飞。珠峰不仅是一座高峰，更承载着深厚的藏族文化和独特的民俗风情，珠峰旅游的高质量发展，有助于传承这份独特的文化遗产，让更多人了解和欣赏藏族文化，丰富游客旅行体验，并提升珠峰的文化价值。综上所述，为了保护生态环境、提升旅游品质、推动地方经济发展以及传承文化，必须坚持珠峰旅游的高质量发展，在为游客提供富有深度的旅行体验的同时，确保珠峰的自然与文化资源得到妥善保护和永续利用。

基于此，本研究旨在从高质量发展的视角出发，基于"创新、协调、绿色、开放、共享"的新发展理念，深入探讨珠峰旅游的影响因素，通过构造科学有效的评价方法，对珠峰旅游高质量发展进行综合评价，并提出针对性的优化路径，以期为推动珠峰旅游高质量发展提供有益的参考和借鉴。

二 旅游高质量发展研究概述

随着全球经济的不断发展和人民生活水平的提高，旅游业已逐渐成为世界经济的重要支柱产业之一。然而，传统的旅游业发展模式已难以满足现代社会的需求，旅游高质量发展成为行业内外广泛关注的议题，也是当前学术界关注的重要研究领域之一。旅游高质量发展是一个多元化的概念，它要求旅游经济具有协调性，产业结构合理，注重绿色发展，且资源共享。这种发展模式顺应了社会经济的大趋势，需秉持科学理念，致力于环保与经济的良性循环，以满足民众对优质生活的期待。同时，旅游业要实现高质量发展，必须持开放与包容的态度，通过相互学习与借鉴，形成自己的特色，进而提升其影响力。此外，改革与创新，特别是技术创新与人才培育，是推动旅游业高质量发展的核心要素，体现了与时俱进的时代精神。

近年来，学术界越来越关注旅游高质量发展的研究，现有的研究文献已经对区域旅游和旅游经济的高质量发展进行了深入探讨。陈朝伦等在研究中指出，旅游的高质量发展是符合经济发展规律的，他将此视为一种进步的模式、动力的转换以及优化的流程，这一过程中量和质都得到了同步提升，具有全面性和系统性。① 唐业喜等更为直接地界定了旅游经济的高质量，他强调这是在旅游经济整体增长和物质财富增加的基础上，对某一阶段旅游发展水平和质量的评价。但如果仅从经济的角度来审视旅游的高质量发展，显然过于局限。② 何建民则提出了一个更为宽泛的视角，他将我国的旅游高质量发展看作是一个由多种元素相互作用形成的系统。③ 胡静等进一步强调，旅游业的高质量发展应是产业经济和社会属性的和谐共进，既要有有效的供给，也要确保发展的公平性。④ 另外，有学者将旅游高质量发展看作是以人为核心的发展模式，它跨越了地域界限，并得到了经济、社会、文化和环境的共同支撑。⑤

旅游高质量发展评估方面，谢朝武等借助 SBM-DEA 模型，对黄河流域各地级市过去 10 年的生产效率进行评估，并选用该数据作为评估区域旅游经济高质量发展的关键指标。⑥ 张韵君等认为提升旅游城市的发展质量必须优化生产效率，并运用 SE-EBM 模型和 MI 指数，对我国 27 个主要旅游城市的旅游生产效率及规模报酬进行了测算，以此作为反映旅游高质量发展状况的重要依据。⑦ 王伟等以疫情后的广西为案例，从旅游业的资源、服务、环境、产业和效益等维度构建旅游业高质量发展评价指标体系，采用熵权 TOPSIS 方法进行了综合计算，并结合 ArcGIS 软件揭示了该指数的时空演变

① 陈朝伦、胡志峰、马琨等：《新冠肺炎疫情影响下的贵州旅游业高质量发展研究》，《贵州商学院学报》2020 年第 3 期。
② 唐业喜、左鑫、伍招妃等：《旅游经济高质量发展评价指标体系构建与实证——以湖南省为例》，《资源开发与市场》2021 年第 6 期。
③ 何建民：《新时代我国旅游业高质量发展系统与战略研究》，《旅游学刊》2018 年第 10 期。
④ 胡静、贾垚焱、谢鸿璟：《旅游业高质量发展的核心要义与推进方向》，《华中师范大学学报》（自然科学版）2022 年第 1 期。
⑤ 张朝枝、杨继荣：《基于可持续发展理论的旅游高质量发展分析框架》，《华中师范大学学报》（自然科学版）2022 年第 1 期。
⑥ 谢朝武、樊玲玲、吴贵华：《黄河流域城市旅游效率的空间网络结构及其影响因素分析》，《华中师范大学学报》（自然科学版）2022 年第 1 期。
⑦ 张韵君、童昀：《中国重点旅游城市旅游效率演化与差异性分析——基于超效率 EBM 模型》，《西南大学学报》（自然科学版）2021 年第 4 期。

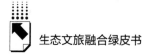

特征。① 王兆峰等基于创新、结构、效率、增长、开放、协调等细分指标，构建了城市群旅游高质量发展评价指标体系。② 董帅等基于四川民族地区生态旅游产业高质量发展面临的困境进行探讨，提出了建立健全政策支持机制、构建多元利益共享机制、优化产业融合发展机制等方面的建议。③ 汪东亮从社会、经济、生态三方面构建了乡村经济高质量发展评价指标体系，并根据评估结果，基于数字经济视角提出了乡村旅游高质量发展建议。④ 李文路等结合贵州旅游产业政策和生态旅游发展现实情况，构建科学的生态旅游高质量发展评价指标体系，对贵州喀斯特地区生态旅游高质量发展提出对策建议。⑤

综上所述，学术界对旅游高质量发展的研究已经取得了丰富的成果，旅游高质量发展已成为重要研究领域。目前，现有研究主要集中在服务质量评价、游客满意度评价、旅游资源评价、旅游业发展路径等，涵盖了旅游产业的宏观和微观的内容，但这些研究中的研究对象主要以我国省际旅游地域为主，缺乏对县域旅游和具体旅游目的地的研究。随着全球旅游业的快速发展和变化，未来仍需要进一步加强研究和实践探索，以推动旅游业实现更高质量、更可持续的发展。同时，各国之间也应加强交流与合作，共同应对旅游业面临的挑战和机遇。国家高度重视旅游高质量发展，制定了一系列完善旅游经济的方针政策和战略目标。而旅游业具有极其丰富的内涵，其相关产业的多元化和多样性特征，对旅游高质量发展评价体系提出了更高的要求。因此，本研究将以珠峰旅游高质量发展为研究目标，通过建立评价指标体系和评价模型，发现珠峰旅游高质量发展存在的问题，以提出优化路径。

① 王伟、许红晴：《后疫情时代广西旅游业高质量发展的调查研究》，《桂林理工大学学报》2021 年第 2 期。
② 王兆峰、谢佳亮、吴卫：《环长株潭城市群旅游业高质量发展水平变化及其影响因素》，《经济地理》2022 年第 3 期。
③ 董帅、闫海莹：《四川民族地区生态旅游产业高质量发展：核心要义与保障机制》，《西昌学院学报》（社会科学版）2024 年第 3 期。
④ 汪东亮：《基于数字经济的乡村旅游高质量发展评价研究》，《安康学院学报》2023 年第 6 期。
⑤ 李文路、覃建雄：《贵州喀斯特地区生态旅游高质量发展评价——基于黔南州的实证》，《中国软科学》2022 年第 S1 期。

三 珠峰旅游高质量发展评价指标体系

（一）旅游高质量发展评价指标体系构建原则

1. 全面性与层次性相结合

旅游高质量发展的评估是一个多元且复杂的任务，需要从多个维度综合考量。在构建评估体系时，必须涵盖社会经济发展、文化建设、生态保护、城市发展以及乡村振兴等各个层面，并确保这些指标能够相互衔接，形成一个有层次的评估框架，以便更精确地反映旅游发展的真实质量。

2. 科学性与可操作性相结合

构建旅游高质量发展的评价指标既要确保其科学性，又要注重其实用性，这意味着需遵循社会经济活动和经济发展的基本规律，同时采用既科学又切实可行的评估方法，基于数据的可获得性、连续性和可比性，通过定量与定性的综合分析，确保所选指标能够真实、有效地监测旅游发展质量。

3. 定量与定性相结合

在构建旅游高质量发展的评价指标时，需要将定量评估方法和定性评估方法相结合。既要考虑能够获取精确计数的指标，如旅游资源数量、旅游总收入和游客接待人次等，又要包含难以直接量化的定性指标，如城乡建设完善程度、交通便利性等。对于定性指标，可以根据实际情况筛选定量数据进行描述和替代。

4. 动态与静态相结合

旅游高质量发展是持续变化的进程，因此对评价指标体系的分析不仅需要关注旅游景区的静态状况，还需要深入探讨其动态变化趋势。在构造评价指标体系时，应灵活调整具体的指标，以实时反映社会、文化和生态等多方面的演变，从而精准地描绘和反映旅游高质量发展的真实状况。这样的分析方法有利于更准确地把握旅游发展的脉搏，为未来的发展策略提供有力的依据。

（二）珠峰旅游高质量发展指标的选取

经过对现有旅游高质量发展相关文献的梳理分析可知，国内关于旅游高质量发展的研究刚刚起步，相关研究大多针对旅游高质量发展进行定性分析，如探讨旅游高质量发展的内涵、特征、发展路径以及对策建议等，部分定量研究的焦点主要集中在旅游发展质量、旅游经济质量以及旅游发展绩效等方面的评价和测量，对旅游景区高质量发展水平与能力的综合评价研究较少。本研究在对旅游质量评价的相关研究进行了系统的资料整合与理论概括的基础上，参考前人在中国经济高质量发展的测度与评估研究中提出的中国经济实现高质量发展的新发展理念，[①] 结合新发展理念，提出"创新、协调、绿色、开放、共享"的五维评价指标，并针对每个维度建立了具体的评价子指标，最终构建包含 5 个一级指标、23 个二级指标的珠峰旅游高质量发展评价指标体系，指标的具体内涵及获取方法如表 1 所示。

1. 创新发展维度

创新是珠峰旅游高质量发展的根本动力。《"十四五"旅游业发展规划》明确指出，创新驱动是新时代旅游发展的关键，在评估珠峰旅游的高质量发展时，创新发展指标成为一个不可或缺的考量维度。国家统计局社科文司在《中国创新指数研究》中构建了包含创新环境、创新投入、创新产出和创新成效的指标体系，用于衡量我国的创新指数。本研究参考这一指标体系，结合实际数据获取情况和具体意义，确定珠峰旅游创新发展评价指标。利用大专及以上学历人数占经济活动人口数量的比重描述珠峰旅游的创新环境，R&D 经费支出占 GDP 的比重描述创新投入，选取中国知网中珠峰旅游学术论文发表数量衡量创新产出，选取定日县旅游局官方账号粉丝数描述珠峰旅游创新成效。

2. 协调发展维度

协调是珠峰旅游高质量发展的内需推动力。产业协调对于旅游产业的持

---

① 魏敏、李书昊：《新时代中国经济高质量发展水平的测度研究》，《数量经济技术经济研究》2018 年第 11 期。

续发展至关重要，它不仅是实现旅游产业稳健成长的基石，更是化解社会矛盾的重要手段。通过充分利用珠峰旅游资源，可以有效推动定日县下辖村镇的经济增长，进而实现产业繁荣和区域经济的持续健康发展。在综合前人关于协调发展研究的基础上，本研究根据珠峰旅游高质量发展的具体状况，选取第三产业增加值占 GDP 比重、旅游收入占第三产业增加值比重、旅游总收入占 GDP 比重和城乡居民平均收入 4 个指标，分别用来描述协调发展指标中的产业结构转型、旅游收入占比、区域旅游发展和社会民生改善指标，这一体系将为深入剖析旅游产业的协调发展提供坚实的理论基础和数据分析支持。

3. 绿色发展维度

绿色是珠峰旅游高质量发展的必要产物。习近平总书记提出的"绿水青山就是金山银山"的绿色发展理念，被视为当今及未来经济发展的核心理念，必须深刻认识到，在旅游经济依赖自然资源的同时，保护自然环境的必要性不言而喻。随着人们对生态平衡与旅游经济高质量发展的追求日益增强，生态文明与绿色建设的重要性也日益凸显。鉴于此，本研究选择绿色发展作为评估珠峰旅游高质量发展的指标，并进一步从能源消耗、空气污染、生态资源经济效益转化率、旅游业单位 SO_2 排放量以及可再生能源生产 5 个层面，构建珠峰绿色发展的具体评价指标。

4. 开放发展维度

开放是珠峰旅游高质量发展的外需扩张力。共建"一带一路"的提出与实施，极大地推动了共建国家的区域协同与经济往来，在此背景下，对外开放逐渐被各国视为促进旅游高质量发展的重要手段，为珠峰旅游产业的发展开辟了新的契机与发展空间。对期望加强与国际社会友好交往、互利共赢的国家而言，对外开放无疑成为一种行之有效的解决路径。鉴于珠峰旅游当前的开放状况及影响开放深度的多重因素，本研究选取了海外游客占比、旅游外汇收入占比、星级酒店占比、对外接待能力以及网络可见度 5 个维度，评估珠峰旅游开放发展程度。

5. 共享发展维度

共享是珠峰旅游高质量发展的最高形态。旅游的高质量发展必须以共享

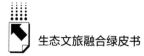

为基础，以实现共同推动和进步。共享的理念不仅与共同富裕的终极目标相契合，更能够直观反映当地居民的生活品质和福利水准。在评估珠峰旅游共享发展水平时，本研究选取了5个关键指标，分别为城乡建设完备度、交通便利性、社会保障程度、文化保障程度和康养保健程度，这些指标体现了日喀则市的整体发展状况，同时也反映当地民众的实际福利。通过倡导和实践共享发展，珠峰旅游不仅能更精准地满足游客的多元化需求，还能有效助推地方经济增长，促进就业机会增多。这样的发展模式不仅有利于提升当地居民的福利水平，更有助于迈向共同富裕的宏伟目标（见表1）。

表1　珠峰旅游高质量发展指标体系

一级指标	二级指标	指标描述
创新发展	创新环境	大专及以上学历人数/经济活动人口数
	创新投入	R&D经费支出/GDP
	创新产出	中国知网中珠峰旅游学术论文发表数量
	创新成效	定日县旅游局官方账号粉丝数
协调发展	产业结构转型	第三产业增加值/GDP
	旅游收入占比	旅游收入/第三产业增加值
	区域旅游发展	旅游总收入/GDP
	社会民生改善	城乡居民人均收入
绿色发展	能源消耗	电力消费总量/GDP
	空气污染	PM2.5年平均浓度
	生态资源经济效益转化率	人均GDP/森林蓄积量
	旅游业单位SO_2排放量	SO_2排放量×旅游总收入与工业总产值比
	可再生能源生产	水力、风力和光伏发电生产总值
开放发展	海外游客占比	海外游客数量/总游客数量
	旅游外汇收入占比	旅游外汇收入/旅游总收入
	星级酒店占比	星级酒店数量/酒店总数量
	对外接待能力	旅行社数量
	网络可见度	百度资讯指数
共享发展	城乡建设完善程度	美丽乡村、生态文明建设示范村的比重
	交通便利性	县域内省道、国道、高速公路数量
	社会保障程度	旅游从业人员比重
	文化保障程度	每万人公共文化服务设施享有率
	康养保健程度	65岁及以上人口占比

四　基于云模型的珠峰旅游高质量发展评价

本研究构建的评价指标体系为珠峰旅游高质量发展评价提供了理论依据和操作指导，定量化的数据可以为旅游景区高质量发展状况提供直观展现，通过选取同质性的旅游景点，进行横向比较，以此挖掘评估对象存在的问题。作为世界第一高峰的珠穆朗玛峰，以其独特的地理位置、极致的自然风光、丰富的生物多样性、深厚的文化底蕴、超越极限的探险体验等特点，成为游客挑战自我、实现梦想的圣地，因此无法寻找同质性的旅游景区进行横向对比；过度追求评价指标定量化往往容易造成评价结果的偏差，一个具体的定量数值往往难以体现指标的动态性、模糊性和随机性。基于上述原因，本研究采取定量与定性相结合的方法，结合客观数据与专家主观评估，对珠峰旅游进行高质量发展评价。首先，通过《西藏自治区国民经济和社会发展统计公报》《日喀则市国民经济和社会发展统计公报》《定日县国民经济年报》等收集相关数据，获取珠峰旅游高质量发展定量评价数据。其次，结合专家主观经验，考虑数据的模糊性与随机性，获取专家群体针对每个指标定量数据的主观评价信息。最后，考虑评价过程的群体性、不确定性、随机性等特点，构造群体正态云模型，将专家群体评价信息转换为正态云，获取珠峰旅游高质量发展各项指标的评价信息。具体过程如下。

第一，收集珠峰旅游高质量发展评价指标定量数据。根据表1中的指标描述，通过查阅公开发布数据，收集一手数据等，获取每个指标的定量数据。

第二，构造专家群体。专家群体由5名各行业专家构成，分别为旅游行业专家2名、管理学专家1名、经济学专家2名，每位专家针对收集的珠峰旅游高质量发展客观指标数据，利用李克特7级量表进行打分，具体量表含义为 $\{L_{-3}=$非常差，$L_{-2}=$很差，$L_{-1}=$差，$L_0=$一般，$L_1=$好，$L_2=$很好，$L_3=$非常好$\}$。

第三，构造珠峰旅游高质量发展正态云评价信息。收集 5 位专家的评价信息，利用表 2 将语言评价值转换为正态云。正态云的数字特征用期望 Ex、熵 En 和超熵 He 三个数值表示，记为 (Ex, En, He)，其中，期望 Ex 为定性语言概念的中心值，熵 En 为定性概念模糊度的度量，超熵 He 反映了云的离散程度以及隶属度的随机性变化情况。[①]

表 2　正态云变量表示

语言变量	正态云变量
非常差	$(0.000, 2.958, 0.125)$
很差	$(2.250, 2.655, 0.226)$
差	$(3.850, 2.100, 0.411)$
一般	$(5.000, 1.922, 0.470)$
好	$(6.150, 2.100, 0.411)$
很好	$(7.750, 2.655, 0.226)$
非常好	$(10.00, 2.958, 0.125)$

第四，获取指标的综合正态云评价信息。利用正态云计算公式，集结 5 位专家的正态云评价信息，获取珠峰旅游在每个高质量发展指标上的综合评价云。正态云的集结公式为：

$$CAA(A_1, A_2, \cdots, A_n) = \left(\frac{1}{n} \sum_{i=1}^{n} Ex_i, \frac{1}{\sqrt{n}} \sqrt{\sum_{i=1}^{n} En_i{}^2}, \frac{1}{\sqrt{n}} \sqrt{\sum_{i=1}^{n} He_i{}^2} \right)$$

第五，获取珠峰旅游高质量发展一级指标评价结果。本研究只考虑珠峰旅游高质量发展在 5 个一级指标上的评价结果，暂不考虑指标权重对评价结果的影响，默认二级指标权重没有差异。结合二级指标正态云评价信息，可以计算珠峰旅游在创新发展、协调发展、绿色发展、开放发展、共享发展 5 个指标上的评价结果（见表 3）。

---

① 狄鹏、倪子纯、尹东亮：《基于云模型和证据理论的多属性决策优化算法》，《系统工程理论与实践》2021 年第 4 期。

表3　珠峰旅游高质量发展评价数据

一级指标	二级指标	评价云	评价结果
创新发展	创新环境	(4.667, 0.548, 0.030)	(4.750, 0.399, 0.022)
	创新投入	(6.667, 0.322, 0.018)	
	创新产出	(2.667, 0.413, 0.023)	
	创新成效	(5.000, 0.255, 0.014)	
协调发展	产业结构转型	(6.000, 0.338, 0.018)	(5.917, 0.377, 0.020)
	旅游收入占比	(7.333, 0.413, 0.023)	
	区域旅游发展	(6.667, 0.413, 0.023)	
	社会民生改善	(3.667, 0.338, 0.018)	
绿色发展	能源消耗	(5.334, 0.548, 0.030)	(6.200, 0.465, 0.029)
	空气污染	(7.667, 0.722, 0.039)	
	生态资源经济效益转化率	(8.667, 0.255, 0.014)	
	旅游业单位 SO_2 排放量	(5.333, 0.255, 0.036)	
	可再生能源生产	(4.000, 0.363, 0.020)	
开放发展	海外游客占比	(3.334, 0.548, 0.030)	(4.333, 0.453, 0.025)
	旅游外汇收入占比	(3.000, 0.338, 0.018)	
	星级酒店占比	(3.333, 0.413, 0.023)	
	对外接待能力	(7.333, 0.522, 0.028)	
	网络可见度	(4.667, 0.413, 0.023)	
共享发展	城乡建设完善程度	(5.667, 0.255, 0.014)	(3.866, 0.411, 0.022)
	交通便利性	(4.666, 0.548, 0.030)	
	社会保障程度	(3.333, 0.305, 0.017)	
	文化保障程度	(2.333, 0.338, 0.018)	
	康养保健程度	(3.333, 0.522, 0.028)	

　　为了更直观体现珠峰旅游高质量发展在5个发展维度上的差异，根据一级指标的云模型评价结果，可以画出云滴图，如图1所示。可以得出，5个一级指标评价结果由高至低排序为：绿色发展、协调发展、创新发展、开放发展、共享发展。

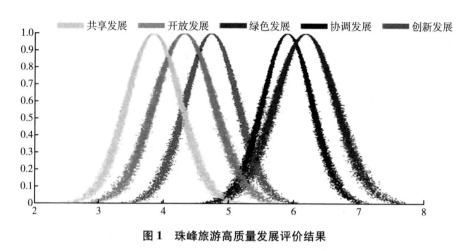

图1 珠峰旅游高质量发展评价结果

五 珠峰旅游高质量发展的优化路径分析

结合珠峰旅游高质量发展在"创新、协调、绿色、开放、共享"五维度上的评价结果,以及同相关专家进行深度访谈,可以了解珠峰旅游在具体指标上的表现优劣,针对目前的发展状况及未来发展的可行性,本研究在高质量发展各维度分别制定珠峰旅游高质量发展的优化路径。

(一)创新发展

1. 创新推进珠峰旅游供给侧改革

推进珠峰旅游高质量发展,创新驱动战略的实施显得尤为重要。珠峰旅游的发展需立足于丰富的自然资源,同时融入科技创新元素,以实现从要素驱动向创新驱动的范式转换。这一转换过程涵盖旅游模式、业态及产品的全面创新,旨在推动旅游产业结构优化、链条完善和价值增值。旅游业的创新是一个多维度、深层次的复杂系统,它不仅涉及资源的优化配置、产品的精心设计、服务理念的革新,还包括消费场景的创新与科技的深度应用。新兴科技为旅游业的发展注入了新的活力,从产品设计到营销策略,再到服务体系,新科技均能提供新的供给,进而创造并满足新的消费需求。针对珠峰旅游，科技创新可助力实现旅游资源的有效整合与优化，研发出更具地域特色和吸引力的旅游产品，借助先进的技术和创新理念，可以改进现有的服务模式，为游客提供智能、高效的旅游体验。根据中央经济工作会议精神，供给侧结构性改革应以最终消费需求为导向，推动旅游业的数字化、网络化和智能化发展，加快数字化技术与旅游业的深度融合，是响应和满足人民群众日益增长的旅游需求的重要途径。因此需要对传统旅游业进行升级改造，以提供更加符合消费者期待的旅游产品和服务，进而催生出新的服务模式和消费场景。要深入研究游客的多元化和个性化需求，借助市场调研和大数据分析等科学手段，可以更精准地洞察游客对珠峰旅游的具体期望，优化旅游产品设计，提供更加多元化、个性化的旅游线路和活动，以满足不同游客群体的独特需求。

2. 创新驱动珠峰智慧旅游发展

结合人工智能、大数据、云计算、区块链等新技术在旅游业服务与营销领域的应用，加快珠峰旅游业智慧服务信息化建设。实施珠峰智慧旅游提升工程，构建智慧旅游综合服务小程序，提升旅游产业链的数据资源利用和数字化管理水平，为游客提供从导览到住宿预订的一站式服务，同时引入智能语音导览，让游客随时获取景点信息，利用大数据分析，更精准地为游客提供个性化推荐；将科技产品逐步融入珠峰旅游业发展，强化珠峰智慧景区建设，在此基础上逐步发展基于 5G 技术、超高清、超现实等技术的新一代沉浸式旅游现代化服务，如构建珠峰的数字孪生模型，通过 VR 珠峰体验和 AR 导览，使游客能够身临其境感受珠峰的壮丽，利用 3D 打印模型直观地展现珠峰的地貌；加大数字部门的建设力度，完善景区景点游览指引服务，配齐旅游相应基础设施，例如，完善景点景区的休息区，配齐周边相应的公共服务设施，特别是加快游客服务中心和符合现代化标准的酒店住宿场所，实现电子化综合管理景区；打造"食、住、行、游、娱、购"等要素一站式服务平台，加强自主运营能力，逐步实现市场化运作模式，例如，通过数字化技术在智能导览系统、智能门票系统、智能交通管理系统中的运用，实现景区信息化、智能化和实时化管理，提高旅游管理与服务效率，降低运营成本。

（二）协调发展

1. 促进全域旅游发展

坚持统筹协调，把发展全域旅游作为推进珠峰旅游区域协调发展、促进共同富裕的重要抓手。应站在生态文明建设的高度对珠峰旅游进行顶层设计与统一规划，确保生态优先，并立足于独特的自然资源，进行整体规划布局。这包括对珠峰周边的自然景观、生态环境、文化遗产等进行全面评估，制定科学合理的旅游发展规划，突出珠峰的特色和优势，注重生态保护和可持续发展，确保旅游业与自然环境的和谐共生；同时，加强综合管理，提升服务质量，建立完善的管理体系，包括旅游安全、环境保护、服务质量等方面的规章制度，通过加强监管和执法力度，确保旅游市场的规范有序；加大对旅游从业人员的培训力度，提高专业素质和服务水平，为游客提供优质的旅游体验；推进一体化营销策略，打造珠峰旅游品牌，通过整合各类旅游资源，加强区域合作，共同推广珠峰旅游，利用互联网、社交媒体等新型营销手段，提高珠峰旅游的知名度和影响力，结合珠峰的文化特色，开发具有地方特色的旅游产品，满足游客的多元化需求；加强产业链条的整合与延伸。珠峰旅游应积极拓展旅游产业链，将餐饮、住宿、交通、购物等要素有机融合，形成完整的旅游服务体系，通过与当地特色产业结合，推动旅游与相关产业的融合发展，提高旅游产业的附加值和综合效益；鼓励当地社区参与旅游开发，实现利益共享，大力创建一批全域旅游示范区，构建日喀则全域旅游产业集群，推动旅游要素提质升级，实现珠峰旅游的现代化、集约化、品质化发展。

2. 文旅融合，打造珠峰 IP

结合世界第一高峰打造世界级精品文旅 IP，推进定日县旅游发展，根据旅游目的地品牌效应促进旅游消费，促进地方经济发展。积极创建珠峰旅游电子商务平台，创新文化旅游宣传营销方式，通过抖音、微信、微博等平台宣传，赴客源地户外推介，投放户外广告，报纸宣传等多种渠道，加大网络旅游推广力度、主流媒体和移动载体推介力度和广告投放力度，全方位、多角度集中宣传推广优质的文化旅游资源和产品来提高知名度和吸引游客量。创新文化和旅游产业深度融合，积极探索文旅+VR体验、文旅+文创消费、文旅+主题游乐、文旅+演艺、文旅+微电影、文旅+智慧平台等多种文旅融合模式，使厚重的珠峰文化内涵以轻松的、现代化的表达方式显现出来，以此顺应市场发展、提升旅游品质、抓住市场流量、提高受众满意度。加快旅游营销与数字技术深度融合，提升旅游业智慧营销数字化能力，充分利用珠峰独特的旅游景区资源，开发特色旅游产品，打造独特的旅游品牌。如引入历史人文旅游，将历史元素和现代科技相结合，利用VR等现代科学技术，让游客置身于历史文化中；将珠峰地区的文化资源转化为有故事性和能引起情感共鸣的内容，打造吸引人的故事情节和角色形象，通过讲述珠峰地区的历史传奇、登山英雄、神秘传说等故事，吸引游客的兴趣和好奇心；加入山水旅游路线，根据南北疆的不同风情因地制宜地开发旅游资源，体现不同景区不一样的特色，让人们身在珠峰游览全疆；将具有民族特色和独特风情的元素融入各项特色旅游中形成独一无二的文旅创意产品，加快形成新疆品牌带动旅游业高质量发展的良好格局。将文化资源转化为丰富优质的旅游产品，建立日喀则市文化旅游名片，将文化的灵魂深深植入旅游的"食、住、行、游、购、娱"各个环节，让文化通过旅游更好地走向市场，也让旅游更有魅力。

（三）绿色发展

1. 推动珠峰旅游与生态环境协调发展

牢固树立和践行"绿水青山就是金山银山"的理念，贯彻落实绿色发展理念，将珠峰景区的自然美景和生态优势作为旅游发展动能，培育文明、健康、理性的旅游消费观念，建设资源节约型和环境友好型旅游景区。推动珠峰旅游与生态环境协调的具体措施有以下几点。一是制定科学的发展规划，依托专业机构进行深入的环境影响评估，确保旅游发展与生态保护之间的平衡，规划应明确珠峰旅游的核心区、缓冲区及游客活动范围，严格限制游客数量，减少对生态环境的压力。二是强化生态环境保护措施，实施严格的保护政策，防止非法攀登、采矿等行为；加强垃圾处理，如设立专门的垃圾回收和处理中心，确保旅游垃圾得到妥善处理；根据过往数据，垃圾产生量需严格监控，并设定减少目标；推广使用清洁能源，如太阳能电池板，减少对化石燃料的依赖，降低碳排放。三是引入科技创新提升旅游业可持续性，利用大数据和人工智能技术，对游客流量进行实时监测和调控，避免过度拥挤对生态环境造成破坏。四是加强监管与评估机制，建立健全旅游监管体系，定期对旅游活动进行环境影响评估，鼓励社会公众和环保组织参与监督，确保各项生态保护措施得到有效执行，设立应急响应机制，以应对可能发生的生态环境问题。五是探索生态保护与旅游业发展的良性耦合发展机制，引导旅游企业依托自然环境资源规范开发旅游产品，鼓励企业加大环保投入，在生态保护、产业发展上持续发力。

2. 推动珠峰旅游绿色低碳转型

随着碳达峰碳中和的持续推进，低碳旅游越来越成为新风尚。相关部门应瞄准绿色旅游和低碳旅游的升级方向，加快推动珠峰旅游发展方式转型升级，优化旅游产业结构，促进珠峰旅游全产业链协同绿色低碳。打造涵盖"食、住、行、游、购、娱"六大旅游要素的全产业链，持续优化旅游业要素结构，结合日喀则当地特色，发展绿色餐饮、绿色住宿、绿色交通、绿色游览、绿色购物与绿色娱乐，降低珠峰旅游产业链上下游直接与间接的碳排放量，培育绿色低碳的新业态、新场景、新产品和新服务，大力推动珠峰旅游产业链供应链现代化、绿色化与低碳化。具体来说，加强绿色基础设施建设，在珠峰旅游区域，应优先采用可再生能源，如太阳能、风能等，为旅游设施提供清洁电力。此外，推广使用环保材料，改善建筑能效，降低旅游设施的能耗和碳排放；实施资源循环利用策略，在珠峰旅游区域，建立完善的垃圾分类和回收体系，提高资源利用效率。推广使用可降解的餐具和包装材料，减少一次性塑料制品的使用，从而降低环境污染；加强绿色旅游宣传和教育，通过媒体、宣传册、导览解说等多种方式，提高游客的环保意识，引导他们参与绿色旅游实践，培训旅游从业人员，提升他们的环保意识和绿色服务能力；建立绿色旅游合作机制，加强与国内外相关机构和企业的合作，共同推动珠峰旅游的绿色低碳转型，通过分享经验、技术交流和资金支持等方式，促进绿色技术的创新和应用。

（四）开放发展

1. 深化共建"一带一路"旅游合作机制

深化与共建"一带一路"国家和地区的旅游交流合作，探索珠峰旅游常态化合作机制。打造"一带一路"旅游合作平台，利用共建"一带一路"旅游合作机制，将珠峰旅游纳入区域旅游合作体系，通过与共建国家和地区的旅游机构、企业建立合作关系，共同推广珠峰旅游产品，实现资源共享和市场互拓；提升国际交通便利性，加强与共建"一带一路"国家和地区的交通基础设施建设，改善通往珠峰的交通条件，推动航空、公路和铁路等多元化交通方式的发展，提高游客的可达性和便捷性，降低旅游成本，吸引更多国际游客前来参观；加强国际营销和推广，借助"一带一路"的国际影响力和宣传渠道，加大对珠峰旅游的营销推广力度，通过举办旅游推介会、文化交流活动等，展示珠峰的独特魅力和文化内涵，提升其在国际市场上的知名度和吸引力；推动文化旅游融合发展，深入挖掘珠峰地区的文化资源，结合当地民俗风情和历史遗迹，开发具有特色的文化旅游产品，加强与共建国家和地区在文化领域的交流与合作，促进不同文明之间的对话与传承，丰富游客文化体验；建立跨国旅游合作机制，与共建"一带一路"国家和地区的相关机构和部门建立长期稳定的合作关系，共同制定和执行跨国旅游政策和规划，加强在旅游安全、环境保护等领域的合作与交流，确保珠峰旅游的可持续发展。

2. 优化服务业务，提升服务水平

针对海内外游客的个性化需求，结合市场反馈和游客评价，设计推出不同类型的旅游产品组合，满足不同游客群体的需求，如高端定制游、自由行、团队游等，开发附加旅游产品，如特色纪念品、地方美食体验等，以增加游客的消费点和满意度；结合珠峰的独特景观和文化，设计具有吸引力的旅游线路，如"珠峰登顶体验游""藏地文化深度游"等，在传统线路基础

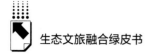

上加强创新，如增加特色文化活动（如藏戏表演、手工艺术体验等）和体验活动（如徒步、骑行等）；提供多样化的餐饮服务，确保海内外游客在高原地区也能享受到健康、美味的食物；建设或升级符合国际四星级或五星级标准的酒店，提供国际化的服务和设施，鼓励和支持当地客栈进行国际化改造，包括提供外语服务、增加国际电视频道等；在珠峰景区的主要景点、服务区和公共设施处设置多语种的指示牌和信息板；开发多语种版本的珠峰导览 App，提供在线导览、翻译和景区信息。建立健全现代化服务标准，对从业人员队伍进行职业教育，使其掌握现代化旅游服务知识，能够操作服务标准化流程，同时了解共建"一带一路"国家和地区的文化背景、社会习俗、宗教信仰等，认识并尊重多元文化，提升导游的外语能力和跨文化交流能力，从而更好地接待境外游客，提供高质量的旅游服务。

（五）共享发展

1. 加快新型基础设施建设

新型基础设施建设是数字时代贯彻新发展理念，以新科技革命成果为基础，面向高质量发展需要的基础设施建设主要分为信息基础设施、融合基础设施和创新基础设施。党的二十大报告指出，"优化基础设施布局、结构、功能和系统集成，构建现代化基础设施体系"。新时代的珠峰旅游高质量发展离不开新型基础设施的技术支撑，应加快新基建推进力度，并及时应用到旅游建设上来；深化物联网建设，将无线控制、智慧节能等技术充分应用到智慧景区、酒店智能服务、体感调节等方面；促进旅游业与人工智能、云计算、数据中心等的深度融合，推进旅游景区厕所和游客集散中心数字化改造，促进数字博物馆、游客精准画像、旅游大数据管理平台等技术升级；为游客提供个性化、多层次的旅游服务，提高旅游管理质量和效率；有效结合新型融合基础设施，深化智能交通基础设施、智慧能源基础设施在旅游发展中的应用；提高旅游交通智能设施在导航、停车、空铁联运、公铁联运、自驾出行等方面的使用率，强化交通网的客运能力和"快进慢游"功能；提高新能源充电桩、充换电站的覆盖率，完善运营机制。

2. 优化公共服务布局，强化共享发展

改善农村人居环境，统筹乡村基础设施建设和公共服务布局，是党中央从战略和全局高度作出的重大决策部署，是全面实现乡村振兴战略的有效举措。定日县应依照全域旅游的内在要求，加快构建快捷通畅的交通运输体系，确保道路畅通、安全、便捷，使得游客和景区之间的联系更加紧密；针对旅游从业人员规划服务课程，对旅游服务人员进行培训与考核管理，从而加强旅游从业人员的服务意识，提高服务素质；从村庄清洁、厕所革命、污水治理、垃圾清运等方面着手，持续深入推进景区辐射区域环境整治，着力补齐公共基础设施短板，奋力打造乡村振兴新风貌，不断提升群众的获得感和幸福感；进一步修建并完善进入旅游景区的交通标识牌和景区景点的道路、住宿、餐饮、停车位、卫生设施、观景台等公共配套设施，提升旅游环境质量；让游客能在珠峰地区真切感受到旅游的幸福感、满足感，并产生地方认同感，延长游客停留时间，体验更多旅游项目，参观更多旅游景点，提高当地居民人均旅游收入，带动其他关联产业发展，强化旅游产业的共享发展功能。

Abstract

Mount Qomolangma, as the pinnacle of the world, possesses a strong tourism appeal globally. The Xizang Autonomous Region's "14th Five-Year Plan" for tourism comprehensive development outlines the establishment of the "Third Pole of the Earth" tourism brand with the Mount Qomolangma National Park as its core. The whole-area tourism plan of Shigatse City further indicates that the core of Mount Qomolangma tourism attraction should rely on Dingri County, with the Mount Qomolangma Base Camp as the main zone, focusing on mountaineering services, tour organization, tourism consultation, and catering and accommodation, to create a service area for Mount Qomolangma leisure tourism and mountaineering sports. Dingri County sticks to the principle of ecological priority, following the requirements of high-quality development, focusing on high-end ecological tourism, boutique mountain outdoor sports, and in-depth national cultural experience, with quality improvement and efficiency as the main line, integration development as the main purpose, and quality reform, efficiency reform, and driving force reform as the core, focusing on five key points: bolstering areas of weakness, cultivating new business models, optimizing supply structure, improving service quality, and strengthening tourism industries. It strengthens innovation-driven strategy and technological support, and strives for deepening the supply-side structural reform of the tourism industry, aiming to build Dingri County into a national-level ecological tourism demonstration area with Mount Qomolangma as the IP.

In 2023, the Mount Qomolangma scenic area received a record number of visitors, exceeding 460, 000. With an increasing number of tourists from around the world, how to balance tourism and ecology has become an important issue. In the future, Dingri County needs to create a circular Mount Qomolangma ecological and cultural tourism circle according to the requirements of high-quality development, actively exploring a path of the integrated development of Mount Qomolangma's ecology and cultural tourism.

This year's report is divided into five parts: General Report, Ecological Protection, Market Analysis, Brand Value, and Innovation Practice, inviting experts from different fields to conduct a comprehensive analysis from different perspectives. The "General Report" section describes how Dingri County, the location of Mount Qomolangma scenic area, focuses on promoting development positioning, highlighting key points of tourism experience, improving the construction of scenic area infrastructure, and enhancing brand promotion when developing Mount Qomolangma cultural tourism. In 2023, the Mount Qomolangma scenic area has achieved explosive growth, which bring more development opportunities and challenges. However, there are still some problems, mainly manifested in the low utilization of tourism resources, insufficient supply of tourism products; the single structure of the tourism industry, lacking in industry chain extension and so on; In the future Dingri County should further improve and enhance the Mount Qomolangma cultural tourism auxiliary facilities and operation management; combined with the actual condition of Dingri, to explore diversified development plans; pay attention to standardizing the tourism market and improving the image of Dingri tourism; give full play to cultural empowerment in tourism, and promote the integration of culture and tourism; strengthen the promotion of the Mount Qomolangma spirit, and enhance ethnic and cultural identity. First, the "Ecological Protection" section reveals that the comprehensive change degree of the ecosystem in Qomolangma National Nature Reserve is not obvious, and the internal structure of the ecosystem is relatively stable; it is necessary to optimize and adaptively manage the functional space of the protected area, and base on this basis to ensure the realization of the goal of differentiated zoning control of natural protected areas. Second, the "Market Analysis" section focuses on the main source markets such as Shanghai, Chengdu, and the Pearl River Delta, and conducts market analysis and consumer behavior research of the target markets, activating each target market through

315

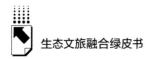
tourism product diversification and precise marketing activities. Third, the "Brand Value" section focuses on the image perception of the Mount Qomolangma scenic area and the new media marketing of Mount Qomolangma tourism destinations, especially the Mount Qomolangma spirit as the deep connotation and empowerment core of ecological cultural tourism practice, its importance and leading role are self-evident; Fourth, the "Innovative Practice" section proposes an optimization path for the high-quality development of Mount Qomolangma cultural tourism from five dimensions: innovation-driven tourism supply-side reform and intelligence, overall coordination of regional tourism development, promoting the green and low-carbon transformation of tourism, deepening the construction of tourism cooperation mechanisms, and strengthening the sharing development mechanism of tourism, in order to provide reference and guidelines for promoting the high-quality development of Mount Qomolangma tourism.

The book proposes a series of practical strategies for the integration of ecological culture and tourism. These studies not only consider the long-term goals of ecological protection for Mount Qomolangma but also take into account the economic and social benefits of cultural tourism, contributing to the high-level construction and high-quality development of the Mount Qomolangma scenic area.

Keywords: Mount Qomolangma; Integration of Culture and Tourism; National Park; Nature Reserve

Contents

I General Report

Abstract：With the rapid development of domestic tourism, the tourism
scenic area of Mount Qomolangma experienced an explosive growth in the number
of tourists in 2023. It tripled compared to the previous year and exceeded 460,
000, which set a record high. Such trend brought increasing opportunities and
challenges to Dingri County, Shigatse City, where the Mount Qomolangma scenic
area is located. Dingri County sticks to its goal of building the Mount
Qomolangma scenic area into "the most ecological, humanistic, wise,
harmonious, and beautiful world-class nature reserve and ecological scenic spot",
stays problem-oriented, regards culture as the soul of tourism and ecology as the
lifeline of tourism. By means of standardized construction, Dingri County
promotes high-quality integrated development of ecological and cultural tourism in
the Mount Qomolangma scenic areas, which allows the local population to benefit
from tourism and achieve prosperity.

Keywords：Mount Qomolangma; Eco-Cultural Tourism; Dingri County

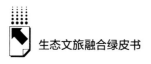

II Protection of Ecology

G.2 Research on Spatial Optimization of Functional Zone in Mount
Qomolangma Nature Reserve Based on Comprehensive
Evaluation of the Ecosystem　　　　*Guo Xin, Gao Jun* / 019

Abstract: Nature reserves are comprehensive regional bounded ecosystem
areas with interrelated elements, complex system structures, diverse service
functions, variable environmental quality, conflicts between protection and
exploitation. Patterns, quality, and service functions of ecosystem in nature reserves'
functional zone change over time and also change due to human activities.
Accordingly, it is necessary to optimize and manage the functional zone of the
reserves to ensure differentiated control of them. A comprehensive evaluation of the
" pattern-quality-service " of the Mount Qomolangma Nature Reserves ecosystem
from 2000 to 2020 was carried out and findings were as follows: First, the ecosystem
of the Mount Qomolangma Nature Reserve didn't change significantly overall, and
its internal structure is relatively stable. Second, comprehensive hotspot service areas
of the ecosystem are distributed in a blocky structure to the upper reaches of the
river valleys in high mountains in the southern reserve. Third, the area which
requires spatial optimization in the reserve is 2370. 7 square kilometers.

Keywords: Ecosystem Evaluation; Pattern-Quality-Service; Spatial
Optimization

G.3 Practice and Prospects of Promoting Realization of the Value of
Ecological Products in Mount Qomolangma National Park

Hu Lei / 050

Abstract: This study systematically reviews the progress of policies on mechanisms for value realization of national parks and ecological products in China, introduces the types and how values of ecological products in national parks can be realized. This study summarizes the characteristics of Mount Qomolangma National Park in terms of importance of its ecosystem, uniqueness of its residents, urgency of improving residents' living standards, and advantages of international exchanges, and reveals problems such as poor connection between high-level ecological protection and high-quality development, mismatch and imprecise match between supply and demand of ecological products, and low added value of ecological products. The study drew on the experience of Sanjiangyuan National Park in China and Great Smoky Mountains National Park in the United States in terms of exploring franchising and community collaboration and sharing, and proposes that promotion of value realization of ecological products in Mount Qomolangma National Park should be based on strengthening the national ecological safety barrier. Then measures should be taken to comprehensively consolidate the foundation of ecological environment quality, create a green development belt of the plateau, build a cross-border platform to promote ecological protection and green development, and steadily advance reforms and innovations of the accounting system, natural resource asset property system, franchising system, ecological rights and financial supporting system for the national park ecological products, so as to provide institutional guarantees for realization of the value of ecological products.

Keywords: National Park; Value Realization of Ecological Products; Franchising; Community Participation

G.4 Comprehensive Application of Modern Remote Sensing
Technology in Protection and Management of the
Ecological Environment of Mount Qomolangma

Chen Ke, Xiao Wenhai and Li Yinbo / 068

Abstract: Due to its unique geographical location, climate conditions, and resource status, the ecological environment of Mount Qomolangma is relatively more fragile and sensitive, making it susceptible to external disturbances and damage, and difficult to recover. Faced with current issues such as mountaineering activities and garbage disposal, climate change, infrastructure construction, and socio-economic development, it is necessary to build a remote sensing collaborative monitoring system for the ecological environment based on modern remote sensing technology to improve the level of protection and management of the ecological environment of Mount Qomolangma combined with practical applications in multiple scenarios. As for specific plans, refinement, informatization, and intelligence are highlighted, and development of ecological environment monitoring from point to surface, from static to dynamic, and from planar to three-dimensional is emphasized. The newly introduced monitoring idea and technical system meet the needs of supervision of human activities, ecological status monitoring, response to risk warning, and observation of biodiversity in important ecological spaces of the Mount Qomolangma region, provide technical support and decision-making basis for local departments of interest and help daily management.

Keywords: Mount Qomolangma Ecological Environment; Remote Sensing Technology; Collaborative Monitoring; Natural Resources; Human Activities

Ⅲ Market Analysis

G.5 Study on the Attitude and Behavioral Intention towards Mount Qomolangma Touring: With Undergraduates from Shanghai as an Example

Li Xia, Li Jingjing and Fu Xin / 088

Abstract: Popularity of social media and rise of touring culture make an increasing number of undergraduates interested in various touring activities and participate in them. This study collects relevant data from undergraduates by means of questionnaire and conducts correlation analysis using SPSS 25.0. Results show that Shanghai college students have a positive attitude towards Mount Qomolangma touring and show strong interest in many aspects. Based on the results, it is suggested that related industries and the government should promote Mount Qomolangma touring culture, improve the quality and experience of tourist services to meet the touring needs of undergraduates. At the same time, social norms should be strengthened to improve undergraduates' conscious control of their behavior. Also, market supervision and safety guarantee should be strengthened to provide them with a more convenient and safe environment.

Keywords: Mount Qomolangma Touring; Undergraduates Touring; Theory of Planned Behavior; Behavioral Intention

G . 6   Study on Cognition of and Consumption Intention towards Mount Qomolangma Touring: With Undergraduates from the Pearl River Delta Region as an Example

Abstract: Undergraduates have strong desires for touring where they can gain knowledge, novelty, and adventures and gradually become main contributors to rapid growth of domestic tourist markets. The Mount Qomolangma region with its legendary charm and high reputation has a strong appeal to undergraduates. This report takes the Pearl River Delta region in China as the survey area and uses questionnaires to explore the cognition of and consumption intention towards Mount Qomolangma touring, providing basis for development of undergraduates' contribution to tourist markets in this area. The survey results show that undergraduates from the Pearl River Delta region didn't know well of Mount Qomolangma touring. Relatively speaking, they have more knowledge of natural environment and safety issues and less knowledge of specific tourist landscapes and services. Knowledge of Mount Qomolangma touring differs a lot among undergraduates from different cities. Those from Guangzhou know well of Mount

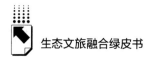

Qomolangma touring compared to their peers from other cities. There are several characteristics concerning consumption intention of Guangzhou undergraduates towards Mount Qomolangma touring listed as follows: First, they have a strong desire to participate in touring and prefer travelling during summer. Second, there are various channels for them to obtain information and they care most about touring activities. Third, their motivations are diverse, and social interaction becomes the main driving force. Fourth, they have access to various transportation and expect comfort and safety during the journey. Fifth, costs and interest are main obstacles. Based on those results, this study proposes several suggestions concerning development of the undergraduates touring markets in the Pearl River Delta region: First, undergraduates in Guangzhou are locked in as the main target market. Second, develop a series of products concerning Mount Qomolangma touring suitable for undergraduates. Third, introduce exclusive price preferential policies for undergraduates in the summer. Fourth, choose the right time for comprehensive and multi-channel promotion.

Keywords: Pearl River Delta Region; Undergraduates; Mount Qomolangma Touring; Consumption Intention

G.7 Analysis of the Source Market of Mount Qomolangma Scenic Area and Study on the Development Strategy of the Chengdu Market

Li Wentong / 126

Abstract: With promotion of globalization and regional economic integration, Mount Qomolangma, the highest peak in the world, has gained increasing attention concerning the development of its tourist market. Based on survey data from Mount Qomolangma scenic area and the Chengdu tourism market, this study is conducted combining quantitative and qualitative analysis. The results show that tourists in Mount Qomolangma scenic area mainly domestic tourists who are well paid and well educated. Their main interests are adventure and natural scenery. At the same time, this study proposes a series of development strategies for the Chengdu market, including but not limited to strategies concerning products, price, channels and marketing. By means of precise marketing and product diversification, the Chengdu market can be effectively activated to promote sustainable development of tourism of Mount Qomolangma and inject new momentum into regional economic growth.

Keywords: Mount Qomolangma Touring; Source Market; Chengdu Market; Market Development Strategy

G.8 Study on the Impact of Awe of Potential Tourists on their Intention to visit Mount Qomolangma Under the Influence of Short Videos

Li Chenyu, Zheng Xinyi and Chen Xueqiong / 144

Abstract: Awe is complex emotion aroused when individuals face things that are vast, grand, and beyond their understanding. Previous studies have shown that grand natural landscapes and strong religious atmosphere may evoke feelings of awe in tourists, and awe promotes tourists' willingness to travel. Therefore, this study uses short videos concerning Mount Qomolangma as stimulating materials to explore the impact of awe on the intention of potential tourists to visit Mount Qomolangma. The results show that awe positively affects the intention of potential tourists to visit Mount Qomolangma. Perceived usefulness and ease of use play a mediating role between awe and the intention of potential tourists to visit Mount Qomolangma, where perceived usefulness plays a complete mediating role, while perceived ease of use plays a partial mediating role.

Keywords: Awe; Potential Tourists; Intention to Visit Mount Qomolangma; Perceived Usefulness; Perceived Ease of Use

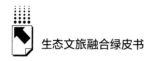
G . 9 Study on the Future Development of Mount Qomolangma Tourism Based on the Spread of Emotional Information

Jiang Hong , Zhu Zhiping / 162

Abstract: New media has become a powerful propaganda tool. It is employed to effectively influence public opinion of Mount Qomolangma and make them have a better understanding of and more interested in Mount Qomolangma touring, thus promoting development of tourism in the area. Based on the classic infectious disease model SIR, this study considers the impact of online media and the government on spread of public opinion of Mount Qomolangma, and divides those who spread public opinion of Mount Qomolangma touring into positive spreaders who spread positive information and negative ones who spread negative information from the perspective of emotional information. At the same time, this study considers latent spreaders in practical situations, constructs a multi-subject intervention emotional information spread model, calculates the basic reproduction number using the new generation matrix method, and simulates the public opinion spread model using Matlab. The simulation experiment shows that strengthening and inhibition effects of online media have significantly increased the scale of the spreader group, increased the number of positive spreaders, greatly accelerated spread of public opinion, and expanded its influence range. By means of effective guidance and control of the government, the share of positive spreaders has increased, the impact of negative spreaders reduced and latent spreaders activated to become positive spreaders. Such strategies have effectively enhanced the reputation of Mount Qomolangma touring and promoted sustainable development of the tourism.

Keywords: Mount Qomolangma Touring; Online Public Opinion; Emotional Information; Multi-Subject Intervention

Ⅳ   Brand Value

In recent years, the Mount Qomolangma Scenic Area has become increasingly explored by visitors. Promoting tourism in this region not only enriches the experiences of tourists but also fosters the development of local tourism and cultural awareness. This paper employs text mining techniques to analyze 1, 782 user comments related to Mount Qomolangma tourism on Bilibili, examining the image perception of this destination through word frequency analysis and sentiment evaluation. The findings indicate that the image perception of the Mount Qomolangma Scenic Area can be categorized into four main aspects: natural environment, transportation options, travel routes, and accommodation conditions. To enhance the appeal of this destination, it is recommended to improve facilities and services, highlight unique features of the scenic area, and increase overall visitor satisfaction.

Keywords: Mount Qomolangma Tourism; Off-the-Beaten-Path Destinations; Image Perception

Abstract: This report aims to gain a deeper understanding of the diffusion

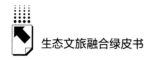
patterns of Mount Qomolangma tourism-related popular science videos on social media platforms. Focusing on the representative short video platform Douyin, we analyze the video titled "Why Do Chinese People Want to Climb Mount Qomolangma?" Utilizing Python web scraping technology, we collected relevant data, which was then pre-processed and analyzed. Through social network analysis, we explore the diffusion patterns of the video on Douyin, examining aspects such as network structure, diffusion scope, diffusion speed, and changes in popularity. This report seeks to provide theoretical support and practical insights for promoting Mount Qomolangma tourism, ultimately enhancing its visibility and appeal while contributing to the sustainable development of the tourism industry in the region.

Keywords: Mount Qomolangma Tourism; Diffusion Patterns; Social Network Analysis

G.12 Study on New Media Marketing Strategies for Mount Qomolangma Tourism Destination

Zhong Jianlan, Liu Ying / 215

Abstract: With the rapid advancement of globalization and information technology, new media has become a crucial player in the marketing of tourism destinations. As the highest peak in the world, Mount Qomolangma attracts a vast number of tourists through the dissemination of high-quality images and videos on social networking platforms such as Weibo and WeChat, in addition to employing traditional online marketing strategies like blogs and travel forums. However, these approaches still require improvements in content innovation and interactive experiences. New media marketing offers several advantages, including extensive reach, high interactivity, rapid dissemination, and low costs, making it particularly suitable for unique tourist destinations like Mount Qomolangma. Beyond promoting the natural and cultural allure of the region, new media can also serve critical roles in disaster early warning, safety education, and real-time information updates. It enables closer engagement with tourists, enhances participation and satisfaction, and fosters the long-term development of the region. Therefore, based on an analysis of the current state of new media marketing for Mount Qomolangma, this report identifies challenges such as reliance on traditional marketing models, a lack of professional operation teams, insufficient technical support, and the absence of a systematic integrated marketing approach. It also offers recommendations such as developing a "New Media Marketing Matrix," empowering the creation of the Mount Qomolangma Super IP, and establishing a dedicated professional operation team.

Keywords: New Media Marketing; Content Innovation; Mount Qomolangma Super IP

G. 13　The Spiritual Connotation and Practical Interpretation of Mount Qomolangma Eco-Cultural Tourism

Zhang Qiang, Liu Chengyan / 228

Abstract: The spirit of Mount Qomolangma, as the foundational connotation and empowering core of ecological and cultural tourism practices, holds significant importance and a pivotal role. This paper synthesizes various existing interpretations and claims regarding the essence of Mount Qomolangma spirit, employing a general theoretical framework for connotation construction to define its core attributes. It categorizes the basic fields and practical contexts of the Mount Qomolangma spirit within the framework of integrated ecological and cultural tourism development. Furthermore, it elucidates the core and extension of the Mount Qomolangma spirit in specific practical situations and offers strategic recommendations for its practical interpretation: exploring and expanding the connotation of the Mount Qomolangma spirit to promote the comprehensive integration of ecological and cultural tourism; optimizing and adjusting the combination of practical scenarios in Mount Qomolangma tourism to establish a mechanism for cross-scenario resource allocation and collaboration; steering key actions with the Mount Qomolangma spirit to create a cohesive force for high-quality collaborative development; and innovating practical interpretation models to cultivate new growth points for the integrated development of Mount Qomolangma ecological and cultural tourism.

Keywords: Mount Qomolangma Eco-Cultural Tourism; Mount Qomolangma Spirit; Practical Interpretation; Spirit-Practice Connotation System

V Innovative Practice

G.14 Study on the Integration Model and Development of Dingri Mount Qomolangma Sports Tourism from the Perspective of National Parks

Jiang Fugao / 242

Abstract: The sports tourism industry, emerging as a new sector that deeply integrates the sports and tourism industries, is becoming a significant driver for optimizing destination industrial structures and boosting employment. This paper explores the theoretical origins of the integration of sports tourism in the Mount Qomolangma region from the perspective of national parks, employing methods such as literature review, field research, and logical analysis. It examines the theoretical framework underlying the integration of the three key elements—Mount Qomolangma, sports, and tourism—through the lenses of industrial integration theory, value co-creation theory, symbiosis theory, and sustainable development theory. Focusing on the practical construction of Mount Qomolangma National Park, the analysis highlights the value implications of sports tourism integration across three dimensions: ecological environment, cultural heritage, and leisure and entertainment. Based on the realities of sports tourism integration in Dingri County, five development models are identified: park co-construction embedding, cultural empowerment embedding, industrial integration embedding, ecological restoration embedding, and digital driving embedding. Finally, this paper proposes five innovative pathways for the integrated development of Mount Qomolangma sports tourism: unified planning and collaborative construction of a new framework for Mount Qomolangma sports tourism; in-depth exploration and co-creation of new experiential resources in Mount Qomolangma sports tourism; resource aggregation and collaborative shaping of a new ecological framework for Mount Qomolangma sports tourism; green development and joint stewardship of a new home for Mount Qomolangma sports tourism; and intelligent leadership and co-construction of a new model for Mount Qomolangma sports tourism.

Keywords: National Park; Mount Qomolangma Sports Tourism; Integration Model

Abstract: As a vital component of the rural revitalization strategy in Xizang, traditional handicrafts are actively aligning with high-quality development standards, continually enhancing quality and efficiency to foster new opportunities for rural revitalization in Xizang. This report analyzes the state of traditional handicrafts in Xizang and the development of traditional handicraft cooperatives in the Mount Qomolangma scenic area through questionnaires and field interviews. It proposes a comprehensive strategy for establishing the "Mount Qomolangma Workshop" brand, emphasizing the cultivation of skilled artisans and the innovation and development of green products. Additionally, the report introduces the "co-creation operation model" for the Mount Qomolangma Workshop and the "Five

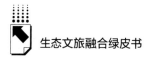

Green Model" for the Mount Qomolangma Green Workshop.

Keywords: Traditional Handicrafts; " Mount Qomolangma Workshop"; Rural Revitalization

G. 16 Study on the Cultivation of New Types of Mount Qomolangma Cultural Tourism and Sustainable Development

Shi Yuding, *Zhuo Lina* / 282

Abstract: Mount Qomolangma tourism is characterized by its distinctiveness, broad influence, and profound depth, earning high regard both domestically and internationally as an essential part of China's tourism development. The region boasts rich tourism resources, particularly in cultural tourism, which are especially appealing. However, the current cultural tourism formats in Mount Qomolangma are relatively outdated, leading to a limited impact on the tourism industry, with no established tourism industry chain, value chain, or technology chain unique to Mount Qomolangma. This study employs case comparison and empirical analysis to investigate the necessity of cultivating new tourism formats in Mount Qomolangma for sustainable ecological development, cultural protection and preservation, and the sustainable livelihoods of local residents. It offers several recommendations for promoting the cultivation of new types of Mount Qomolangma cultural tourism and ensuring sustainable development, focusing on four areas: optimizing the strategic design for cultivating new tourism formats under government leadership; identifying specific content for new tourism development through multi-stakeholder collaboration; establishing a business platform for tourism cultivation through digital intervention; and enhancing the evaluation methods for new tourism formats from multiple dimensions.

Keywords: Mount Qomolangma Cultural Tourism; New Type Cultivation; Sustainable Development

G.17 Study on Comprehensive Evaluation and Optimization Path of
Mount Qomolangma Tourism from the Perspective of
High-Quality Development

Jia Fan, Wang Yujie / 294

Abstract: The report to the 20th National Congress of the Communist Party of China emphasizes that high-quality development is the primary task in the comprehensive construction of a modern socialist country, with the tourism industry playing a crucial role in promoting high-quality economic development and improving people's quality of life. The Mount Qomolangma region is rich in tourism resources and boasts a profound cultural heritage, making the establishment of a high-quality development framework an important objective. This report explores the factors influencing high-quality development in Mount Qomolangma tourism from a high-quality tourism development perspective. It constructs an evaluation index system consisting of five primary indicators and twenty-three secondary indicators based on five dimensions: innovation, coordination, sustainability, openness, and sharing. Additionally, it develops a high-quality tourism development evaluation model based on the cloud model using a combination of quantitative and qualitative methods. To address the specific performance of Mount Qomolangma tourism in these primary indicators, the report proposes an optimization path for high-quality tourism development in five areas: driving innovation in tourism supply-side reform and smart tourism, enhancing coordination across regional tourism development, promoting green and low-carbon transformations in tourism, deepening cooperative mechanisms in tourism, and reinforcing mechanisms for shared tourism development. The aim is to provide valuable references and insights for advancing the high-quality development of Mount Qomolangma tourism.

Keywords: High-Quality Development; Mount Qomolangma Tourism; New Development Philosophy

皮 书

智库成果出版与传播平台

✦ 皮书定义 ✦

皮书是对中国与世界发展状况和热点问题进行年度监测，以专业的角度、专家的视野和实证研究方法，针对某一领域或区域现状与发展态势展开分析和预测，具备前沿性、原创性、实证性、连续性、时效性等特点的公开出版物，由一系列权威研究报告组成。

✦ 皮书作者 ✦

皮书系列报告作者以国内外一流研究机构、知名高校等重点智库的研究人员为主，多为相关领域一流专家学者，他们的观点代表了当下学界对中国与世界的现实和未来最高水平的解读与分析。

✦ 皮书荣誉 ✦

皮书作为中国社会科学院基础理论研究与应用对策研究融合发展的代表性成果，不仅是哲学社会科学工作者服务中国特色社会主义现代化建设的重要成果，更是助力中国特色新型智库建设、构建中国特色哲学社会科学"三大体系"的重要平台。皮书系列先后被列入"十二五""十三五""十四五"时期国家重点出版物出版专项规划项目；自2013年起，重点皮书被列入中国社会科学院国家哲学社会科学创新工程项目。

皮书网

（网址：www.pishu.cn）

发布皮书研创资讯，传播皮书精彩内容
引领皮书出版潮流，打造皮书服务平台

栏目设置

◆ 关于皮书

何谓皮书、皮书分类、皮书大事记、
皮书荣誉、皮书出版第一人、皮书编辑部

◆ 最新资讯

通知公告、新闻动态、媒体聚焦、
网站专题、视频直播、下载专区

◆ 皮书研创

皮书规范、皮书出版、
皮书研究、研创团队

◆ 皮书评奖评价

指标体系、皮书评价、皮书评奖

所获荣誉

◆ 2008 年、2011 年、2014 年，皮书网均
在全国新闻出版业网站荣誉评选中获得
"最具商业价值网站"称号；
◆ 2012 年，获得"出版业网站百强"称号。

网库合一

2014 年，皮书网与皮书数据库端口合
一，实现资源共享，搭建智库成果融合创
新平台。

皮书网

"皮书说"
微信公众号

权威报告·连续出版·独家资源

皮书数据库
ANNUAL REPORT(YEARBOOK) DATABASE

分析解读当下中国发展变迁的高端智库平台

所获荣誉

- 2022年，入选技术赋能"新闻+"推荐案例
- 2020年，入选全国新闻出版深度融合发展创新案例
- 2019年，入选国家新闻出版署数字出版精品遴选推荐计划
- 2016年，入选"十三五"国家重点电子出版物出版规划骨干工程
- 2013年，荣获"中国出版政府奖·网络出版物奖"提名奖

皮书数据库　　　　"社科数托邦"
　　　　　　　　　微信公众号

成为用户

　　登录网址www.pishu.com.cn访问皮书数据库网站或下载皮书数据库APP，通过手机号码验证或邮箱验证即可成为皮书数据库用户。

用户福利

- 已注册用户购书后可免费获赠100元皮书数据库充值卡。刮开充值卡涂层获取充值密码，登录并进入"会员中心"—"在线充值"—"充值卡充值"，充值成功即可购买和查看数据库内容。
- 用户福利最终解释权归社会科学文献出版社所有。

社会科学文献出版社 皮书系列
SOCIAL SCIENCES ACADEMIC PRESS (CHINA)

卡号：352861522591
密码：

数据库服务热线：010-59367265
数据库服务QQ：2475522410
数据库服务邮箱：database@ssap.cn
图书销售热线：010-59367070/7028
图书服务QQ：1265056568
图书服务邮箱：duzhe@ssap.cn

中国社会发展数据库（下设 12 个专题子库）

　　紧扣人口、政治、外交、法律、教育、医疗卫生、资源环境等 12 个社会发展领域的前沿和热点，全面整合专业著作、智库报告、学术资讯、调研数据等类型资源，帮助用户追踪中国社会发展动态、研究社会发展战略与政策、了解社会热点问题、分析社会发展趋势。

中国经济发展数据库（下设 12 专题子库）

　　内容涵盖宏观经济、产业经济、工业经济、农业经济、财政金融、房地产经济、城市经济、商业贸易等 12 个重点经济领域，为把握经济运行态势、洞察经济发展规律、研判经济发展趋势、进行经济调控决策提供参考和依据。

中国行业发展数据库（下设 17 个专题子库）

　　以中国国民经济行业分类为依据，覆盖金融业、旅游业、交通运输业、能源矿产业、制造业等 100 多个行业，跟踪分析国民经济相关行业市场运行状况和政策导向，汇集行业发展前沿资讯，为投资、从业及各种经济决策提供理论支撑和实践指导。

中国区域发展数据库（下设 4 个专题子库）

　　对中国特定区域内的经济、社会、文化等领域现状与发展情况进行深度分析和预测，涉及省级行政区、城市群、城市、农村等不同维度，研究层级至县及县以下行政区，为学者研究地方经济社会宏观态势、经验模式、发展案例提供支撑，为地方政府决策提供参考。

中国文化传媒数据库（下设 18 个专题子库）

　　内容覆盖文化产业、新闻传播、电影娱乐、文学艺术、群众文化、图书情报等 18 个重点研究领域，聚焦文化传媒领域发展前沿、热点话题、行业实践，服务用户的教学科研、文化投资、企业规划等需要。

世界经济与国际关系数据库（下设 6 个专题子库）

　　整合世界经济、国际政治、世界文化与科技、全球性问题、国际组织与国际法、区域研究 6 大领域研究成果，对世界经济形势、国际形势进行连续性深度分析，对年度热点问题进行专题解读，为研判全球发展趋势提供事实和数据支持。

法律声明

"皮书系列"（含蓝皮书、绿皮书、黄皮书）之品牌由社会科学文献出版社最早使用并持续至今，现已被中国图书行业所熟知。"皮书系列"的相关商标已在国家商标管理部门商标局注册，包括但不限于LOGO（▨）、皮书、Pishu、经济蓝皮书、社会蓝皮书等。"皮书系列"图书的注册商标专用权及封面设计、版式设计的著作权均为社会科学文献出版社所有。未经社会科学文献出版社书面授权许可，任何使用与"皮书系列"图书注册商标、封面设计、版式设计相同或者近似的文字、图形或其组合的行为均系侵权行为。

经作者授权，本书的专有出版权及信息网络传播权等为社会科学文献出版社享有。未经社会科学文献出版社书面授权许可，任何就本书内容的复制、发行或以数字形式进行网络传播的行为均系侵权行为。

社会科学文献出版社将通过法律途径追究上述侵权行为的法律责任，维护自身合法权益。

欢迎社会各界人士对侵犯社会科学文献出版社上述权利的侵权行为进行举报。电话：010-59367121，电子邮箱：fawubu@ssap.cn。

社会科学文献出版社